YAŞAMLARINI
TİYATROYA ADAYANLAR

Adem Dursun

1956'da Balıkesir'de doğdu. 1960'lı yılların ortalarında ailece "Taşı toprağı altın" sanılan İstanbul'a göç etti. İlk, orta ve liseyi İstanbul'un Zeytinburnu semtinde okudu. 1970'li yıllarda âşık olduğu İstanbul'un "Sahaflar Çarşısı"ndaki kitapların kokusuyla büyüdü. 1980 yılında ikinci göçünü yaşadı; Berlin'e geldi. Berlin'de kimya öğrenimi sırasında, İstanbul'a olan hasretini, İstanbul'dan getirttiği Cumhuriyet gazetesi ve kitaplarla giderdi. Şiirle başladığı yazı hayatına, Milliyet ve Sabah gazetelerinde yazmış olduğu makalelerle devam ederken, kendini gazeteciliğin içinde buldu. Serbest gazeteci olarak Milliyet, Sabah, 8. Gün ve Cumhuriyet Hafta gazetelerinde politika, spor, eğitim, kültür ve sanat haberleri yazdı, söyleşiler yaptı. On yıl Berlin Merhaba dergisinde Haber Müdürü olarak çalıştı. Türkiye'den gelen tiyatro sanatçılarıyla yaptığı söyleşilerini bu dergide sürdürdü. Parelel olarak da, söyleşileri Türkiye'nin çeşitli tiyatro internet sayfalarında (www.tiyatronline.com, www.tiyatrom.com, www.tiyatronet.com) yayınlandı. Son yıllarda İstanbul tiyatro söyleşileri Sahne Tozu adıyla sadece www.tiyatronline.com'da yayınlanmaktadır.

ADEM DURSUN *(imza)*

YAŞAMLARINI
TİYATROYA ADAYANLAR

Neşat ve Songül'e

keyifli okumalar

Adem DURSUN

2.10.16

Berlin

(imza)

Yaşamlarını Tiyatroya Adayanlar
Söyleşi: Adem Dursun

Yayın Hakları © Adem Dursun

ISBN 978-975-468-914-3
Sertifika No: 10962

Yayına Hazırlayan: Fırat Uğurlu
Fotoğraflar: Enver Dursun
Kapak & Sayfa Düzeni: Mehmet İlhan Kaya

Baskı: Kurtiş Matbaası
    Fatih Sanayi Sitesi No: 12/74
    Topkapı/İstanbul
    Tel.: (0212) 613 68 94

1. Baskı: İstanbul, 2010

Genel Dağıtım: Say Dağıtım Ltd. Şti.
Ankara Cad. 54/4 • TR-34410 Sirkeci-İstanbul
Telefon: (0212) 528 17 54 • Faks: (0212) 512 50 80
e-posta: dagitim@saykitap.com
online satış: www.saykitap.com

İÇİNDEKİLER

Türkiye'nin aydınlık insanları...

1970'li yılların başlarında, lise yıllarımda, Cumhuriyet gazetesinin aydın yazarlarıyla tanıştım: Nadir Nadi, İlhan Selçuk, Oktay Akbal, Melih Cevdet Anday, Vedat Günyol, Mustafa Ekmekçi... ve Uğur Mumcu gibi... Cumhuriyet gazetesi ve değerli yazarları benim dünyamı değiştirdi, beni yaşadığım toplumda daha duyarlı kıldı; tam bir "okur–yazar" olmanın yolunu keşfettim. Araştırmacı gazeteciliği rahmetli Uğur Mumcu'nun Gözlem köşesinde öğrendim. Daha sonra ise Gündem köşesinde Mustafa Balbay'ı takip etmeye başladım. Ta ki, "Ergenokon Soruşturması" kapsamında gözaltına alınıncaya kadar.

Bir yılı geçti, hâlâ özgürlüğüne kavuşamadı!

Tiyatro sanatçımız Yıldız Kenter, geçenlerde *Kraliçe Lear*'i sahneledikten sonra Mustafa Balbay'ın 365 gündür tutuklu olmasına tepki gösteren bir konuşma yaptı:

"Mustafa Balbay sorgusuz sualsiz, nedensiz tutuklandı. Beş gün, 25 gün, 90 gün, 200 gün, 300 gün, 365 gün... Nedeni mi? Bilmiyorum, anlayamıyorum. Demokrasiyle, hukukun üstünlüğüyle hiç de bağdaşmayan bir biçimde... Güven duygum yok oluyor, canım acıyor, korkuyorum. Utanıyorum. Hep saydım günleri çıkar diye ama 365 gün olunca bir şey kabardı içimde... Neden tutuklu olduklarını anlayamadığımız insanların neden tutuklu olduklarını anlamamız lazım. Anlayamıyorsak, o işte bir bit yeniği var demektir."

Evet, Mustafa Balbay 395 gündür tutuklu...

Değerli sanatçımız Yıldız Kenter gibi benim de canım acıyor, günleri sayıyorum.

Kendisinin bir an önce özgürlüğüne kavuşması dileğiyle bu kitabımı değerli gazetecimiz Mustafa Balbay'a ithaf ediyorum.

Adem Dursun
4 Nisan 2010 Berlin

SUNUŞ

"Çocuktum, yaşamımı tiyatroya adadım: Hem sevdiğim bir işte, bir sanat kolunda çalışmak için, hem de bu sanat dalının toplumun yüreğinde çiçekler açtıracağına inandığım için... Bu inanç o kadar derine kök saldı ki, yarın kıyamet kopacağını bilsem bugün 'bir tiyatro daha açarım' diyecek ölçüde bir saplantı gibi. Saplantı sözcüğü abartılmış sayılmasın; tam anlamıyla yerinde. Çünkü, yeryüzünde tiyatronun binbir derde deva olduğuna inandım bir kez. Bütün kötülüklerin, insanın insandan kopmasından, uzaklaşmasından; birbirlerinin sıcaklığını, sevgisini duyamadıklarından doğduğuna inanç getirdim bir kez. Artık, beni bu inançtan, bu kanıdan kurtaramazdı kimse. Onun için, bu yolu doğru yol belledim. İyiliğe, güzele, gerçeğe çıkaran yol..." Muhsin Ertuğrul, Benden Sonra Tufan Olmasın.

25 yıldır serbest gazeteciyim. Son 15 yıldır çalışmalarımın büyük kısmını tiyatro sanatçılarımızla yaptığım söyleşiler oluşturuyor. 150'yi geçen söyleşilerimin bir kısmını Berlin'de, bir kısmını ise zaman zaman İstanbul'a düzenlediğim söyleşi turlarımda yaptım. Gün geldi günde iki oyun seyrettim, gün geldi , İstanbul'un o tenha (!) trafiğinde, İstanbul kazan ben kepçe söyleşiden söyleşiye koşuşturdum. İstanbul'daki lise dönemimde, 1970'li yılların başlarında, her ne kadar tiyatro oyuncusu olmak istedimse de, olmadı veya olamadım ya da beceremedim. Edebiyata gönül vermemin yanında, iyi bir tiyatro seyircisi olmaya da özen gösterdim. Sonraki yıllarda, Berlin'deki kimya öğrenimim sırasında gir-

diğim gazeteciliğimi yavaş yavaş tiyatro alanında devam ettirdim.

Yazı alanında Cumhuriyet gazetesinin yazarlarını, tiyatro alanında ise Muhsin Ertuğrul'u örnek aldım.

Çağdaş Türk Tiyatrosu'nun kurucusu Muhsin Ertuğrul'un yukarıdaki yazdığı cümleleri, benim tiyatro sanatına verdiğim önemde ve yaptığım söyleşilerimde hep öncülük ettiler. Yaptığım söyleşilerimde sadece sanatçılarımızın sanat yaşantılarını değil, aynı zaman da Türk tiyatrosundan da görüntüler vermeye çalıştım.

Evet, ben de Muhsin Ertuğrul gibi:

"Tiyatronun binbir derde deva olduğuna inandım bir kez..."

"Yarın kıyamet kopacağını bilsem 'bugün bir sanatçımızla söyleşi yaparım.'"

Adem Dursun
27 Mart 2010 Berlin

ÖNSÖZ

Tiyatro sanatçılarının sıkça söyledikleri bir tümce var *"Yaptığımız iş buz üstüne yazı yazmak gibi bir şey."* Bence yakınmalarında haksız da değiller. Ülkemizde tiyatro sanatının geçmişi, meydana getirilen eserlerin tanıtım ve yorumları, atılan sanatsal adımların yaşanan güncel dönemdeki etkileri o kadar az tanınıyor ki, genç kuşak çoğunlukla Amerika'yı yeniden keşfetmek zorunda kalıyor.

Sanatçının derdi, kişisel yaşamıyla tanınmaktan çok eserleriyle tanınmak. Etkilenmelerini, duygularını, düşüncelerini, var ettiği ve yorumladığı eserlerle topluma aktarmak ve evrensel platformda bir nevi ölümsüzlüğe kavuşmak. Bu da, önce o değerde eser yaratmak, sonra da toplum tarafından tanınarak gelecek zamanlarda da tanınmasının devamını sağlamakla olabilecek bir düş ile mümkündür. Bu düşü gerçekleştirebilmek için çeşitli medya kollarının ciddiyetle tiyatro sanatı ile ilgilenmelerinin yanı sıra diğer sanat dallarından da yararlanılması etkili olabilir. Bir romanın opera haline getirilmesi ve repertuarlara alınması, bir şiirin balad olarak bestelenmesi ve her dönemde dinlenebilir olması gibi...

Görsel ve sahne sanatlarının, günümüz teknik imkanlarından yararlanılarak hem arşivlenmesi hem de geniş kitlelere ulaşması değerli bir hazinenin kapısını açmaktır. Bazı sanatçıların hem kendilerini hem de diğer sanatçılarla olan ilişkilerini, yaşadığı dönemi ve o dönemin sanatını anlatan anı kitapları yeterince tanıtım yapılmadığından ancak bu alana çok ilgi duyan okurla sınırlı kalıyor. Adem Dursun'un elimizdeki bu yapıtı, önemli bir boşluğu doldurma yolunda çok önemli bir adım.

Kültüre, sanata ve özellikle sahne sanatlarına yürekten ilgi duyan, önem veren ve titiz bir çalışmayla birinci cildini tamamladığı bu kitabında Adem Dursun, yaptığı röportajlarla sadece sanatçıların kişiliklerini değil, yaşadıkları dönemin olaylarını ve tiyatro sanatının evrelerini de günümüz okurlarına sunuyor.

Umarım bu yolda başka güzel adımlar da atılır ve artık tiyatrocular yarattıkları ve her sefer yeniden yaratılan eserlerinin buz üstünde sergilenmesi yerine kalıcı maddelere de taşındığını görürler.

Bu kitabın geniş kitlelere ulaşmasını dilerim.

Berlin, Mart 2010
Dr. Phil. Çetin İpekkaya

Tiyatro oyuncusu,
sinema oyuncusu,
yazar, yönetmen,
çevirmen, radyocu,
televizyon dizi oyuncusu
ve eğitmen

ALİ POYRAZOĞLU

1970'li yılların başlarında, Beyoğlu'ndaki sinemalara gittiğimde, kendisini İstiklal Caddesi'nde görürdüm.

Daha sonra Sıraselviler'deki tiyatrosuna dadanmıştım. Altan Erbulak, Korhan Abay, Aydemir Akbaş'lı oyunlarını seyrettim. 90'lı yılların sonlarında ise Berlin'de *Dalyan Karpuz* oyununda seyrettim onu. Oyuna başlamadan önce beraberinde Türkiye'den getirdiği, biz izleyicilere dağıttığı Türk lokumunu yedim elinden.

Son olarak da, 2003 yılının mayıs ayında kendi yazdığı *Ödünç Yaşamlar* oyununu sergilemek için yine Berlin'de idi. Oyundan birkaç gün önce ise son oynadığı *O Şimdi Asker* adlı filmin galası için Berlin'e gelmişti.

Evet, tiyatro ve sinema oyuncusu, yazar, yönetmen, çevirmen, radyocu, öğretmen, televizyon dizilerinde oyunculuk gibi birçok meziyete sahip Ali Poyrazoğlu'ndan bahsediyorum...

"Yaşamda yaptığımız en ciddi işleri 'boş' zamanların içine sığdırırız. Sanki diğer günlük yaptığımız faaliyetler daha önemliymiş gibi... Halbuki kendimize ayırdığımız zamanlar çok değerli. Eğer yaşamı biraz olsun anlamlı kılmak istiyorsak, dünü bugüne ekleyerek daha soluklu bir hayatın sırrı, arada bir durup yaşamdan süzdüklerimizi başkalarına anlatmada gizli..." diye yazmış *Ödünç Yaşamlar* adlı kitabında.

İşte aynı adı taşıyan oyununda da bunları yazmakla kalmayıp, bizlere anlatıyor Ali Poyrazoğlu.

Aktarırken de hem güldürüyor hem de düşündürüyor...

Yaklaşık 44 yıldır sahnede olan ve 30 yıldır da aralıksız kendi tiyatrosunda perde açan, hiç seyircisiz kalmayan Ali Poyrazoğlu, 1946 İstanbul doğumlu. İlk kez İstanbul Şehir Tiyatrosu'nda *Tarla Kuşu* oyunuyla 1959 yılında sahneye çıkmış. Daha sonra Arena, Kent Oyuncuları, Ulvi Uraz gibi topluluklarda çalışmış. Bu arada İstanbul Belediyesi Konservatuarı'nı da bitirmiş. 1972'de Gülriz Sururi – Engin Cezzar Topluluğu'ndan ayrılarak kendi tiyatrosunu kurmuş.

İngilizce ve Fransızca'dan otuz beşe yakın oyun çevirmiş, uyarlamış ve yönetmiş. Seksenli yılların başında Ali Poyrazoğlu – Korhan Abay Tiyatrosu, *Çılgınlar Kulübü* adlı oyunla "Avni Dilligil En İyi Oyuncu" (1981), *Orkestra* oyunuyla "Ankara Sanat Kurumu Özel" (1983), *Hoşçakal İstanbul'*un rejisiyle "Ulvi Uraz En İyi Yönetmen" (1986) ödüllerini almış. *Arkadaşım Şeytan* filmindeki rolüyle "Sinema Eleştirmenleri En İyi Erkek Oyuncu" ve Ankara Film Festivali "En İyi Yardımcı Oyuncu" ödüllerini (1990), *Uzakta Piyano Sesleri* ve *Ali Harikalar Diyarında* oyunlarındaki rolleriyle, 1992 ve 1993 "Avni Dilligil En İyi Oyuncu" ödüllerini kazanmış. Yıllardır gösterilerini sunduğu Sıraselviler'deki tiyatro salonunu bırakmak zorunda kalan Poyrazoğlu, 1994'ten sonra perdesini Kadıköy Halk Eğitim Merkezi'nde açmış, ancak 1997 yılında Fındıkzade'de kendi salonuna kavuşmuş.

Bu çok yönlü ve çok ödüllü sanatçımızla *Ödünç Yaşamlar* oyununu seyrettikten bir gün sonra kaldığı otelin resepsiyonunda sohbet ettim.

Nasıl bir çevrede büyüdünüz?

Okuyan bir anne babanın çocuğu idim. Aydın bir çevrede büyüdüm. Babam eczacı, annem ise öğretmendi. Evde çok okunur ve müzik dinlenirdi. Sanat ve kültürle ilgilenen bir evde yetiştim. Sinema ve tiyatroya gidilirdi. Yaramaz bir çocukmuşum.

Tiyatro merakı nasıl doğdu?

Annem iyi Rusça ve Fransızca konuşurdu. Bana tiyatro konusunda hiç karşı çıkmadılar. Babam başlangıçta biraz direndi; benim de kendisi gibi eczacı olmamı istemişti. Sonunda yakamı bıraktı, ben de oyuncu oldum.

*Ödünç Yaşamlar'*da **Neriman Köksal yüzünden dayak yediğinizi anlatıyorsunuz...**

Ben çocukken Neriman Köksal'a âşıktım. Okuldan kaçıp hep onun filmlerine giderdim. Tabi ki eve gelince de okuldan kaçtığım için dayak yerdim. Neriman Köksal, o zamanlar da ünlü bir yıldızdı. Sadece ben değil, her delikanlı ona âşıktı.

Tiyatro eğitiminiz nasıl başladı?

İstanbul Belediyesi Konservatuarı Tiyatro Bölümü mezunuyum. İngiltere ve Fransa'da da tiyatro okudum. Müjdat Gezen, Savaş Dinçel, Erdal Özyağcılar, Güzin Özyağcılar, Sema Özcan, Melisa Gürpınar hep sınıf arkadaşlarımdı.

Hocalarınız kimlerdi?
Melih Cevdet Anday, Yıldız Kenter, Sabahattin Kudret Aksal, Ercüment Behzat, Ahmet Kutsi Tecer gibi çok değerli hocalarımız oldu.

Siz çok yönlü bir sanatçısınız...
Tiyatro, sinema, televizyon, yazarlık, hocalık, radyo programcılığı... 10 yıldır 11 milyonun dinlediği Kiss Fm ve Atv radyoları gibi radyo programları yapıyorum. Sabah gazetesinde köşe yazarıyım. Özel tiyatrom var. Hem başoyuncusuyum hem de yöneticisiyim. Oyun yazıyorum, 35'e yakın İngilizce ve Fransızcadan çevirdiğim oyunlar özel ve şehir tiyatrolarında oynanıyor. 20 yıldır da yaptığım workshop'larla öğrenci yetiştiriyorum.

70'li yıllarda sinema filmlerinde oynadınız...
Güzel filmlerdi onlar, çok eğlendik. Şimdi televizyonlarda ve sinemalarda oynayan filmlere baktığımda, o filmler çocuk filmleri gibi kalıyor. Saf ve naif filmlerdi. Biz onları yaparken çok cüretli olduğumuzu sanıyorduk. O döneme göre cesur filmlerdi onlar. Ben toplam 61 filmde oynadım. 61. filmim *O Şimdi Asker*. Hepsi de geniş kitleler tarafından izlendi. 70'ler de yaptığımız filmleri bütün Türkiye seyretmişti. Şimdi bir film 500 bin veya bir milyon seyredince kıyamet kopuyor...

Stand–up tartışması üzerine düşünceleriniz?
Stand–up gösterilerini düzeyli, ciddi muhalefet unsuru içeren bir dünya görüşü olan, o dünya görüşünü de çağa uygun, aydınlık, modern, laik ve uygar bir görüş ışığında seyirciyle şakalaşılan gösteriler olarak değerlendiriyorum. Bir insan bir işi iyi yaptı mı söyleyebilmeli! Ben bu işi iyi yapanlardan biriyim Türkiye'de. Çok iyi yapan başkaları olduğu gibi, çok kötü yapıp, yüzüne gözüne bulaştıranlar da var...

Türkiye'de tiyatro seyircisi sıkıntısı var mı?

Benim böyle bir sıkıntım yok. İşini kötü yaparsan her işte sıkıntın olur. Doğru dürüst tiyatro yapanların seyirci sıkıntısı olmaz. İşini iyi yapan, kendisini yenileyen, seyirciyle iyi diyalog kuran tiyatrocuların her zaman seyircisi olur. Bazı insanlar kendi becerisizliklerini ve yeteneksizliklerini sanki bir tiyatro krizi varmış, sanki bu kriz herkes için geçerliymiş gibi anlatıyorlar. Hayır, onların kendi becerisizlikleri ve yeteneksizlikleri krizleridir tiyatrolarını etkileyen! Dolan tiyatrolar nasıl doluyor? Bu farkı seyirci gördüğü için onların seyirci krizleri oluyor!

Oyun yazarlığındaki durum? Üretim var mı?

Yavaşlama var. Eski yazarlar bir parça havlu atmış vaziyetteler. Tek başlarına çok mücadele ettiler, senelerce yazdılar ama gereken ilgi gösterilmedi. Gerek özel tiyatrolarda gerekse devlet tiyatrolarında Türk oyun yazarlarına sıcak davranmadılar. Onlarında ümitleri kırıldı. Yeni oyun yazarları da maalesef pek az çıkıyor. Bu ileride Türk tiyatrosunun büyük bir kuraklık yaşamasına neden olacaktır. Artık çağımızda yazarlar tiyatrolarla ortak üretimler yapıyorlar. Batı'da bu iş böyle. Yazarların tiyatrolarla işbirliği yaparak oyun yazmaları gerekiyor.

Ödünç Yaşamlar oyununun özelliği?

Doğaçlama olmasıdır. Seyirci ile konuşmaya başlayarak oyunu her akşam yeni baştan kuruyorum. Bu oyunu *Ödünç Yaşamlar* adlı kitabımdan yola çıkarak hazırladım. O kitaptaki temaları kullanıyorum. Ancak her oynayışımda değişik oluyor.

Son projeleriniz?

Bir film senaryosu var. Kendim yöneteceğim. Almanya'dan Türkiye'ye 30 yıl sonra dönen bir adamın hikâyesi. Bunun dışında bir film teklifi daha var. Bir iki de televizyon projeleri var. Tiyatro çalışmalarım ise devam ediyor.

Sahneye Alkış Kutusu ile çıkıyorsunuz...

Oyunum süresince, seyirci alkışladığında kutunun kapağını açıp alkışları kutunun içinde biriktiriyorum. Yukarıya, öbür ülkelere göçmüş eski ustaların üzerimizde hakları var. Onlar bizlere bir geleneği devrettiler. Biz de teslim aldığımız bu geleneği genç kuşaklara devredip gideceğiz bu dünyadan. Bu bir bayrak yarışıdır. Ben, bana yapılan alkışlarda ustalarımın hakları olduğunu düşünüyorum. Onun için seyircinin alkışlarını bu kutuda biriktiriyorum, oyundan sonra da o alkışları ustalarıma gönderiyorum.

Efsaneleşmiş
Genç Oyuncular'dan
yaşlanmayan bir delikanlı sanatçımız:

ARİF ERKİN

Genç Oyuncular, amatör tiyatronun ideal örneğini yarattılar. Bu güne kadar gişe, hasılat, kar, geçim düşünmediler. Sürekli bir oyun yeri, bir tiyatro açmayı da düşünmediler. Okullarda, hastanelerde, fabrikalarda, kışlalarda kısaca neresi onlara kucağını açtıysa, orada oynadılar. Seyircinin ayağına gittiler. Çünkü bir kurum olarak tiyatronun kaçınılmaz yükleri, külfetleri vardır. Eğer kendilerini böyle külfetlere kaptırırlarsa bütün düşüncelerini, belki de varlıklarını kaplayan araştırma ruhunu koruyamaz, ister istemez kendilerini, yaratıcılık çabasını eriten, yutan hoşgörülüğe kaptırırlardı. Oysaki Genç Oyuncular, bunu değil, tiyatroda yeni bir hava estirmeyi istiyor, yenilikler arıyorlardı. Başardılar da. Altı senelik bir geçmişleri oldu...

Altı senelik tiyatro denemeleri, herhangi bir amatör veya gençlik oyun topluluğu olmaktan daha çok, gelişmekte olan tiyatro hayatımızda başlı başına çığır açan bir davranış olmuştur.

Evet, kimlerdi bu Türk Tiyatrosu'nda çığır açan Genç Oyuncular?

Topluluğun kurucu kadrosu 13 kişiden oluşuyordu.

Sevil Akdoğan – Atila Alpöge – Ayla Alpöge – Aysel Ataman – Özcan Dalkır – Arif Erkin – Aram Gümüşyan – Mardik Hekimoğlu – Çetin İpekkaya – Üstün Kırdar – Ergun Köknar – Beyhan Türer – Erol Ünal.

Daha sonra ise iki kişi daha katılır kadroya Genco Erkal ve Zeynep Tarımer... Genç Oyuncular'ın kuruluşundan 50 yıl sonra, İstanbul Harem'de, Kızkulesi'nin karşısındaki eski bir balıkçı kahvesindeyim.

Karşımda kim var dersiniz?

Arif Erkin...

Yani, geleneksel tiyatromuzu sınır tanımaz bir enerji ve hayal gücüyle okullarda, hastanelerde, fabrikalarda, kışlalarda sahneye taşıyan, Türkiye'nin ilk tiyatro ve kültür şenliği olan Erdek Şenliği'ni gerçekleştirenlerden, ilk sokak tiyatrosunu deneyerek tiyatroyu seyircinin ayağına getiren Genç Oyuncular'dan biri... Arif Erkin...

Tatlı Bela Fadime adlı televizyon dizisinin çekiminin yapıldığı film seti yakınındaki balıkçı kahvesinde demli çaylarımızı içiyoruz. Cam kenarındayız. Karşımızda Kızkulesi. Onunla konuşurken *Yabancı Damat* adlı dizideki zaman zaman sert mizaçları aklıma geliyor; görünüşü yine aynı. Fakat o sert görünüşünün altında sımsıcak bir insan var. 1935 Gaziantep doğumlu. Yani 73 yaşında.

Son izlediğim *Beyaz Melek* filminin ilk sahnesinde hakikaten o kadar koşup koşmadığını sorduğumda,

"Koştum, koştum... Mahsun beni iki gün koşturdu. Birçok kişi o sahnelerin bigisayarla yapıldığını sanıyor. Hayır, koştum. Mah-

sun'a da 'bak Mahsun, 73 yaşında bu kadar koşacak başka bir oyuncu bulamazsın!' dedim."

diye cevapladı.

Çok etkilenerek seyrettim Mahsun Kırmızıgül'ün yönettiği Beyaz Melek filmini. Duygu dolu bir film olmuş. Türk Tiyatrosu'nun güçlü oyuncularını hep biraraya getirmiş Mahsun Kırmızıgül. İyi de yapmış. Başta Arif Erkin olmak üzere, Toron Karacaoğlu, Suna Selen, Ali Sürmeli, İlkay Saran, Yıldız Kenter, Nejat Uygur, Gazanfer Özcan, Erol Günaydın, Cihat Tamer, Bilge Zobu... gibi.

Türk Tiyatrosu'na çoğunun hemen hemen yarım asırdan fazla emek vermiş ustaları biraraya getirmekle, onları aynı karelerin içinde görülmesini sağlamakla iyi bir hizmet vermiş Mahsun Kırmızıgül, teşekkürler...

Filmi seyrederken beğenmenin dışında, filmde oynayan ustaların 7'si ile söyleşi yapmış olmak beni ayrıca mutlu etti; Erol Günaydın, Toron Karacaoğlu, Cihat Tamer, Nejat Uygur, Yıldız Kenter, İlkay Saran ve Arif Erkin'le söyleşi yaptım...

Şimdi tekrar Harem'deki balıkçı kahvesine dönelim.

Arif Erkin'le karşılıklı çaylarımızı yudumlarken, sohbetimize de devam edelim:

Ciddi olarak tiyatroya başlamam...

Bu sene (2007) Genç Oyuncular'ın kuruluşunun 50. yılıdır.

Benim ciddi olarak tiyatro hayatım Genç Oyuncular ile başladı. Ondan önce 1951'de lise yıllarında oldu. Lise ikinci sınıfta Fransızca hocamız Hakkı Bey, her sene sonu bir oyun sahneye koyardı. Moliere'in *Hastalık Hastası* adlı oyunu sergilenecekti. Başrol için oyuncu aranıyordu. Arkadaşlarım benim de başvurmamı arzu ettiler. Birkaç adayın içinden ben seçildim ve bu oyunda başrol oynadım.

İstanbul Teknik Üniversitesi ve tiyatro çalışmaları...
Liseyi bitirdikten sonra İstanbul'a gelip, İTÜ'de mimarlık okumaya başladım. Birinci yıl sadece derslerle oyalandım. İkinci yıl, Ergun Köknar bir çağrı yaptı: "Bizim sanat kulübümüz var. Tiyatro çalışmalarımıza katılmak isteyen var mı?" Ben elimi kaldırıp, katılmak istediğimi söyledim. "Haydi yürü, gel benimle" diyerek beni peşine taktı. Giriş o giriş... Burada birkaç oyun oynadık. Ergun Köknar, Çetin İpekkaya, Genco Erkal, Atila Alpöge gibi arkadaşlar vardı aramızda.
Onlar, üniversiteden önce Galatasaray Lisesi'nde beraber tiyatro çalışmaları yapmışlar.

Ve Genç Oyuncular'ın kuruluşu... hedefler...
Sonra baktık ki, bu sanat kulübünde pek özgürce tiyatro çalışmaları yapamıyoruz. Birbiriyle iyi anlaşan kişiler bir araya gelerek amatör bir topluluk kurduk ve adını da Genç Oyuncular koyduk. 9 Ağustos 1957'de kurduğumuz bu grup, amatör bir grup olmayıp, çalışmalarını profesyonelce yapan bir topluluktu. Çalışma yöntemlerimiz son derece profesyonelce idi. Çünkü biz bu işi olay olsun diye değil, bir iş diye bilmiştik. Ne yaptığımızı bilerek, amaçlarımızı ortaya koyarak, daha iyi tiyatro yapma arayışları içinde sürdürdük çalışmalarımızı; hep arayış içinde idik. Ben, Aram Gümüşyan, Ergun Köknar ve Atila Alpöge kurucu kadro idi. Daha sonra aramıza Çetin İpekkaya, Genco Erkal, Ayla Alpöge, Mehmet Akan, Ani İpekkaya gibi arkadaşlarımız katıldılar. Geleneksel tiyatromuza (Ortaoyunu ve Seyirlik Oyunları) yeni bir çıkış noktası arayarak yaptık tiyatro çalışmalarımızı. Daha sonra kendimiz oyunlar yazmaya başladık. Grubun içindeki arkadaşlarımızın yazdıkları oyunları oynadık. Yani tam bir profesyonelce çalışma içinde idik. Çalışmalarımız

imece türü çalışmalardı. Oyun dergisi çıkarırdık; oyunu yazanın ismi değil de grubun ismi, yani 'ben' değil 'biz' vardı: Genç Oyuncular...

İlk kültür ve tiyatro şenliği...
1958 yılında Türkiye'nin ilk tiyatro festivalini Erdek'te gerçekleştirdik. Şimdinin aksine bazı politikacılar, örneğin Sıtkı Yırcalı, Albay İhsan Aras, Balıkesir Valisi Kazım Arat, Erdek Kaymakamı Zeki Ocaklı bize Erdek Şenliği'ni gerçekleştirmemizde yardımcı olmuşlardı.

Giriş bedava olsun...
Genç Oyuncular olarak bu festivaldeki gösterilere girişin bedava olmasını arzuladık. Ahmet Kutsi Tecer, "Hayır, 1 lira bile olsa bir emek karşılığı alınsın bu ücret. Bedava girerse bunun kıymetini bilmez halk!" dedi. Böylelikle giriş ücretini 1 lira yapmıştık. Erdek, o zaman küçüktü. Çeşitli şehirlerimizden memurların dinlenmeye gittikleri dinlenme kampları vardı. Dışarıya dönük sadece bir lokantası vardı. Şenlik yapan bizler orada yemek yerdik. Şenlik sona erdiğinde oranın halkı hazırladıkları yolluklarla bizleri uğurlamaya gelmişlerdi.

"Hızlı, akıcı, güçlü, güzel, özenli, yoğun bir sanat ve kültür havası sarmıştı Erdek'i. Halka inerek onun onurunu, geri kalmışlığını kollayarak, halkla birlikte bu güzele yöneliş umutlara boğmuştu beni. Gençlerin festivalin başında törenle Seyit Gazi tepesinde yaktıkları festival ateşini, bütün yurdu sarması gereken bir inşa ve öğreti heyecanının parolası olarak görüyor ve Atatürk'e özlediği bu manzarayı göremeden öldüğü için acıyordum. Erdek Festivali'nin bütün havasını dün gibi anımsıyorum. Bu mutlu yaşantı, belleğimin kara bulutlu anıları içinde, pırıl pırıl ayrı bir yer tutuyor."
Haldun Taner, Milliyet, 8 Ağustos 1976

Genç Oyuncular'ın dağılması...

Biz, Genç Oyuncular, içine kapalı bir topluluktuk. Aramıza yeni üyeler almadık, almıyorduk! Ve sonunu da galiba düşünemedik. Okul bitince herkes yavaş yavaş hesap derdine düştü; aileler ekonomik sorunlar yaratmaya başladılar. Benim de askerliğim gelmişti. Üç yıl daha sürdürdük çalışmalarımızı. Ben, Aram ve Atila... Sonunda da bitirmek zorunda kaldık. Çünkü bizden sonra bayrağı verecek, arkamızdan devam ettirecek elemanlar da yoktu.

Mimarlık... ve müzik çalışmaları...

Bu arada İstanbul Teknik Üniversitesi Mimarlık Bölümü'nü bitirip, mimar oldum ve askere gittim. Askerlikten sonra ise, Gülriz Sururi – Engin Cezzar Tiyatrosu'na girdim. Bu toplulukta profesyonel oyuncu olarak başladım; 2 yıl çalıştım bu toplulukta. *Midas'ın Kulakları, Zilli Zarife* ve *Tiyatrocu* oyunlarının müziklerini yaptım; *Direklerarası'*nın hem müziğini yaptım he oynadım.

Müzikle ilişkim nereden? diye sorarsanız;

Ben lise öğrenimim sırasında keman dersleri almıştım. Tiyatroya da bulaşınca, sergilenen oyunların müziğine sıra geldiğinde, "kimin eli yatkın müziğe?", Arif'in... Böylece sergilenen oyunların müziğini yapmaya daha o yıllarda başladım. Daha sonra ise bu çalışmalarıma bir de sinema dalında film müzik çalışmaları da eklendi. Geçenlerde bir liste yaptım, yaptığım müzik çalışmalarım 70–80'i geçiyor.

Örneğin 460 bölümlük 12 sene sürmüş *Bizimkiler* dizisinin müziği bana aittir. Tabii ben bunu tek çalışma olarak sayıyorum. 8–10 Yeşilçam film çalışmam var. Bunlardan Yılmaz Güney için Umut filmine yaptığım film müziği ile 1969 Adana Altın Koza Film Festivali'nde "En İyi Müzik Ödülü"nü aldım.

Yılmaz Güney ve *Umut* filmi...
Bana ödül getiren bu film müziği çalışmamı müthiş olanaksızlıklar içinde yapmıştım. Bir gün Onat Kutlar beni telefonla aradı; *"Yılmaz Güney'in* Umut *adlı bir filmi var.* Gel, bir seyret, müziğini yapıver..." dedi. Peki yaparım, dedim. Filmi seyrettim. Sonra Yılmaz Güney, "Abi, benim hiç param yok" deyince; "tamam Yılmaz, bana para verme. Ancak kullanacağımız müzisyenlerin parasını bari veriver" dedim. O da "Ya, abi, en ucuz şekilde yapıver..." dedi. Yapımda kullandığım klarnetçi arkadaşımdı. Stüdyo olarak da Mecidiyeköy'deki Lale Film Stüdyosu'nu kullandık. Umut filminin dışında, *Ağıt, Naciye, Değirmen, Karakolda Ayna Var, Gramafon Avrat, Bir Milyara Çocuk* gibi filmlerin müziklerini yaptım.

Dostlar Tiyatrosu'nun kuruluşu...
1969'da Genco Erkal, Mehmet Akan ve ben Dostlar'ı kurduk. İlk 3–4 yıl oynayan bütün oyunlarda oynadım. Tabii sadece oyuncu olarak değil de bazı oyunların müziklerini de yapıyordum.

1969– *Durdurun Dünyayı İnecek Var*, Oyuncu

1970– *Rosenbergler Ölmemeli*, Oyuncu ve müzik

1971– *Havana Soruşturması*, Soruşturma, Oyuncu

1972–73– *Abdülcanbaz*, Müzik

1973–74– *Azizname*, Müzik

1975–76– *Ezenler Ezilenler*, Müzik ve oyuncu

1988–89– *Üzbik Baba*, Müzik

1994–95– *Bir Takım Azizlikler*, Müzik

Dostlar'dan sonra belediyedeki mimarlık işlerim ağırlaşınca oyunculuğu bırakıp sadece müzik çalışmalarına vakit ayırmaya başladım. Film müziklerine daha çok ağırlık verdim.

Televizyon çalışmalarım...

Televizyon çalışmalarım 1989'da *Bizimkiler* adlı televizyon dizisinin müziği ile başladı. 5–6 bölümünde ben de oynadım. *Yazlıkçılar* dizisinde hem oynadım hem de müziğini yaptım. Daha sonra *Oğlum Adam Olacak*'ın müziğini yaptım.

İkinci Bahar... Yabancı Damat...

Benim televizyonda tanınmam *İkinci Bahar* dizisi ile oldu. 2000 yılında *İkinci Bahar* dizisinde oynayan Ali Sirmen tarafından Antep şivesini öğretmem için sete davet edildim. Ali'nin evine gittim. Ali, bana "senin adın da geçiyor, oyuncu olarak seni istiyorlar..." dedi. Üç beş gün sonra bana telefon geldi. Şener Şen'in babasını oynayacak birkaç oyuncu gelmiş; beğenilmemişler. Beni çağırdılar. Ve böylece ben de *İkinci Bahar* dizisine katılmış oldum. Bunlardan sonra 10–15 bölümlük bazı dizilerde oynadım. Ve *Yabancı Damat*... Bu dizi de *İkinci Bahar* gibi tuttu ve 3 yıl sürdü. Toplam 110 bölüm çekildi.

Kurtlar sofrası şeklindeki diziler...

Birkaç yıldan beri televizyon kanallarındaki bu diziler kurtlar sofrası şeklinde sürüyor... Dört büyük kanal var; bu kanallar her gün 2'şer dizi oynatıyorlar. Diğer kanalların oynattıkları dizileri de sayarsak; yüzleri geçer; işin içinden çıkamayız!

Bu kadar ne senaristimiz, ne kameramanımız, ne de oyuncumuz var! Bunun için de pek kaliteye dikkat edilemiyor. Dizi başlıyor, üç veya beş bölüm sonra yayından kaldırılıyor.

Kriterlerim...

Dürüst olunacak. Çünkü ben dürüstüm. Benim 30 yıllık bürokrasi hayatım var. Çok önemli mevkilerde bulundum.

İmar müdürlüğü yaptım. Beşiktaş Belediyesi İmar Müdürlüğü'nden Müdür olarak emekli oldum. Hâlâ da adli bilirkişi olarak görevim sürüyor. Eşim ressam. İki oğlum, bir kızım var. Büyük oğlum reklam yazarı, küçük oğlum moda fotoğrafçısı. Kızım ise, o da fotoğrafçılık okudu. Dizilerde oynadım. Ancak büyük sinema filminde oynamadım. *Beyaz Melek* ilk teklif idi.

Beyaz Melek...

Bana bu filmde oynama teklifi geldiğinde "yönetmen kim?" diye sordum.

"Mahsun Kırmızıgül" yanıtını alınca, bozuldum!

Eh, kim olsa patlar yani...

"Kusura bakmayın, üç yıldır çok yoğun çalıştım, yorgunum, beni affedin..." dediğimde, *"Niçin, Mahsun Kırmızıgül ismini duyunca mı tavrınız değişik oldu?"* dedi telefondaki kişi.

Ben de "Eh, siz olsanız kızmaz mısınız? Ben senelerin oyuncusuyum. Siz benden şarkıcı, türkücünün yönetmenlik yapacağı bir filmde oynamamı istiyorsunuz!"

Telefondaki kişi *"İnsan hiç olmazsa senaryoyu okur da, öyle karar verir..."* dedi. Baktım adam haklı. "Peki öyleyse, senaryoyu gönderin, bir okuyayım..." dedim.

Senaryoyu okuyunca, baktım ki, bana teklif edilen iyi bir rol, kabul ettim. Filmin başındaki koşma sahnesinin çekimleri için iki gün koştum. Mahsun'a "Bak Mahsun, 73 yaşında bu kadar koşacak başka bir oyuncu bulamazsın" dedim. Spor yapmıyorum. Ancak sevdiğim bir köpeğim var. Her sabah onun bahanesiyle yürümek zorunda kalıyorum.

Ben arşivciyim...

Ben biriktiren biriyim, arşivciyim. Elimde 7–8 bin türkü var. Mehmet Akan bütün arşivini bana verdi. Dostlar'ın da yine aynı şekilde arşivi bendedir. Ben, Genç Oyuncular'ın ilk oyunundan son oyununa (160 oyun) kadar, her oyun için defter tutmuşumdur. Tarihler, nerede oynanmış, kimler oynamış, biletler kaç paraymış, kaç seyirci gelmiş, hepsi bende arşiv olarak var.

Son oyunda çok heyecanlandım...

En son, üç yıl önce, 2005 yılında, Devlet Tiyatrosu'nda, Mehmet Akan'ın *Bedrettin* oyununda misafir sanatçı olarak Bedrettin'in hocası rolünde oynadım. Devlet Tiyatrosu'nda yaşlı oyuncu bulunamadı bu rolü oynayacak! Bulunanı da Mehmet Akan beğenmedi. Bulamamışlar, çünkü devlet sanatçılarını genç yaşta emekliye ayırıyor! Sanatçının emeklisi olur mu? Sahneye çıkmayalı yaklaşık 30 yıl olmuş, çok heyecanlanmıştım. Bu oyunda oynadığımın karşılığı olan paranın yarısını bile alamadım. Emekli olan maaş alamıyormuş. Oysa ben Devlet Tiyatrosu'ndan emekli olmadım ki, İstanbul Belediyesi'nden emekli oldum. Ben de "Ücretsiz oynarım." dedim. Daha sonra kısmen de olsa bu sorunu çözümlediler.

"Kızını köçek mi yapacaksın?"
diyenleri utandıran değerli bir sanatçımız:
"modern dans düşünürü"

AYDIN TEKER

Orhan Bursalı'nın da aşağıda yazdığı gibi: "Modern dans düşünürü" Aydın Teker, *aKabi*'den sonra, şimdi de *harS* gösterisiyle seyirciyi buluşturuyor.

"Aydın Teker, tanıdığımdan beri ürettiklerini büyük bir keyifle izlemeye çalıştığım bir modern dans düşünürü/üreticisi, koreograf. Önceki 'gösteri'si aKabi, şaşırtıcı ve zor bir düşünceyi gerçekleştirme denemesiydi: İnsanı bir ayakkabı ile bütünleştirmek mümkün müydü ve bu bütünlükten nasıl bir estetik yaratılabilirdi? Bu birliktelikte bedenin olası sınırlarını uç noktalarda zorlamış ve müthiş bir gösteri ortaya çıkartmıştı... Teker, insan bedeni ile nesne ve mekânlar arasında olağanüstü birliktelikleri zorlayan bir insan.

Aydın Teker, harS'ta bu defa daha değişik bir deney yaşatıyor seyircilere: Bir arp nasıl bildiğimiz arp olmaktan çıkartılır veya arpçı–arp birlikteliği nasıl alışılmış estetiğinin dışında, düşle(ye)-meyeceğimiz başka bir müzikalite ve estetikle sahneye konur?

Bu keşif serüvenini, Aydın, mükemmel bir biçimde, yine bir başka yetkin koreograf ve dansçı, Ayşe Orhon ile yaşattı Borusan Müzik Evi'nde. Üstelik, Orhon'un eski bir arpçı olması, arpla bedenseli aşan, tinsel bir bütünleşmeyi de sağlıyor. Bu gösteride de, insan bedeni uç noktalarda hareket etmeye zorlanıyor. Gösteri, bazen balık–kız gibi masalsı ve mitolojik çağrışımlarla, büyük aşk sarmallarıyla, bazen arp mı Orhon'u "çalıyor" yoksa Orhon mu arpı, bilemediğimiz estetik tablolarla dolu. Gösterinin sonunda, Orhon'un arp ile semazenvari dönüşüne eşlik eden hafiften, uzaktan gelen "barok" mırıltılar için "ne güzel görülmeyen ve var olmayan müzikle eşleştirmişler" diye düşündüm. Oysa, bu dönüş sırasında arptan doğal olarak çıkan, kendilerinin de yeni keşfettikleri müzikmiş; arp "kendi kendine", bu dönüşe müziğiyle eşlik ediyor!" Orhan Bursalı, Cumhuriyet, 7.02.10.

Aydın Teker'le yapmış olduğum söyleşime geçmeden önce gelin isterseniz değerli tiyatro adamı Mücap Ofluoğlu'nun "dans" üzerine yazdıklarını beraber okuyalım:

"Oyunda, oyuncu da taklitle başladı diyenler için dans, tiyatroya uzanan yolda, taklidin yardımına koşan ilk sanattır... Kimi düşünürlere göre, yeryüzünde ilk sanat dans, tüm öbür sanatların anası. Dansın gelişmesinden şiir, müzik, oyun, tüm olaylar dizisiyle birlikte tiyatro çıkıyor ortaya. Bir başka görüşe göre de, yukarıda söylediğimiz gibi, 'taklit'ten doğuyor oyun. Tüm öbür sanatların anasıdır tiyatro! Dans, şiir, müzik arkadan gelir. Dansın önceliğini savunanlara göre dans, yalnız tiyatronun değil, tiyatronun içinde yer alan öbür sanatların da kaynağıdır. Dans eden insanın çıkardığı sesler, vücudun ve ayakların ritmine uymuş, savaş şarkısını, duayı, sonunda da ölçülü sözü, şiiri doğurmuştur. Demek ki dans tüm sanatların anasıdır. Peki, danstan tiyatroya ne zaman geçilmiş? Totemlere bağlılık göstermek için ya da kazandığı bir savaşı, kavgayı kutlamak için dans ediyorsa insan, bu bir tiyatro olayı *değildir. Ama kavgasını, savaşını, düşmanına nasıl sokulduğunu, nasıl öldürdüğünü anlatıyorsa, tiyatroya biraz yaklaşmış oluyor denebilir. Bana göre, tiyatronun taklitle başlıyor olması daha gerçeğe yakın. Araştırmacılara, düşünürlere de saygımız büyük..."* Mücap Ofluoğlu, *Dünya Bir Sahnedir*, s. 15.

Türkiye'deki modern dansın kurucularından olan Aydın Teker, *aKabı* adlı eseriyle Berlin'deki Berliner Festspiele'de 18 ve 19 Kasım 2005 tarihlerinde dünya prömiyerini gerçekleştirmişti. *aKabı*'dan önce *Yoğunluk* adlı eserini Zürih'te Theater Spektakel'de sahneleyen ve "Özel Ödül" alan Aydın Teker, 1952 Ankara doğumlu olup, 10 yaşında Ankara Devlet Konservatuvarı'na başlamış. Kendisiyle yapmış olduğum söyleşimize;

"Ben, dansçı olmak için değil, koreograf olmak için yaratılmışım. Lise dönemimde tam dansı bırakacak iken, Almanya'dan gelen bir dans grubunu seyrettikten sonra gruba hayran kaldım ve orada dansçı değil de koreograf olmaya karar verdim..." diye başlıyor sohbetimize:

Kızınızı köçek mi yapacaksınız?!

1952 Ankara doğumluyum. Ailemde benden başka sanatla ilgilenen yoktu. Yani sanatçı bir aileden gelmiyorum. Ancak sanata açık, eğitimli bir ailede büyüdüm. Sadece dayım Cankut Ünal, Ankara Radyosu'nda dramaturg idi. Ancak ben ondan önce dansa başlamıştım. Dolayısıyla dansı seçmemde onun etkisi olmamıştır. Ben 10 yaşında Ankara Devlet Konservatuarı'na başlayınca bütün mahalle ayaklanmış:

"Bir tek kızınız var, onu da köçek mi yapacaksınız?!" diyerek, ailemi eleştirmişlerdi.

Ankara'nın Yenimahalle semtinde büyüdüm. Komşularımız çok konservatifti. 1960'lı yıllarda bile, kadının dans etmesi bir tabu idi. Onlara göre bu iş yani dans etmek, erkeklere ve köçeklere mahsustu.

Nefret ettiğim ev işlerini zevkle yapmanın kolayını bulmuştum...

Çocukluğumda babaanneme nefret ettiğim ev işlerinde yardım ederdim. Fakat bu işleri yaparken oyun haline getirmiştim. Örneğin çamaşırları asarken renklerine ve boylarına göre düzenleyip dans ederek asardım. Dans etmek benim için adeta havada uçmaktı.

Çok mutsuzdum...

Dans okuluna başladığımda çok mutsuzdum, daha değişik şeyler yapmak istiyordum. Bir ara, dansı tamamıyla bırakmak bile istedim. Hep belirli şeyler öğretiyorlardı. Yaptıklarımın benim yapmak istediklerim ve hayal ettiklerimle alakası yoktu. Birkaç yıl sonra anladım ki; bu iş bana göre değil.

Hayatımı değiştiren Alman dans topluluğu...

Tam dansı bırakacağım günlerde, Ankara'da Almanya'dan gelen bir dans topluluğunu seyrettim; çok heyecanlandım, ağladım. Tüm düşüncelerim değişti; balerin değil de o gruptan biri gibi olmak istiyordum. O andan itibaren iyi bir öğrenci olmaya karar verdim. Koreograf eğitimi alıp iyi bir koreograf olacaktım.

Koreograf olmak için yaratılmışım...

Dansı bırakmayı düşündüğüm günlerde, Alman dans grubunu seyrettikten sonra, dans için değil de koreografi için yaratıldığımın farkına varmıştım. Artık tek amacım koreograf olmaktı. Çok çalıştım. Arkadaşlarım opera bölümüne girmişlerdi. Ben ise burs alabilmek için iki yıl daha yüksek bölümde okuyan tek öğrenciydim. Konservatuardaki hocalarım arasında Molly Lake, Travice Kemp, Beatrice Fenmen ve Angela Bailey gibi değerli kişiler vardı. Avrupa'da koreografi okumak istiyordum. Ailemin beni Avrupa'da okutacak durumları yoktu; mecburdum burs kazanmaya. Ve kazandım da... Konservatuarı bitirdikten sonra Londra'da London School of Contemporary okulundaki bursu kazandım. Daha sonra New York'da ünlü koreograf Japon Kazuko Hirabayashi'nin talebesi oldum. Onun tavsiyesiyle Suny Collage of Purchase'a kabul edildim. Burada mastır yaptım. Tabii yavaş yavaş gruplardaki dansı iyice bırakıp, istediğim branş olan kareografiye geçtim.

Türkiye'ye dönüşüm...
1988 yılında Türkiye'ye döndüm. 1991 yılına kadar Mimar Sinan Üniversitesi'nde Modern Dans dersleri verdim. Daha önce, konservatuardan mezun olunca iki buçuk yıl Devlet Opera ve Balesi'nde dans etmiştim. En son *Şımarık Kız*'da oynamıştım. Türkiye'ye döndüğümde ise devlet bursuyla okumuş olmama rağmen bana göre iş bulamamışlardı. Bana iş verilmedi. Ta ki 1991 yılında Mimar Sinan Güzel Sanatlar Üniversitesi'ne kabul edilene kadar. 1996 yılından beri de bu üniversitenin Modern Dans Bölümü başkanıyım.

aKabı koreografisine önce yüksek tabanlı bir ayakkabı giyen tek erkek dansçı ile başladığını söyleyen Aydın Teker, *aKabı*'nın fiziksel ve duygusal olarak çok uzun ve yoğun bir çalışma süreci geçirdiğini belirtiyor.

Kostümler Ayşegül Alev, ayakkabılar Punto, yapım Bimeras (İstanbul), Alkantara (Lizbon) ve Spielzeiteuropa (Berlin). Dansçılar ise: Serap Meriç, Ayşe Orhon, Emre Olcay, Şebnem Yüksel ve Aydan Türker.

Yunus Emre'yi tüm dünyaya tanıtan kültür elçimiz,
Yunus Emre'yi gazinolara sokan,
Hamlet'i oynayan,
70 yaşında hâlâ tiyatronun mutfağında;
üreten ve gençler yetiştiren tiyatro sevdalısı,
tiyatro ve ses sanatçısı

AYLA ALGAN

İstanbul Söyleşi Turu'mun duraklarından biri olan Nişantaşı/Valikonağı Caddesi Prof. Dr. Orhan Ersek Sokağı'ndaki ekol drama Sanat Evi'ndeyim. Berlin'den İstanbul'a gelmeden önce, Ayla Algan–Beklan Algan çiftiyle söyleşi yapmam konusunda İstanbul'da bana yardımcı olacağını belirten ve beni ekol drama Sanat Evi'ne davet eden Betül Yılmaz'la sohbet ediyoruz. Tam bir tiyatro hastası olan Betül, Gölcük doğumlu. 17 Ağustos 1999 Marmara Depremi onun yaş gününe denk gelmiş. Değirmendere Dostlar Tiyatrosu ve Gölcük Belediye Konservatuarı'nda birçok oyunda oynamış. Ancak depremden sonra onların da yaşamları altüst olmuş. Erdek'e göç etmişler. Orada da tiyatroyu bırakmayıp, Erdek

Deneme Sahnesi'nde 4 oyunda oynamış. Fakat konservatuarın tiyatro bölümü sınavlarına girebilmek ve âşık olduğu tiyatro sanatına daha yakın olabilmek için Erdek'ten İstanbul'a gelmiş. İstanbul'da oraya buraya koşuştururken ekol drama Sanat Evi'nde Ayla Algan'ı tanımış. Orada Proje Koordinatörü olarak işe başlayan Betül, "Tiyatro tutkusunun sadece sahne üstünde olmadığını anladım..." diyor ve devam ediyor anlatmaya:

"Ayla Hocamız şimdi sahne üstünde değil mesela. Ama tiyatronun mutfağından hiç ayrılmadı. Bizleri yetiştirmeye adamış kendisini. Ben de bunu fark ettim ve nerede olursa olsun, ama içinde tiyatro olsun dedim ve ekol drama Sanat Evi'nde Proje Koordinatörü olarak işe başladım. Tabii ki hâlâ sahne üstünde olmaya dair çalışmalarım devam ediyor. Oyunculuk benim çocukluğum, gençliğim, sevgilim, yaşlılığım, vs... vs... kısacası her şeyim!"

Bu arada ekol drama Sanat Evi'ne gelmek için yola çıkan, ancak İstanbul'un büyük sorunu trafik tıkanıklığına yakalanan Ayla Algan telefon etti, 5–10 dakika geçikeceğini söyledi.

Ve kendine has sesiyle geldiğini duyuran Ayla Algan, İstanbul'un keşmekeş trafiğinden kurtulmuş olmanın sevinci ve şikâyetiyle, soluk soluğa, ancak (1937 doğumlu: 70 yaşında) bir genç bayan edasıyla hızlı bir şekilde geliyor. Özür diliyor; tanışıyoruz. Masasına oturuyor. Her zaman içtiği sütlü kahvesini istiyor. Eşi Beklan Algan'ın bir gün önce geçirdiği mide kanamasından dolayı söyleşiye gelemiyeceğini belirtip, eşi için de özür diliyor.

Karşımda, sanatın müzik, dans, tiyatro ve sinema dallarında büyük bir enerjiyle uğraşmış, uluslararası ün salmış, Türkiye'yi yurtdışında temsil ederek ödüller almış dev bir sanatçı duruyor. Betül'ün de dediği gibi, "o hâlâ tiyatronun mutfağında geleceğin sanatçılarını yetiştiriyor". Ekol Drama Sanat Evi'ne eğitim almak için gelen gençler etrafını sarmışlar; onun mutluluğu ve 70 yaşında olmasına rağmen, kaybolmayan dinamik enerjisi gençlere, gençlerin mutluluğu ve enerjisi de ona geçiyor.

"Yaş yetmiş, iş bitmiş deyip; ununu eleyerek eleğini duvara asmamış" bir sanatçı Ayla Algan...

Sanat yaşamına daha doğru dürüst yürümeye başlamadan, ayakta bile duramazken, duvara tutunarak SAMBA yaptığı zamandan başlıyor anlatmaya:

Sanat yaşamım samba ile başlamış...

1937 İstanbul doğumluyum. Bizim ev çok gırgır bir evdi. Büyükbabam nota bilmediği halde piyano çalardı. Notaları bize paylaştırır, biz de ona tencere ve bardaklarla eşlik ederdik. Annem, Nevzat Kasman stilist idi. Şimdiki Mimar Sinan'ın olduğu yerde olan Güzel Sanatlar Akademisi'nde İbrahim Çallı'nın talebesiydi. Ressam olan annem aynı zamanda heykeltraştı da. Sabahattin Eyüboğlu'nun sınıf arkadaşıydı. Zaman zaman İsviçre'ye ve Fransa'ya giderdi. Oralardan daha bizde olmayan longplayler getirirdi. Ben hep o yeni dansları ve şarkıları içeren müzikle büyüdüm. Annem, kendisinin yurtdışında öğrendiği dansları evde ederken, daha doğru dürüst ayakta duramayan ben, onu seyredip, duvara tutunup, onun gibi samba dansı yapmaya çalıştığımı anlatırdı. Daha sonra şarkı söylemeye başladım. Fakat çok utangaçtım. Annemin elbiselerini giyip, masanın altına gizlenerek şarkı söylerdim.

Büyükada'da birçok kültür arasında büyüdüm...

Benim çocukluğum Büyükada'da Musevi, Rum ve Ermenilerin arasında geçti. Onlarla büyüdüm. O zamanlar Büyükada'da pek Türk yoktu. Varsa da durumları iyi olan, zengin olan Türklerdi. Azınlıkların içinde büyüdüğüm için Rumca ve Ermenice şarkılar da öğrenmiştim. Annem sanatla haşır neşir olmamı çok arzuluyordu. Beş yaşlarında bale ve piyano kursları aldırdı. Ferdi Stadzer'in talebesi idim. İlkokulun yarısını Büyükada'da okudum. 4 ve 5'inci sınıfları Sıraselviler'deki Yeni Kolej'de, ortaokulu ise Notre Dame de Sion, liseyi de Fransa'da Versailles Lisesi'nde (1950–1956) okudum. Buradaki edebiyat öğretmenimiz bizleri hafta da bir tiyatroya götürürdü. Çok ünlü aktörleri orada seyretme imkanım oldu.

Ve Beklan Algan...
Ben liseden sonra İngiltere veya Amerika'ya gidip, İngilizce öğrenip İngiliz Dili ve Edebiyatı okumak istiyordum. Tüm bu devrelere kadar, sanat ile içli dışlı olmama rağmen tiyatro ile ilişkim yoktu. Bu arada bir arkadaşımın düğününde Beklan Algan ile tanışmıştım. Zaten 5–6 ay gibi kısa sürede de evlendik. 51 yıldır da evliyiz. Robert Koleji mezunu olan Beklan'ın da aynı şekilde benim gibi tiyatro ile ilişkisi yoktu. Babasının işlerini takip edebilmek için Amerika'ya gitmişti. İlk önce Actors Studio'ya o başladı. Ben de arkasından gittim. Actors Studio Marlon Brando, Paul Newman ve Marilyn Monreo gibi dünyaca ünlü aktörlerin ve aktristlerin eğitim aldıkları New York'un ünlü bir eğitim yeriydi. Ders verenler arasında Elia Kazan da vardı örneğin.

New York çalışmaları...
Burada psikolojik beden dili üzerine eğitim aldık, iki sene yaratıcı drama okuduktan sonra da Of Brodway'de oyunlarda oynamaya başlamıştık. Biz zaten sahneye ilk kez Amerika'da öğrenim yaparken çıktık. O ara daha pek ünlenmemiş olan Tony Curtis yaptığı bir çalışmasında bana kendisine eşlik etmemi teklif etti. Bu çalışmalarım sırasında da beni gören bir ajans sahibi Fanny Price'ın hayatını anlatan *Funny Girl* (*Komik Kız*) adlı bir müzikal filmde oynamamı istedi. Fanny Price da kendisine benzeyen birinin oynamasını şart koşmuş. Gerçekten de kendisiyle büyük bir benzerliğim var-

dı. Teklif bana gelince çok heyecanlanmıştım. Ancak bana teklif ettikleri kontrat sekiz senelik idi. Marlon Brando da tavsiye etmeyince kontratı imzalamadım. Ben kabul etmeyince Barbara Straisand oynadı.

New York'ta Muhsin Ertuğrul ile tanışmamız... ve İst. Şehir Tiyatrosu'na davet...

Çağdaş Türk tiyatrosunun kurucularından Muhsin Ertuğrul o ara New York'a gelmişti. Dünya tiyatrosunu araştıran ve bu maksatla da ülke ülke gezen bir tiyatro adamıydı Musin Ertuğrul. Bizi görünce "okulu da bitirmişsiniz, daha burada ne duruyorsunuz; dönün artık Türkiye'ye..." dedi ve bizi İstanbul Şehir Tiyatrosu'na davet etti. Beklan ve ben 1960 yılında Şehir Tiyatrosu'na başladık. 1961 yılında eşim Beklan Algan'ın yönetmenliğinde *Tarla Kuşu* oyunuyla başladım Şehir Tiyatrosu'nda oynamaya. Aynı yıl, 1961'de Avni Dilligil'in yönetiminde Sartre'in *Sinekleri'*nde Mücap Ofluoğlu, Zihni Rona ve Samiye Hün'le beraber oynadım. Ve arkasından *Hamlet* oyununda hem Ophelia'yı hem de erkek giysileriyle *Hamlet'*i oynadım. Bu oyunları *Sezua'nın İyi İnsanı* ve *Çil Horoz* takip etti. Tevfik Fikret'in *Nesrin'*inde bir sene oynadım. Genco Erkal ile de *Rosenbergler Ölmemeli'*yi oynadım. Paris'te Mehmet Ulusoy'un Theatre de Liberte'sinde (Özgürlük Tiyatrosu) sahneye çıktım.

Çil Horoz'un başımıza açtığı işler...

1959'da İstanbul Şehir Tiyatrosu'nun yeniden başına geçen Muhsin Ertuğrul, tiyatroyu yaygınlaştırmak, halkın ayağına götürmek için İstanbul'un Kadıköy, Üsküdar, Rumelihisarı, Fatih, Zeytinburnu gibi semtlerinde şubeler açmıştı. Bu şubelerden Zeytinburnu Tiyatrosu'nda Oktay Rıfat'ın *Çil Horoz* adlı oyunu oynuyorduk. Oraları o zamanlar köy gibiydi. Bir okulun alt katında öğretmenlere bedava oynuyorduk.

Ben de başrolü oynuyordum. Vasfi Rıza Zobu "Oralarda fakir fukaranın içinde ne işiniz var!" diyerek o tiyatroyu kapattırdı. Daha sonra ise Muhsin Hoca polislere kapıyı açtırdı.

Ve sinema... televizyon dizileri...

1964 yılında senaryosunu Vedat Türkali'nin yazdığı, Ertem Göreç'in yönettiği *Karanlıkta Uyananlar* filminde eşim Beklan Algan ve Fikret Hakan'la beraber oynadım. Ben sinemayı pek sevemedim. Fakat buna rağmen yine 1966 yılında Atıf Yılmaz'ın ısrarıyla, onun yönettiği *Ah Güzel İstanbul* filminde Sadri Alışık'la beraber oynadım. Bu film 1967 yılında San Remo'da düzenlenen Bordighera Film Şenliği'nde "Gümüş Ağaç Ödülü"nü aldı. Rol aldığım belli başlı sinema filmleri arasında bir de 1970 yılında Montreux Festivali'nde kadın özgürlüğünü anlatan *Kadınlığın Öyküsü* filminde oynadım. Daha sonraları da *Seni Seviyorum Rosa, Harem Suare, O da Beni Seviyor, Zilli Nazife, Biraz Kül Biraz Duman, Son Söz Benim, Salak Bacılar* gibi sinema filmlerinde, *Biz Bize Âşık Olduk, Üzgünüm Leyla, Aliye, Şöhretler Okulu* gibi televizyon dizilerinde de oynadım.

İlk özel tiyatro okulu LCC...

1966'da Muhsin Ertuğrul'un görevden alınması üzerine bizler de Şehir Tiyatrosu'ndan istifa etmiştik. Muhsin Hoca'nın desteğiyle ben, eşim Beklan Algan, Haldun Taner hep beraber Türkiye'nin ilk özel tiyatro okulu LCC'yi açtık. Buradan Macit Koper, Taner Barlas ve Rutkay Aziz gibi değerli oyuncu ve yönetmenler çıktı. LCC'nin dışında Bilsak Tiyatro Okulu'nu kurdum. Bir de eşimle beraber TAL (Tiyatro Araştırma Laboratuvarı) da çalışmalar yaptık. 1999 yılından bu yana da eşim Beklan Algan'la beraber Ekol Drama Sanat Evi'nde gençleri yetiştiriyoruz. Ayrıca Plato Film Okulu'nun yeni bir projesine de katılıyorum. 24 Nisan–26 Haziran 2007 tarihleri arasında Plato Film Okulu'nda yapılacak oyunculuk atölyesi çalışmalarında ders vereceğim.

Yunus Emre'yi tanımamla başlayan şarkıcılığım...
1972 yılında Turizm Bakanlığı Müsteşarı Mukadder Sezgin Bey, Yunus Emre'nin ölümünün 650. yıl dönümü münasebetiyle Yunus Emre'yi yurtdışında tanıtmak için benden üç dilde, İngilizce, Almanca ve Fransızca bir longplay yapmamı istedi. Yurtdışına lokum yollamak yerine böyle bir Yunus Emre uzunçaları göndermek istediklerini söylediler. Ben senelerce Batı tarzında büyütüldüğüm için Yunus Emre'yi yeterince tanımıyordum. Kendilerinden bana biraz zaman tanımalarını istedim. Uzun bir süre araştırdıktan sonra Yunus Emre'nin şiirlerini ve tasavvuf müziğini içeren bir longplay yaptım. Çok büyük ilgi gördü; Yunus Emre'yi Orta Asya, ABD, Avrupa ve Afrika'da tanıttım, konserler verdim. Berlin'de Schaubühne'de Yunus Emre'yi sergiledim. Çok ilgi gördü. Çünkü müzik, felsefe ve şiir vardı. Fransa televizyonlarında Yunus'u yorumladım. Tüm yabancı devlet başkanlarından davetler aldım, dünyanın her tarafında Yunus Emre'yi ve felsefesini tanıttım.

Zeki Müren'den gelen gazino daveti...
Yunus Emre'yi tanıtmak maksadıyla yapmış olduğum longplay sadece yurtdışında değil, tüm Türkiye'de ilgi gördü. Bu çalışmalarım sırasında Zeki Müren, bana gazinoya çıkmamı teklif etti. İnanın ben gazinoda Yunus Emre'yi yorumlarken herkes çatal bıçağı bırakıp, sezsizce beni dinliyorlardı. Böylece Yunus Emre'yi gazinoya da sokmuş oldum.

Ödüllerim...
1965– *Fizikçiler* oyunundaki rolümle "İlhan İskender Ödülü"

1967– *Ah Güzel İstanbul* filmi ile San Remo Bordighera Film Şenliği, "Gümüş Ağaç Ödülü"
1972– Devlet Sanatçısı
1973– Altın Orfe Şarkı Yarışması "İkincilik Ödülü"
1972– Unicef Sanatçısı
1974– Olimpia Birinciliği
1977– Polonya Pop Müzik Yarışması "Birincilik Ödülü"
1978– Sopot Dünya Birinciliği, Şarkı–Yorum
1996– Türkiye Yazarlar Birliği "En İyi Oyuncu Ödülü".

Berlin'deki tiyatro çalışmalarımız...
1980 yılında Beklan benden önce Berlin'e gitti. Orada tiyatro araştırmaları yaptı. Arkasından Kerim Afşar, Macit Koper, Rutkay Aziz, Şener Şen ve Toron Karacaoğlu gittiler. O sırada Stokholm'da bulunan Tuncel Kurtiz ve Köln'de bulunan Dilek Türker, Peter Stein yönetiminde bir proje için Berlin'de buluştular. Bu topluluğun içine ben de katıldım...

Bu çalışmalardan bir tanesi Keloğlan adlı oyundu. Keloğlan'ı Şener Şen oynamıştı. Alman okullarından öğretmenler de gelmişti oyuna. Ve bize daha sonra "İlk defa Alman çocukları anne–çocuk kucak kucağa sizin resimlerinizi çiziyorlar" dediler. Schaubühne'de oyunu seyreden çocukların çizdikleri resimlerden oluşan bir resim sergisi de açmıştık. O aralar Berlin Senatosu'ndan yaptığımız çocuk oyunlarını araştırmak için bilirkişiler geliyorlar oyun hakkında rapor yazıyorlardı. "Doğrudur" diye rapor yazmışlardı. En çok tutan oyunumuz ise *Giden Tez Geri Dönmez* oyunu idi. Oyunu seyreden Almanlar hüngür hüngür ağlamışlardı. Tabii bu oyunları Alman Senatosu destekliyordu. O ara bu yardım kesilecekti. Bunun üzerine arkadaşlar beni senatörle konuşmaya gönderdiler. Senatör bana:

"Benim işçim televizyon seyreder, birasını içer ve sızar; tiyatroya gitmez. Benim işçim tiyatroya gitmezken, senin Türkiye'den gelen işçin mi tiyatroya gidecek!" dedi.

Bunun üzerine ben de,

"Benim çocukluğumda Almanya'nın çıkardığı mersedes arabaların renkleri ya siyah, ya beyaz ya da lacivert idi. Ancak şimdi kırmızı renk mersedes yapıyorsunuz!" deyince, "Ne ilgisi var konumuzla?" diye sordu. "Onları benim işçime satıyorsunuz!" dedim. İşçilerimize *Keşanlı Ali Destanı* müzikalini oynuyorduk. Haldun Taner'de vardı. Alman Televizyon ekibi de çekiyordu oyunu. Oyundan sonra işçilerimize soruyorlar: "Senatörlük sizin sanatçılarınıza para vermek istemiyor. Siz ne diyorsunuz? Tiyatro istiyor musunuz?" İşçilerimiz ne cevap verdi dersiniz? "Bırak yahu, vermezse vermesin. Biz burada kaç kişiyiz! Ayda 100 DM versek, kendi sanatçımızı doyururuz!" dediler. Bu söylenenler tabi ki Alman televizyonu ve Alman gazetelerinde yayınlandı. Ben gazete haberlerini senatörlüğe yolladım. İçine de not olarak ta "Siz, işçileriniz tiyatroya gitmez demiştiniz, bakın işçilerimizin verdiği cevapları okuyun!" diye yazmıştım. Ve böylece istediğimiz yardımı senatörlükten aldık.

1960'lı yılların tiyatrosu ve son yılların tiyatrosu...

60'lı yıllar tiyatromuzun en güzel ve en parlak yıllarıydı. Bütün tiyatrolarımızın açılışları Shakespeare'le yapardık. Şimdi yine doluyor tiyatrolarımız. Ancak oynanan oyunların içleri boş. Neden biliyor musunuz? Araştırıcılık yok artık oyuncularda!

Sadece ezber yapıp oynuyor oyununu...

Sabah provasını yapıyor, akşam oynuyor. İki ayda İbsen veya Yunan oyununu çıkartıyor. Araştırmaya vakti yok. Dizilerden farkı kalmadı tiyatro oyunlarının. Biz bunları hep söyledik, anlamadılar. Diziler de öyle. 7 senedir Ekol Drama'da Genel Sanat Yönetmenliği yapıyorum. Son zamanlarda Kemal Sunal'ın kızı Ezo Sunal ve Tanju Korel'in kızı Bergüzar Korel'in koçluğunu yapıyorum. Konservatuar bitirmiş olmalarına rağmen beni çok dinliyorlar. Çünkü sinema tiyatro gibi değil, kamera önü başka bir oyunculuk istiyor. Ben artık oyunculuk yapmıyorum. Ancak bazı dizilerde zaman zaman oynuyorum. *Aliye, Şöhret Okulu* gibi. İş Sanat'ta Işıl Kasapoğlu'nun yönettiği *Hayvanlar Karnavalı*'nda anlatıcıyı oynuyorum.

Tiyatroyu yaşam biçimi yapmış,
tiyatro tutkunu, tiyatroya sevdalı bir sanatçımız

BİLGE ŞEN

Beşiktaş Belediyesi Prodüksiyon Tiyatrosu, Avusturyalı yazar Peter Turrini'nin *Mutlu Yıllar* adlı oyununun prömiyerini 7 Mart (2008) günü Akatlar Kültür Merkezi'nde gerçekleştirmişti. Prof. Zeliha Berksoy'un yönetmenliğini üstlendiği oyunda rolleri Tamer Levent ve Bilge Şen paylaşıyorlar.

İstanbul söyleşi turumun üçüncü günü (5 Mart), bu oyunun telaşında olan Bilge Şen ile Akadlar Kültür Merkezi'nin fuayesinde bir söyleşi gerçekleştirdim.

Yedi gün süren söyleşi turumda, sekiz oyun seyrettim, toplam yirmi sanatçımızla söyleşi yaptım. Ancak *Mutlu Yıllar'*ın prömiyerinde maalesef bulunamadım.

Seyredemediğim *Mutlu Yıllar'*ın konusu:

Tamer Levent'in Josef, Bilge Şen'in Maria rollerini canlandırdığı tek perdelik tiraji komik oyun, bir yılbaşı gecesi son çalışanı da çıktıktan sonra kapanan bir hipermarketin deposunda geçiyor. Hipermarketin deposunu temizlemeye gelen Maria (Bilge Şen) ile gece bekçisi Josef'in (Tamer Levent) aralarında kurulan bağ, günümüz ilişkilerinin özüne dair ince mesajlar içeriyor. Oyun, gündelik hayatın zorlukları içerisinde yok olmuş benliklerden çarpıcı manzaralar sunuyor.

Oyunun yazarı Peter Turrini, yazdığı her oyunla tartışma yaratan Avusturya'nın "skandal yaratan yazarı" olarak biliniyor.

Bilge Şen'i televizyon dizisi olan *Eşref Saati*'nde severek izliyorum. Daha önce ise Metin Akpınar – Zeki Alasya ikilisinin oynadıkları *Rus Gelin* adlı filmde de seyretmiştim. Televizyon ve sinemadaki başarısını tiyatro sanatına borçlu olduğunu şöyle belirtiyor Bilge Şen:

"Tiyatronun tadı başka. O çok ayrı bir yerde; çok emek isteyen, verdiğin emeğin karşılığını alınabildiği söylenemeyen, bir sevdadır, bir tutkudur Tiyatro. Onun insana getirdiği artılar çok farklıdır. Eğer bizler şimdi ekranda bir yerlerde isek, tiyatronun bize getirdikleriyle buralardayız. O çok sevgiyle yapılıyor..."

Mesleğine olan tutkusu gözlerinden okunuyor Bilge Şen'in... O, hayatını mesleğine adamış ve seçtiği mesleği yaşam biçimi yapanlardan...

İnsan bir kere sevdalanmaya görsün; onunla yatar, onunla kalkar!

Bilge Şen, tiyatro tutkunu, tiyatro sevdalısı...

Tıpkı toprağına ve tiyatroya sevdalanmış babası Şakir Şen gibi...

Bu yazıyı hazırladığım gün (13.11.2008), Cumhuriyet gazetesinde Vecdi Sayar'ın, Osman Şengezer'in yazmış olduğu *Dekor ve Kostümlü Anılar* kitabı için yazmış olduğu güzel yazısından alıntılar yapmak istiyorum:

"Geçen hafta Osman'ın Dekor Kostümlü Anılar *adlı yeni kitabının tanıtım toplantısı vardı. Nicedir görmediğim dostlarla bu-*

luştuk, Çiçek Arif'in mekânında. Korkunç yağmura rağmen, herkes oradaydı. Anılar anıları kovaladı. Tiyatrocu, eleştirmen, gazeteci dostlarla tiyatronun altın yıllarını, Beyoğlu'nda her akşam onlarca tiyatronun perde açtığı günleri andık. İşte, o güzel günlerden günümüze uzanan bir köprüydü Osman'ın dekor – kostüm çalışmaları... Tiyatro, opera ve bale dünyamızın tüm usta yönetmenleriyle çalışan Osman, kendini tekrarlamamak, her defasında oyunun özünü yakalayan bir eser ortaya koymak için çabaladı ve başarılı oldu. Genç kuşakların onun heyecanından öğreneceği çok şey. Osman, giriş yazısında kitabının 'çok fazla unutkan olan ülkemiz insanı için bir hatırlatma dosyası yerine geçebileceği'nden söz ettikten sonra, 'Bir mesleği tutkuyla sevmek, ona bağlanmak, tüm yaşamınızı o mesleğin içine kapatmak, hem mutluluk veren doyurucu bir duygu, hem de çok zor bir oluşum' diyor. Gerçekten de 'kişinin mesleğini yaşam biçimi yapması çok özveri gerektiren bir seçim'... Mutluluğun daim olsun sevgili Osman..."

İşte, Bilge Şen gibi, mesleğini yaşam biçimi yapmış bir sanatçı daha Osman Şengezer... Her ikisinin de buluştukları odak noktası sanat... Tutkuları ve sevdaları sanat...

Yetenek gerekli, eğitim şart!

1944 İzmir – Ödemiş doğumluyum. Babam Şakir Şen, yıllarca amatör olarak tiyatro sanatına hizmet etti. Pamuk, tütün ve zeytinle uğraşan Egeli bir toprak çocuğu olmasına rağmen tiyatro yapıyordu, turnelere çıkıyordu. Altı yaşında Aziz Basmacı, Toto Karaca, Muzaffer Hepgüler ve İsmail Dümbüllü seyretmeye başladım. O zamanlar pek çocuk oyunları yoktu. Küçük cocuklar da yetişkinlerin seyrettikleri oyunlara götürülürdü. Okullarda ise gruplar halinde tiyatrolara götürülürdük. Şimdi yapılıyor mu, bilmiyorum. Eve gelir onların oynadıklarını oynardım. Allah vergisinin olması gerektiğine inanıyorum. Ancak eğitim şart!

İlk oyunum *İki Efendinin Uşağı*

İlk oynadığım oyun *İki Efendinin Uşağı* adlı oyun idi. Bu oyunda beni seyreden pandomim sanatçımız Erdinç Dinçer bana "sen tiyatro sanatçısı olmak istersen ben sana yardım ederim" dedi. Bana yol gösteren o oldu. Evde küçükken başlamış tiyatro oyunculuğum. İlkokul ve ortaokulda hep tiyatro kolunda idim. Okul oyunlarında hep oynadım.

Sanatımın 45. yılındayım...

Ankara Devlet Konservatuarı Tiyatro Bölümü mezunuyum. 16 yıl özel tiyatrolarda çalıştım. Küçük Sahne Gülriz Sururi – Engin Cezzar Tiyatrosu, Ulvi Uraz'da, Dostlar Tiyatrosu, Devekuşu Kabare, 1979 Bursa Devlet Tiyatrosu, 1980'den günümüze kadar da İstanbul Devlet Tiyatrosu'ndayım. Bu oyunda misafir oyuncuyum. Bu sezon rolüm olmadığı için bu oyun için İstanbul Devlet Tiyatrosu'ndan izin aldım. *Mutlu Yıllar* oyunu 50. oyunum.

Sahneyi paylaştığım oyunculardan bazıları...

Vasfi Rıza Zobu, Yıldırım Önal, Müşfik Kenter, Yıldız Kenter, Genco Erkal, Gülriz Sururi, Engin Cezzar, Ali Poyrazoğlu, Metin Akpınar, Zeki Alasya ve İstanbul Devlet Tiyatrosu'nun pek çok değerli sanatçısıyla aynı sahneyi paylaştım.

Oynadığım oyunlardan örnekler...

Büyük Kulak, Daktilolar, Aşk Zinciri, Vatan Kurtaran Şaban, Bu Şehri İstanbul ki, Dün Bugün Yarın, Biz Bize Benzeriz, Rosenbergler Ölmemeli, Durdurun Dünyayı İnecek Var, Katır Tırnağı, Paydos, Hair, Yasak Elma, Morfin, Buzlar Çözülmeden, Kanaviçe, Gölge Ustası, Yanlış Yanlış Üstüne, İstanbul Efendisi, Cimri, Abdülcanbaz, Sersem Kocanın Kurnaz Karısı, Kunduz Kürk, Ay Işığında Şamata, Bir Çöküşün Güldürüsü gibi.

Haldun Taner tutkunuyum...

Kişilik sahibi bir hikâye yazarı ve edebiyatçı olarak en çok önem verdiğim kişi Haldun Taner'dir. Oyuncu olarak kendisiyle çok çalıştım. Kendisine olan tutkum bilinir. Ona olan saygım ve sevgim sonsuzdur.

Televizyon ve sinema çalışmalarım...

1963–64 yılında, haftada üç günlük canlı yayınlardan başlayarak, günümüze kadar pek çok televizyon oyununda oynadım. *Hastane* (1993), *Oğlum Adam Olacak, Çınaraltı* (2003), *Kabuslar Evi* (13 Bölüm), *Tutsak* (2007) ve şimdi oynadığım *Eşref Saati* gibi. Bunların dışında 6–7 tane de sinema filmim var. *Bitmeyen Yol* (1965), *Kara Leke* (1970), *Baraj* (1977), *Yangın* (1984), *Babam ve Oğlum* (2005), *Fosforlu Cevriye, Rus Gelin* (2002), *Delikanlı* (2000), *Adada Bir Sonbahar* (2000), *Bana Abi De* (2002), *Bizim Konak* (2003), *Seni Çok Özledim* (2005), *Son Tercih* (2007) gibi.

Ödüllerim...

Kunduz Kürk oyunuyla "Ayın Sanatçısı Ödülü", 1980, *Gölge Ustası* ile "Avni Dilligil En İyi Kadın Sanatçı Ödülü", 1982, *Bir Çöküşün Güldürüsü* oyunuyla 2003 Afife Jale Komedi Dalında En İyi Kadın Oyuncu adaylığım var.

Yönetmenliği hiç düşünmedim...

Şimdiye kadar oyun yönetmedim, düşünmüyorum da! Oyunculuğu çok seviyorum. Yönetmenlik çok başka bir şey. Ayrıca eğitimin olması gerektiğine inanıyorum. Türkiye'de henüz reji eğitimi veren bir bölüm yok. Mutlaka işi durdurup, yurtdışına yönetmenlik eğitimi almak için gitmek gerekiyor. Benim de şimdiye değin buna vaktim olmadı. Araştırma için yurtdışında kaldım. Üç ay İngiltere, üç ay Japonya ve bir yıl da hiç Türkiye'ye gelmemecesine Almanya'da kalarak Alman Tiyatrosu'nu araştırdım. 18 kez Amerika'da bulundum. Orada yapılan birçok workshop'lara katıldım. Görmediğim oyun kalmadı diyebilirim.

Sanatçının sanatçıyla evliliği...
Yedi yıldır tiyatro sanatçısı Levend Yılmaz ile evliyim. Bizlerin çalışmaları çok uzun ve yorucu oluyor. Örneğin, son yıllardaki televizyon ve dizi çalışmaları çok uzun sürüyor. Sabah çıkıyor, ertesi sabaha karşı üçe doğru eve geldiğim oluyor. Bu durumu aynı meslekten olan eşim Levend anlayışla karşılıyor. Başka meslek dalında olsa idi bu kadar anlayışlı olamazdı. Karşılıklı kabul ediliyor bu durumlar. Tiyatro çalışmaları da aynı şekilde. Gece yapılan bir iş. Saat 18–18:30'dan 23:00'e kadar sürüyor çalışmalar. Aynı şekilde benim evde oturduğum dönemde Levend'in bir oyunu varsa, o beni bırakıp gidecek. Dolayısıyla sorun olmuyor. Birbirimizi anlayışla karşıyoruz. Levend Yılmaz'dan önceki eşim de tiyatro sanatçısı idi. 15 yıl boyunca hiç sorun olmamıştı. Levend ile *Tutsak* dizisinde karı koca rollerini oynuyorduk. Fakat 7 bölüm sonra dizi kaldırıldı. *Çemberimde Gül Oya* adlı dizinin ayrı bölümlerinde oynamıştık. Bir de Tiyatro Pera'da *Bir Çöküşün Güldürüsü* adlı oyunda beraber oynamıştık.

Televizyon dizi çalışmaları... ve tiyatro...
Dizi çalışmaları maalesef çok düzensiz oluyor. Ekmek yetiştirir gibi çalışıyoruz. Pazar günü başlıyorsunuz, dört gün çekim yapılıyor, Perşembe montaj ve dublaj çalışmaları ve cuma günü de yayınlanıyor. Bu sadece benim için geçerli değil; şu anda yapılan dizi çalışmaları hep aynı hızda yapılıyor. Tiyatronun tadı başka, o çok ayrı bir yerde. Çok emek isteyen, verdiğin emeğin karşılığını alınabildiği söylenemeyen, ama bir sevdadır, bir tutkudur tiyatro. Onun insana getirdiği artılar çok farklıdır. Eğer bizler, şimdi ekranda bir yerlerde isek, tiyatronun bize getirdikleriyle buralardayız. O çok

sevgiyle yapılıyor. Televizyon dizi çalışmalarını da sevmeden yaptığımı pek söyleyemem. Yönetmen seçiyorum, kanal ve ekip seçiyorum. Teklif geldiğinde konuyu okurum, sonra kim ile, kimlerle ve hangi kanal için çekileceğini sorarım. Önce rolü seveceksin, sonra bildiğiniz ve güvenebileceğiniz bir şirket olacak. Yönetmen ve ekip çok önemli. Biz şu anda *Eşref Saati*'nde bir aile gibiyiz. Çekimler olmadığında bile herkes birbirini özler, arayıp hal hatır sorar. Ama bu bütün setlerde bu var mı? Diye sorarsanız: hayır! bunu yakalamak ta bir şans.

Babası: Reşit Gürzap,
İsim Babası: Muhsin Ertuğrul,
İstanbul Şehir Tiyatrosu'nun dev sanatçıları
arasında büyüyen,
sinema, tiyatro ve dizi oyuncusu, yazar, eğitmen,
yönetmen ve tiyatro sahibi

CAN GÜRZAP

Babası tiyatro ve sinema oyuncusu, yönetmen Reşit Gürzap.

"İsim Babam" dediği ise Çagdas Türk Tiyatrosu'nun kurucusu Muhsin Ertuğrul...

Bir de etrafındaki sanatçıları sayalım:

Vasfi Rıza Zobu, Bedia Muvahhit, Kemal Gürmen, Cahide Sonku, Şaziye Moral, Raşit Rıza, Mahmut Moralı, Yaşar Özsoy, Kemal Tözem, Suavi Tedü, Perihan Yenal, Behzat Butak gibi Türk Tiyatrosu'nun dev sanatçıları!

Eh, baban Reşit Gürzap, "isim baban" Muhsin Ertuğrul olsun, çocuklugun da İstanbul Şehir Tiyatrosu'nun dev sanatçıları arasında geçsin ve sen gel başka bir meslek seç!

Hani derler ya "perşembenin gelişi çarşambadan bellidir"...

Olması gereken de olmuş zaten ve o da baba mesleğini seçmiş...

İyi ki de seçmiş. Başarılı olarak, babasının yüzünü kara çıkarmamış oğul Can Gürzap!

O, hem tiyatroda oyuncu olarak başarılı olmuş, hem 70'li yıllarda Ankara Devlet Konservatuarı Tiyatro Bölümü'nde eğitmenlik yapmış. 1978 yılında İstanbul Devlet Tiyatrosu Kurucu Müdürlüğüne atanmış, kuruluşunda bulunmuş. 1990 yılından bu yana, doğru, güzel, etkileyici konuşma eğitimi veren Dialog'u Arsen Gürzap'la beraber kurmuş.

Dialog

Türkiye'de etkili iletişim, güzel konuşma, spikerlik, spor spikerliği, seslendirme, dublaj gibi alanlarda eğitim veren ilk özel kurum özelliligini taşıyor. Bugüne dek 100'ün üstünde kuruma, 15 binden fazla katılımcıya etkili konuşma, 1.000' den fazla katılımcıya spikerlik ve yüzlerce kişiye seslendirme ve oyunculuk alanlarında eğitim vermiş.

Can Gürzap'ın kendi yönettiği bu eğitim kurumunun eğitim kadrosunda ise şu sanatçılarımız var: Arsen Gürzap, Hakan Altıner, Levent Öktem, Kazım Akşar, Ali Düşenkelkar, Yalçın Boratap, Mehmet Gürhan, Zeynep Erkekli, Serap Eyüboğlu, Hülya Aydın ve Aslı Yılmaz gibi...

Tiyatro Dialog

Ve şimdi de (Ocak 2009) "çağa uygun, insanı anlatacak güncel oyunların sahneleneceği" "Tiyatro Dialog" adını verdiği kendi tiyatrosunu kurdu. "Yeni İnsan Yeni Tiyatro" sloganıyla kurduğu kendi tiyatrosu "Tiyatro Dialog"un ilk oyunu ise *Bana Bunu Yapma*, Richard Baer'in yazdığı oyunu Zeynep Avcı ve Yalın Karabey Türkçe'ye çevirmiş. Can Gürzap'ın yöneteceği romantik–komedi tarzı oyunda oynayanlar: Can Gürzap, Nurseli İdiz, Atilla Pakdemir ve Veysel Diker.

Sanatçımızla yapmış olduğum söyleşime geçmeden önce, babası Reşit Gürzap'ı biraz tanıyalım isterseniz:

Reşit Gürzap (1912–1990)
Tiyatro ve sinema oyuncusu, yönetmeni. İstanbul'da doğdu. 1932'de Süreyya Opereti'nde Satırzadeler adlı oyunda profesyonel olana kadar, 1926'dan başlayarak amatör olarak çesitli tiyatrolarda oynadı. 1934'te girdiği İstanbul Belediyesi Şehir Tiyatroları'nda özellikle müzikli oyunlarda ve operetlerde tanındı. 1977'de Şehir Tiyatroları'ndan emekli oldu. 1946'dan başlayarak sinema ve sonraki yıllarda da televizyon dizilerinde rol aldı

Ve *Gönül Hırsızı*...
Tiyatro İstanbul prodüksiyonu olan *Gönül Hırsızı* adlı oyunu 2008'in Mart ayında İstanbul'da seyrettim. İstanbul'daki söyleşi turumun o bölümünde şu satırları yazmışım (Arşivimden):
"Ve son durak Tiyatro İstanbul...
Son duraktaki oyuna geçmeden önce bir şeyin altını ben de çizmek istiyorum:
Tiyatro seyircisi var!
Hani bazen televizyon tartışmalarında sık sık yinelenen bir cümle duyarız:
'Türk Tiyatrosu seyirci kaybında!'
ya da:
'İyi oyunlar, kaliteli oyunlar doluyor!'
Ben ikincisine katılıyorum. Çünkü geçen seneki İstanbul Turu'mda da bunu yaşadım, gördüm.

Seyrettiğim oyunlar kapalı gişe oynadılar. Seyircinin gişede gişe memuruna yalvararak: 'Kenara bir sandalye koyun, orada da seyrederim' dediğini kulaklarımla duydum."

Evet gelelim son oyuna: Gönül Hırsızı...
Oyundan önce İlkay Saran ve Nilgün Belgün'le, oyundan sonra ise Can Gürzap'la söyleşi yaptım.

Tiyatro İstanbul'un sergilediği bu oyunu Gencay Gürün Türkçe'ye çevirmiş. Yöneten ise Can Gürzap. Her on yılda başka bir kadınla evlenmenin dışında da arada sevgili değiştiren çapkın bir adamın başından geçen karmaşık maceraların sergilendiği bir komedi Gönül Hırsızı.

Oynayanlar: Can Gürzap, Nilgün Belgün, İlkay Saran, Melda Gür, Levent Ulukut, Ahsen Ever ve Tuğçe Doras.

Bu oyunda diğerleri gibi kapalı gişe oynayan oyunlardandı."

Tiyatro devlerinin arasında büyüyen Can Garzap...

Ünlü bir tiyatro oyuncusu olan babam Reşit Gürzap'tan dolayı, doğduğumdan itibaren tiyatro sanatçılarından oluşan bir ailenin içinde büyümüşüm. En ilginci de babamın hocası, yakın arkadaşı ve beraber çalıştığı modern Türk Tiyatrosu'nun kurucusu Muhsin Ertuğrul benim isim babamdı. Kendisini çok yakından tanıma fırsatım oldu. Hele onunla, Dram Tiyatrosu'ndaki o küçük odasında birebir tanıştığımda 5 yaşında idim. O günü hiç unutmam, hep hatırlarım. Çok şık giyinen bir insandı Muhsin Ertuğrul. Onun bana çok faydası olmuş, bana yol göstermiştir. Çocukluğum hep İstanbul Şehir Tiyatrosu'nun kıymetli sanatçıları arasında geçti.

Vasfi Rıza Zobu, Bedia Muvahhit, Kemal Gürmen, Cahide Sonku, Şaziye Moral, Raşit Rıza, Mahmut Moralı, Yaşar Özsoy, Kemal Tözem, Suavi Tedü, Perihan Yenal, Behzat Butak gibi Türk Tiyatrosu'nun değerli tiyatro sanatçıları arasında oldum hep. Ben o kadroya yetiştim. Çocukluk dönemimin tiyatro kadrosu bu isimlerden oluşuyordu. Bu sanatçıları hem kuliste görürdüm hem de evimize gidip gelirlerdi. O ortamı ben teneffüs ettim, bu çok önemli benim için...

Tiyatro sevgisinin oluşması...

Bu dev tiyatro sanatçılarının arasında çocukluğumu geçirmeme rağmen, bende tiyatro sevgisinin oluşmaya başlaması çocuk tiyatrosu ile oldu. O yıllarda Muhsin Ertuğrul çocuk tiyatrosuyla çok ilgilenirdi. Ben her hafta muhakkak çocuk tiyatrosuna giderdim. Çocuk tiyatrosuna gittiğimde sanki cennete gitmiş gibi olurdum, o derece etkilenirdim. Çok mutlu olurdum. Ben tiyatro oyuncusu olmasaydım sanatçı olurdum...

Muhsin Ertuğrul müthiş bir entellektüeldi...

Muhsin Ertuğrul, çok dürüst, mücadeleci ve kavgacı, her şeyden önce de müthiş bir entellektüeldi. Ve pek bilinmez; Muhsin Ertuğrul Türkiye'deki kadın haklarının en önemli savunuculuğunu yapmıştır. Ve bu savunmanın sonunda da galip gelmiştir. Yani Türk kadınını sahneye çıkarmıştır. Türk kadınının sahneye çıkması demek, Türkiye'nin uygarlığı açısından müthiş bir görünüm ortaya çıkmıştır. Kadının o tarihlerde değil sahneye çıkması, tiyatroya bile gidemezdi. Müthiş bir taassup vardı. İnsanın içini karartan bir taassuptu bu. Muhsin Ertuğrul yazdığı yazılarıyla önce bunu hırpaladı, sonra da Atatürk'ün desteğiyle taassubu paramparça etti. Muhsin Ertuğrul'un Türk Tiyatrosu'na yaptığı hizmetler sayfalarla anlatılamaz!

Babam Reşit Gürzap...

Babam da, Muhsin Ertuğrul'un yönetiminden gelen bir sanatçı idi. Zaman zaman turnelere beni de götürürdü. Son derece titiz, çalışkan, tiyatroyu ve oyunculuğu çok severdi.

Sadece babam değil, tüm yukarıda saydığım, yani içinde büyüdüğüm bu tiyatronun devleri, hepsi titiz ve disiplinli idiler. Babam ileri yaşlarında da hep oyun oynamak istedi. Ancak son iki sene oynayamadı. Ben onu ölümünden iki sene önce oynattım. Bana hep "ne olur bir oyun daha oynayayım" diye yalvarırdı. Tiyatro oyuncusunun en önemli sorunu oyun oynayamamaktır. Yaşı ilerledikçe oynayacağı roller azalır; roller azaldıkça da oynama şansınız azalır ya da hafızanız ve bedeniniz giderek ihanet etmeye başlar. O zaman da buruk bir ölüm sizi bekler.

Benim oynadığım her oyunu üç dört kez seyrederdi, çalışmalarımı izlerdi. Bana verdiği tavsiyelerden bir tanesi: Ben sahnede çok dolaşırım, yerimde duramam. Bir gün oyundan önce kulise geldi, ilk oyunlarımdan bir tanesiydi, *"otur ve oyundan önce bir muz ye!"* dedi. Onunla aynı oyunda oynayamadım. Ancak iki televizyon oyununda beraber olabildik. Ölümünden iki yıl önce de benim yönettiğim televizyon oyununda oynadı. 1990'da 78 yaşında vefat etti. Bu mesleği seçip, onun yolundan gideceğim zaman da *"tiyatro oyuncusu olmak istiyorsan okuluna gitmelisin"* dedi. Yoksa o sıra tiyatronun yönetim kurulunda idi. Beni de yanına aldırabilirdi.

Ankara Devlet Konservatuvarı Tiyatro Bölümü...

1963 yılında Ankara Devlet Konservatuvarı'nın Tiyatro Bölümü'ne başladım. O zaman eğitim 5 yıl sürüyordu. Ben dördüncü yılımda, yani öğrenciyken, Devlet Tiyatrosu'nda başrol oynadım. Cüneyt Gökçer başrol vermişti. Sevgi Sanlı'nın *Menekşe Yaprağında İncinen Kız* adlı oyunda Arsen'le beraber oynadım. Oynamaya beşinci sınıfta da devam etmiştim. Güngör Dilmen'nin *Akad* oyunuydu. 1968 yılında da konservatuvarı bitirdim. Mezun olduğum 68–69 sezonunda Devlet Tiyatrosu'nda biri çocuk oyunu olmak üzere üç oyunda oynadım.

Konservatuvardaki değerli hocalarım...

Ankara Devlet Konservatuvarı o dönem eğitmen yönünden çok güçlüydü, çok değerli hocalar vardı. Bölüm Başkanı Mahir Canova, Cüneyt Gökçer, Nüzhet Şenbay, Ruşen Kam, Refik Ahmet Sevengil, Nurettin Sevin, Salih Canar bir de İstanbul Şehir Tiyatrosu'ndan Ankara'ya gelen dekor, kostüm ve sahne tekniği öğretmenimiz Max Meinecke gibi hepsi birbirinden değerli hocalarımız oldu.

Londra bursu...

Konservatuardan mezun olduktan sonra Devlet Tiyatrosu'nda oyunculuğum devam etti. O ara Konservatuvar'ın Tiyatro Bölümü eğitmen olmam için bana yurtdışı bursu verdi. Teklif Mahir Canova'dan geldi. Kabul ederek Milli Eğitim Bakanlığı'ndan aldığım bursla Londra'ya gittim. Benimle beraber burs alan Muammer Çıpa ve Yücel Erten'de vardı. Londra'da "Central School of Speech and Drama"da üç yıl eğitim aldım. Burada hem oyuncu eğitmenliği hem de çok yoğun bir şekilde reji eğitimi aldım. Bu okul hâlâ dünyanın en iyi okullarından biridir. Bunun dışında diğer ülkelerdeki seminerlere katıldım, çalışmalar yaptım. Türkiye'ye döndükten sonra ise Ankara Devlet Tiyatrosu'nda hem yönetmen hem de oyuncu olarak işe başladım. Konservatuavarda öğretmen olarak görev yaptım. İlk reji denemem bir çocuk oyunu idi. TRT'de radyoya birçok radyo tiyatrosu hazırladım.

Kurucu müdürlüğüm...

1978'de İstanbul Devlet Tiyatrosu'na kurucu müdür olarak tayin edildim. İst. Devlet Konsevatuvarı'nın Tiyatro Bölümü'nün kuruluşunda bulundum. Ancak 1,5 yıl sonra Devlet Tiyatrosu Müdürlüğünden ayrıldım. Turgut Özakman zamanında yine müdürlüğe getirildim. 1986'da da konservatuvardaki görevimden ayrıldım. Oyunlar sergiledim, önemli başrollerde oynadım. Tüm oyunlarımda mutlu oldum; severek oynadım. Arada sevmeden, beğenmeden oynadıklarım olmuştur. Fakat onları da sevmeye çalıştım. Çünkü sevgisiz bu işi yapamazsınız.

Televizyon çalışmalarım...
Televizyon oyunculuğum 1968 yılında öğrenciliğim sırasında başladı. TRT Ankara Televizyonunda TV oyunlarında oynadım. Bunlar haftada üç gün ikişer saat canlı yayınlardı. Hem oyuncu hem de rejisör olarak televizyonla ilişkimi hiç kesmedim. Geçimim radyodan oluyordu. Ankara radyosunda Türkçe'ye çevirdiğim birçok oyun oynandı.

Türk Tiyatrosu üzerine...
Türk Tiyatrosu'nun elinde potensiyel var. Elemanları, oyuncusundan ışıkçısına ve dekorcusuna kadar hepsi dünya çapındadır. Oyunculuk yönünden dünya oyuncularıyla kıyaslanabilecek iyi oyunculara sahibiz. Hatta Avrupa ve Amerika'nın üstünde olan oyunculara sahibiz. Ancak bu kalite yeteri kadar değerlendirilemiyor! Nasıl? Destek paraları olmayacak kişilere gidiyor. Türk Tiyatrosu'nun geleceği amatör heyecanla çalışan gençlerle sağlanabilir. Devlet bazı tiyatrolara fazla para veriyor. Başkan olan tiyatro patronlarına paralar akıyor. Oysa pırıl pırıl, heyecan dolu, tiyatro sevgisiyle güzel işler yapmakta olan gençlerimiz var. Onlar desteklenmeli bence!

Tiyatro binası konusunda ise çok fakiriz. Basketbol takımlarına o kadar çok para yatıracaklarına, biraz da tiyatro binalarına yatırsınlar. İş adamlarımıza bu konuda iş düşüyor. Kendilerine dönsünler. Tiyatronun olduğu yerde huzur olur, savaş olmaz, kötülük olmaz. Almanya'da İkinci Dünya Savaşı'ndan sonra ilk onarılan binalar tiyatro, opera ve bale binalarıydı. Niye? insanların bitmiş olan ruhlarını tedavi etmek için!

Oynadığım oyunlardan bazıları...

Akvaryum, Andromak, Yanlışlıklar Komedyası, Altı Kişi Yazarını Arıyor, Tango, Kahvede Şenlik Var, Amadeus, Sırça Kümes, Salıncakta İki Kişi, Maymun Davası, Seneye Bugün, Sanat, İdeal Bir Koca, Çılgın Haftasonu, Bu Adreste Bulunamadı, Taraf Tutmak, Yarım Bardak Su, Gönül Hırsızı ve son olarak ta kendi kurduğum Tiyatro Dialog adına hem yönettiğim hem de oynadığım *Bana Bunu Yapma* adlı oyun.

Yönettiğim oyunlar...

Bana Bunu Yapma, Gönül Hırsızı, Amadeus, Taraf Tutmak, Terlik, Bir Ölümün Toplumsal Anatomisi...

Oynadığım filmlerden bazıları...

Yorgun Ölüm, Yorgun Savaşçı, Ağrıya Dönüş, İlk Aşk, Yangın, Metres, Yaşam Kavgası, Kurtlar Vadisi Pusu, Aşk Beklemez, Rüyalarda Buluşuruz, Halk Düşmanı, Aşkımızda Ölüm Var, Seni Yaşatacağım, Aşk ve Gurur, Beyaz Yalanlar, Bir Aşk Uğruna, Ateşten Günler, Kartallar Yüksek Uçar, Sırça Kümes...

Oynadığı oyunlarda *"tam rolünün adam,"* dedirten, *"sıcak sesli"* ve *"temiz Türkçeli"* bir tiyatro adamı

CÜNEYT TÜREL

"Cüneyt Türel'e gelince... Onca başrol oynamış, onca klasik kahramana hayat vermiş olan Cüneyt Türel'i Chris rolüyle hatırlayacağım her zaman. Öyle yakışmıştı ki role ve öyle içten oynuyordu ki o sıcacık sesi, güzel temiz Türkçesiyle. Provalar hayatımda unutamadığım mutlu çalışmalar listesinde yerini çoktan almış..."

Böyle yazmış Gülriz Sururi 60'lı yılların *Kabare* oyununda beraber oynadığı rol arkadaşı Cüneyt Türel için *Bir An Gelir* adlı anı kitabında.

Usta oyuncu Cüneyt Türel, 2008 tiyatro sezonunda, Tiyatro Dot'da genç oyuncularımızdan Mine Tugay ile *Karatavuk* adlı oyunu sergilemişti.

Oyunu Türkçe'ye çeviren ve yöneten Emre Koyuncuoğlu.

On iki yaşındayken cinsel tacize uğradığı adamla (Cüneyt Türel) on beş yıl sonra tekrar karşılaşan genç bir kadının (Mine Tugay) öyküsünü anlatıyor *Kara Tavuk*.

"Tiyatro Dot'un yeni oyunu Karatavuk, *bizi insan ruhunun karanlık dehlizlerinde bir yolculuğa davet ediyor. 'Politik doğruculuk' tan alabildiğine uzak, suratımıza bir şamar gibi inen bir oyun bu. Dot'un büyük bir tutarlılıkla sürdürdüğü 'In yer Face' akımının en iyi örneklerinden biri. On iki yaşındayken kendisine cinsel tacizde bulunan adamı on beş yıl sonra arayıp bulan genç kadının öyküsünden etkilenmemeniz olanaksız (hele Pippa cinayetinin izleri bu kadar tazeyken). Ama, İskoç yazar David Harrower nefretinizi kamçılamak yerine, sizi başka yollara sürüklüyor. Duygusal dünyanızın, değer yargılarınızın altüst olması pahasına Çelişik duyguları, sevgi arayışının sınırsızlığını keşfediyorsunuz. Kuşkusuz, ' tecavüzcü 'yü mazur göstermek gibi derdi yok yazarın; onun derdi sorgulamak... Yaşamın getirip önümüze bıraktığı tuzaklar karşısındaki tavrımızı, samimiyetimizi sorgulamak Yönetmen Emre Koyuncuğlu, bu 'bıçak sırtı oyunu yorumlarken, başrollerdeki iki oyuncudan büyük destek alıyor. Hiçbir anı, hiçbir nüansı kaçırmayan büyük oyuncu Cüneyt Türel'in karşısında ezilmeyen genç bir oyuncu, Mine Tugay şaşırtıcı bir performans sergiliyor. Semaver Tiyatro'dan tanığımız Tugay, güzelliği kadar incelikli yorumuyla da seyirciyi kendisine hayran bırakıyor..."* Vecdi Sayar, Cumhuriyet (25.04.2008)

Bazı sinema ve televizyon filmlerinden tanıdığım Cüneyt Türel'i, Berlin'de 2004 yılında yapılan 9. Diyalog Tiyatro Festivali'nde Akbank Prodüksiyon Tiyatrosu'nca sahnelenen, Ayşegül Yüksel'in de bir yazısında (Cumhuriyet) yazdığı gibi; *"... tiyatronun tüm erdemlerini seyirciye cömertçe sunan bir çalışma..."* Fernando Krapp Bana Mektup Yazmış oyununda seyrettim. Kendisiyle oyundan önce bir sohbetim oldu.

Tiyatro ile tanışmam...

1942 İstanbul doğumluyum. Lisedeki tiyatro çalışmalarımla başladı tiyatro yaşamım. İstanbul Erkek Lisesi'nde okuduğumdan, Cağaloğlu'ndaki etkinliklerin içinde yaşadım. Cağaloğlu semti basın merkezi idi o zamanlar. Bağrında çeşitli sivil toplum örgütlerini barındıran bir semtimizdi. Milli Türk Talebe Birliği gibi... O yıllarda çok yoğun kültür faaliyetleri vardı. Amatör tiyatro çalışmalarıma Yeşil Sahne denilen Yeşilay'ın Kültür Kolu'nda başladım. Bir yıl sonra İstanbul Üniversitesi Talebe Birliği'nin Gençlik Tiyatrosu'na geçtim. Türkiyenin en eski amatör tiyatrosudur ve 1953 yılında kurulmuştur. Bu tiyatro grubunda konservatuvar eğitimi aldım diyebilirim. Bu üniversitelilerden oluşan bir gruptu. Ben bu çalışmalara liseli bir genç olarak katılıyordum. O yıllarda üniversite gruplarına liseli gençler giremiyordu. Ben özel bir sınavla girmiştim bu grupa.

İlk sahneye çıkışım...

İlk sahneye çıkışım İstanbul Erkek Lisesi'nin ünlü döner sahneli salonunda Molier'in *Zor Nikah* adlı oyunuydu. 1962'ye kadar dört sene dolu dolu amatörlüğüm oldu. Bu yıllarda 2 kez Almanya'daki üniversitelerarası tiyatro festivali olan Erlangen Tiyatro Festivali'ne katıldım.

Profesyonel tiyatro hayatım...

1962 yılında Engin Cezzar – Gülriz Sururi Topluluğu'nda ilk defa profesyonel olarak sahneye çıktım. Oynadığım oyun *Aklın Oyunu* adlı oyundu. Ancak benim ikinci göz ağrım olan Gençlik Tiyatrosu'yla ilişkim kesilmedi. O yıllarda İstanbul Üniversitesi Edebiyat Fakültesi Sosyoloji Bölümü öğrencisi idim. Bu yüzden de üniversite tiyatro grubuyla bağlarım yoğun idi. Sermet Çağan ile birlikte *Ayak Bacak Fabrikası* adlı oyunu Gençlik Tiyatrosu'nda çalıştık. Onun sağlık durumu bozulunca çalışmaları ben devam ettirdim. Erlangen Tiyatro Festivali'nde benim sahneye koyduğum *Ayak Bacak Fabrikası* "En İyi Üç Oyundan Biri" seçildi. Sonraki yıllarda Karaca Tiyatrosu'nda ve Oraloğlu Tiyatrosu'nda oynadım.

Muhsin Ertuğrul ile tanışmam...

Daha sonra Muhsin Ertuğrul ile bir buluşmam oldu. Daha doğrusu, Muhsin Ertuğrul'a "sizin tiyatronuza katılmak istiyorum" talebinde bulundum. Bunun üzerine Muhsin Ertuğrul *"Ben hiç bir özel tiyatrodan oyuncu ayartmam!"* dedi. Ben de bunun üzerine Oraloğlu'ndan bir çeşit "izin belgesi" aldım ve Muhsin Ertuğrul'a götürdüm. İzin belgesinde *"Hocam, Cüneyt serbesttir. Eğer onu tiyatronuzda görmek istiyorsanız, alın tepe tepe kullanın..."* gibi cümleler vardı. Muhsin Ertuğrul ile çalışmam böyle başladı.

Muhsin Ertuğrul bir destandır...

Onu anlatmak kolay değildir. O bir destandır. Bir kaç cümle, bir kaç sayfa hatta kitaplar yetmez onu anlatmaya. Ancak şöyle özetleyebilirim:

Muhsin Ertuğrul –her dalda bir oterite vardır ya, hani müzikte resimde olduğu gibi– sanatlar ötesi bir oteriteydi. Çünkü o bir "veli"ydi. O "rajon kesen" bir insandı. O tiyatro için doğmuştu, tiyatro içinde ölen bir insandı. O bütün sanatçıları etkileyen bir insandı. O bir "dünya görüşü" idi. Bu dünya görüşünün içinde sanatın yeri en tepede idi. Muhsin Ertuğrul şöyle söyler:

"Eğer bir kentte ekmek satılıyorsa, o kentteki bütün tiyatroların açık olması lazımdır!"

Muhsin Ertuğrul kuralcı ve disiplinliydi...

Sanatta, hangi ölçüde ve hangi sınırda disiplin gerekiyorsa, onu en son noktasına kadar kullanan bir insandı Muhsin Ertuğrul. Ancak bu onun hoşgörüsüzlüğünü ifade etmez. Muhsin Ertuğrul'un provasında sigara ve içki içilmezdi. Oyun öncesi alköllü olmak diye bir şey kabul görmek değil, sözü bile edilmezdi. Ancak öyle bir elemanı da vardı ki, mesala Kemal Ergüvenç içki içen bir oyuncuydu. İçki içmezse var olamazdı. Muhsin Ertuğrul'dan özel izin almıştı. Eğer hayatiyet açısından gerekli bir şeye ihtiyacı varsa Muhsin ertuğrul buna göz yumardı. Ancak bunu istismar edeni de af etmezdi.

30 yıl boyunca İstanbul Şehir Tiyatroları...

İstanbul Şehir Tiyatroları'na Molier'in *Cimri* oyunuyla başladım. Aslında benim İ. B. Şehir Tiyatroları'na girişim Muhsin Ertuğrul'un başlattığı Zeytinburnu Tiyatrosu ile olmuştur. Muhsin Ertuğrul beni orada görevlendirmek için almıştı. Ancak bazı siyasal ve etnik nedenlerden ötürü bu Zeytinburnu Projesi başarısızlığa uğramıştı. Bunun üzerine İstanbul'daki Dram Tiyatrosu'nda başladım. O da *Cimri*'deki rolümdür. Ben Şehir Tiyatrosu'nda 30 sene boyunca 100'ü aşkın oyunda oynadım. 12 oyun da sahneye koydum. *Cimri* ile başladım, Anton Çehov'un *Vanya Dayı*'sı ile bitirdim. Bu oyunlardan örnekler: *Vişne Bahçesi, Romeo Juliette, Vahşi Batı, Yunus Emre, Fatih, Deli İbrahim, Tartuffe, Görüşme–Kutlama–Çağrı, Caligula, M. Butterfly ve Sanat gibi pek çok oyunda başrol oynadım. Jül Sezar, Kendini Bulmak, Küçük Prens, Cumhuriyet Kızı, Ayak Bacak Fabrikası, Oedipus, Deli Bal* gibi oyunların da yönetmenliğini yaptım. Şehir Tiyatrosu'ndan 1995 yılında ayrıldım. Nedeni ise yönetimle uyuşamadım. Emekli olarak ayrıldım.

Muhsin Ertuğrul dönemi ile 2000'li yılların tiyatrosu...

Bunu değerlendirmek çok zor. Bu bir değişim ve dönüşümdür. O günlerin tiyatro seyircisi daha sadıktı tiyatroya. Bunun çeşitli nedenleri var. En önemlisi; o zamanlar televizyon diye bir rakip yoktu. Fakat bugün farklı bir tablo var gibi gözükse de, ben bunun değişeceği kanısındayım. Her yerde olduğu gibi Türkiye'de de sanat seyircisi bir dönüşüm geçirmektedir. Muhsin Ertuğrul'un zamanındaki yoğunluğun olduğunu söylemek belki zor, ancak o zaman nufusu da şimdiki kadar değildi, azdı. Sayısal olarak bakarsak bugünün tiyatro seyircisi o günlere nazaran daha fazladır. Fakat tiyatro yoğunluğu o dönemlerde daha fazla idi.

Öğretim görevlisi olarak...

İstanbul Üniversitesi Devlet Konservatuvarı'nda öğretim görevlisi olarak 6 yıl çalıştım. Bu görevimi sürdüremiyordum. Çünkü o sırada Şehir Tiyatrosu'nda bazen bir ay içinde beş ayrı oyun oynamak durumunda kalıyordum. Hep izin almak zorunda idim. Örneğin hem *Butterfly*, hem *Vanya Dayı*, *Vişne Bahçesi* ve *Görüşme–Kutlama–Çağrı* gibi oyunları ardı ardına oynarken öğretmenlik görevimi yapacak vakit bulamıyordum. Öğrencilerime haksızlık etmemek için konservatuvardan affımı istedim. Öğrencilerimin arasında Tilbe Saran, Demet Akbağ, Oktay Kaynarca, Yasemin Yalçın gibi değerli oyuncular vardı.

Ve AKSM...

1995 yılında Şehir Tiyatrosu'ndan emekli olduktan sonra Akbank Kültür Sanat Merkezi'nde faaliyet gösteren ve bu yıl onuncu yılını tamamlayan Aksanat Prodüksiyon Tiyatrosu'nu kurdum. Şimdi ağırlıklı olarak sahne çalışmalarım oluyor. Eğer içerik açısından ve vakit yönünden müsait olursam televizyon ve sinema çalışmalarım da oluyor. Televizyon için yaklaşık 30 bölüm sürmüş olan *Gülbeyaz* dizisi var. Bir de 13 bölüm sürmüş olan *Estağfrullah Yokuşu'*nda oynadım. Sinema filmi olark ta *Abtülhamit Düşerken'*de oynadım.

Ödüllerim...

Kişisel olarak AKSM'den önce "Avni Dilligil En İyi Erkek Oyuncu" ve "Ulvi Uraz En İyi Yönetmen" ödüllerim var. AKSM'de ise, 1996–1997'de Prodüksiyon Tiyatrosu'nun ilk oyunu olan Abelard ve Heloise'deki rolümle "Avni Dilligil

En İyi Erkek Oyuncu" ve 2000 yılında *Sevilmek* oyunu ile de "Afife Jale En İyi Erkek Oyuncu Ödülü"nü aldım. Ödüller çok güzel. Ancak benim için ödül alma yaşı çoktan geçti. Gençler alsın...

Yüreğimde ukde kalan bir oyun ve oynadığım son oyun...

Shakespear'in *III. Richard*'ını hâlâ oynamak istiyorum. Bu benim yüreğimde ukde olarak kaldı. Ancak, oynamaktan çok artık yönetmenliğe vakit ayırmak istiyorum. Son olarak Kenter Tiyatrosu'nda Çehov uyarlamasını haftada iki gün *İki Hayat Sonra* adlı oyunu Tilbe Saran, Mehmet Birkiye ve Yeşim Koçak ile beraber oynuyoruz. Sanıyorum bu benim son oyunum olur. Bundan sonra sadece oyun sahneye koymak istiyorum.

**Türkiye'de sanata ve sanatçıya verilen değerin güzel (!)
bir örneği:
1402'lik oyuncu ve yönetmen**

ÇETİN İPEKKAYA

1940–1960 yılları arasındaki zaman dilimi Türk tiyatrosunun umutlu ve en parlak zamanıdır.

Oyunculuk sanatının geliştiği, oyun yazarlarının topluma karşı sorumlu oldukları, kalıplaşmış temaların dışına çıkarak oyunlara düşündürücü yorumların, nitelik ve niceliklerin katıldığı yıllardır bu yıllar.

1960–1980 arası ise siyasal yaşamda olduğu kadar kültür ve sanat yaşamında da hareketlilik yılları olmuştur Türkiye'de. Bu yılların tiyatro adamları, bu ortama karşı en duyarlı aydın gruplarından birini oluşturmuşlardır. Yetmişli yılların çalkantısı tiyatro yaşamını etkilemiş, sorunlar sahneye yansıtılmış, oyunlarda tartışılmıştır.

1980 sonrasının genel görünümünü ise değerli yazarımız Yaşar Kemal, 1984'te yazdığı bir yazısında bakın ne kadar güzel özetlemiş:

"Bugünler, Türk tarihinde, bütün değerlerin altüst olduğu, okkanın çakıla karıştığı günler olarak anılacaktır. Bugünlerde, eğer bir değere değer veriliyor gibi görünüyorsa mutlaka onun altında bir çapanoğlu vardır." (Zulmün Artsın, s. 162)

80'li yıllara geçmeden önce 50'li yıllara tekrar dönersek, bu yıllarda kimi amatör tiyatro topluluklarının Türk tiyatrosuna yeni bir soluk, yeni bir renk ve canlılık getirdiğini görürüz. Bu toplulukların başında da Genç Oyuncular gelir.

1957 yılında Teknik Üniversite, Galatasaray Lisesi, Robert Koleji, Edebiyat ve Tıp fakülteleri öğrencilerinden tiyatro seven bir grup öğrenci tarafından kurulmuştur Genç Oyuncular.

Bu gençlerin arasında Galatasaray Lisesi öğrencilerinden tiyatroya olan sevgisinden dolayı 13 yaşlarında başlayıp sahne hazırlıklarında ustalarına tutkal kovası taşıyarak yardımcı olan, büyük sınıflarda da okul tiyatrosu başkanlığı yapan Çetin İpekkaya'da vardır.

1937 Diyarbakır doğumlu olan Çetin İpekkaya, 50 yıldır tiyatroyla haşır neşir.

120 oyun yönetmiş; bunların 42'sinde kendisi de oynamış. Türk tiyatrosunun gelişimine katkıda bulunmuş ve diğer amatör tiyatrocular için bir okul olmuş olan Genç Oyuncular'ın kurucuları arasında olan Çetin İpekkaya, Türk tiyatrosuna bunca hizmetlerden sonra, 1983 yılında Türkiye'nin sanatına ve sanatçısına değer (!) veren askeri darbe tarafından 1402 sayılı yasayla ödüllendirilerek (!) tüm hakları elinden alınmış!

Türkiye'deki ve 1983'ten sonra geldiği Berlin'deki sanat yaşamının öyküsünü gelin bu genç ve dinamik 72'lik delikanlı, 1402'lik Çetin İpekkaya'dan dinleyelim:

Siz, hem oyuncu hem de yönetmensiniz. Ancak Berlin'deki genç oyuncular sizi yönetmen olarak tanıyorlar.

Benim asıl işim Türkiye'de de yönetmenlikti. Ancak bazı oyunlarda –şehir tiyatrosundaki kadromuzun geniş olması–

na rağmen– bir anda birden fazla oyun sergilendiğinden, kendi yönettiğim oyunlarda benim de rol aldığım oluyordu. Bir kaç kez başka arkadaşların sahnelediği oyunlarda da oynadım. Almanya'da daha çok yönetmenlik yaptım. Fakat bazı oyunlarda kadro yetersiz olduğundan ben de oynamak zorunda kaldım.

Türkiye'deki sanat yaşamınızı özetler misiniz?

Okuduğum Galatasaray Lisesi'nde tiyatro dalında çok değerli hocalarımız vardı. Ahmet Kutsi Tecer benim hocamdı ve ailece de görüşüyorduk. Lisenin ilk yıllarında benim tiyatroyla ilgilenmemin geleceğim için doğru bir seçim olacağını düşünmüş olsa gerek ki, aileme tavsiye etmiş. Okuduğum Galatasaray Lisesi'nden yetişmiş pek çok tiyatro sanatçısı vardır: Nejdet Mahvi Ayral, Müfit Kiper, Mahmut Moralı, Orhan Boran gibi...

Okulumuzun tiyatro kulübünde dekaratörlere tutkal kovası taşımakla başladı tiyatro maceram.

Erol Günaydın, Ergun Köknar, benden üç sınıf ilerdeydiler. İlk oynadığım oyun İmparator Johns'ta Jons rolünü üstlenmiştim. İleriki sınıflarda kulübümüzün başkanlığını yaptım. Ve bu arada 1957 yılında Genç Oyuncular grubunu kurduk. Bu 13 kişilik bir ekipti. Grubun içinde çok tanınmış tiyatrocularımız oldu. Genco Erkal, Çiğdem Selışık, Ergun Köknar, Mehmet Akan, Atilla Alpöge, Ani İpekkaya, Arif Erkin, Esen Kolgu gibi.

1950'li Muhsin Ertuğrul'un Türk tiyatrosunu yönettiği yıllar...

Evet, onun Devlet Tiyatrosu'nda Genel Müdür olduğu dönemler. Lise dönemimizde Ergun Köknar'la bana haftada 2.5 lira harçlık verirdi. Karşılığında oyunları izleyip ona yazılı olarak düşüncelerimizi aktarırdık. 1958 yılında mezuniyet diplomamı kendisine gösterdiğimde, bana bir zarf verdi.

İçinde para var sandım. İçinden Fransa'da tiyatro eğitim bursu çıktı. 1961 de Kent Oyuncuları'nda Yıldız Kenter, Müşfik Kenter, Şükran Güngör'le çalıştım. Tolga Aşkıner, Asaf Çiğiltepe, Genco Erkal ve Ergun Köknar'la Arena Tiyatrosu'nu kurduk. Daha sonra Küçük Sahne'de Gülriz Sururi, Engin Cezzar ve Erol Günaydın'la hem oynadım hem de oyun sahneledim. Ani İpekkaya ile beraber Kadıköy Tiyatrosu'nu kurduk. Yıldırım Önal'da bize katıldı. 1964 yılında Haldun Taner'in *Eşeğin Gölgesi* oyunuyla Şehir Tiyatrosu'na geçtim ve yıllarca oyunlar sahneledim. Daha sonra Haldun Taner'in kurmuş olduğu Devekuşu Kabare Tiyatrosu'nda da 8 ay kabare oyunculuğu üzerine bilgiler aktardım. Metin Akpınar, Zeki Alasya, Ahmet Gülhan ve Halit Akçetepe gibi oyuncular vardı. 1968 ve 1974 yıllarında ödüllendirildim. 1983 yıllarına kadar da İstanbul Konsevatuarında reji ve sahne dersleri öğretmenliği yaptım.

Ta ki 1402 yasasıyla ödüllendirilinceye (!) kadar...

Ben, hayatım boyunca mesleğimi insanlara yaşama sevincini aktarmak olarak gördüm.

Tiyatro da insanlara yaşama sevinci vermeli! Ben yaşamın değerli bir şey olduğunu, bu değeri de muhafaza etmenin zor bir şey olduğunu, emek işi olduğunu anlatmaya gayret ettim.

1402'lik meselesine gelince: Hocamız Mahmut Dikerdem, Türkiye'de Uluslararası Af Örgütü'nün (Amnesty International) Türkiye şubesini kurmuştu. Bunun kuruluşunda da sanatçılardan destek istiyordu. Ataol Behramoğlu, Ali Taygun, Melike Demirağ, Şanar Yurdatapan ve başka arkadaşlar da üye olduk. Zaten öncelerde de sahneye koyduğum bazı oyunlar birilerini rahatsız etmişti. Derken, 1983 yılında 1402' lik olduk ve ayrıca 2559 sayılı yasayla da bazılarımız tehlikeli ve sakıncalı kişi sayıldık, devlet işinden atıldık. 1990 yılında bir afla tekrar haklarımız geri verildi.

80'li ve 90'lı yıllarda tiyatro eserleri cılızlaşıp, müzik ve dansla süslenerek çok tutan müzikaller sahnelendi.

Maalesef gerçekleri sorgulayan tiyatro yapıtlarının yerini sudan güldürüler almaya başladı. Toplumların böylesine bu kadar sıkıntılar yaşayıp, birtakım baskıların altında oldukları zaman onları müzikaller ve benzeri şeylerle oyaladığınızda deşarj oluyorlar. Bu tip oyunların da tutmasının sebebi budur. Biz sanatçılar, biraz daha açlığa tahammüllü olsa idik, belki iyi şeyler yapabilirdik. 1980 dönemi Türk tiyatrosunun en acıklı dönemidir!

Berlin'deki sanat yaşamınız ve Tiyatrom'un kuruluşu?

Berlin'e ilk gelişim 1983 de oldu. 1981 yılında, Schaubühne'nin sanat yönetmeni Peter Stein, Berlin'deki Türk toplumunu da ilgilendirecek bir oyunun sahnelenmesi için Beklan Algan'a öneride bulundu. Beklan ve Zeynep Oral bir proje hazırladılar. Erol Keskin, Metin Deniz ve ben de bu çalışmaya katıldık. Daha sonra oyunda rol alan Ayla Algan, Kerim Avşar, Şener Şen, Macit Koper, Berrin Koper Berlin'e giderek oraradaki Türk amatör grupla birleşip *Giden Tez Geri Dönmez* adlı oyunu sahnelediler. Daha sonraki iki yılda Beklan Algan, Başar Sabuncu ve o sıralar İsveç'de olan Tuncer Kurtiz hem Berlin'deki grupla hem de İsveç'ten gelen grupla oyunlar sahneye koydu. 1983 yılında Türkiye'den ve İseç'ten gelen sanatçılar yerlerine dönünce Almanya'daki profesyonel sanatçılar çalışmalarını sürdürdüler, ama bir sanat yönetmenine gerek duyulduğu ortaya çıktı. Schaubühne'den beni davet ettiler, Peter Stein ile görüşmek üzere Berlin'e geldim, bir hafta konuşup tatrtıştık ve benim burada yaşayan özellikle Türkiyeliler için düşündüğüm tiyatroyla, Kurfürstendamm'ın bir ucundaki Schaubühne'nin beklentilerinin uyuşmadığını görerek bu işe karışmamayı yeğledim. Ama bilinsin ki Schaubühne'ye saygım her zaman büyüktür. İstanbul'a döndükten kısa bir süre sonra DAAD (Deutsche Akademische Ausstausch Dienst) tarafından iki yıllık bir süre için, burslu olarak Berlin'e davet edildiğim haberi geldi. Ben de kalkıp geldim. Tiyatrom'un kuruluşuna gelince; bu oldukça uzun bir hikâye. Ama kısaca söyleyeyim. O dönemde Berlin'de Berlin Oyuncuları adında yarı profesyonel sayılabilecek bir grup vardı, grupta da İstanbul'dan tanıdığım, hatta birlikte çalışmış olduğum bazı arkadaşlar bulunuyordu, Schaubühne'deki çalışma bittiği için oradan gelen dostlarla da buluşarak hep birlikte Tiyatrom'u kurduk. Benim birey olarak yaptığım bir tek iş var, o da tiyatronun adını Tiyatrom olarak koymak.

Tiyatrom, perdesini 8 Ekim 1984 günü Ballhaus Naunynstrasse'de açtı ve 2008 de Berlin Senatosu'nun ödeneği kaldırdığı ana kadar profesyonel olarak çalıştı. Şimdilerde kişisel gayretlerle külltür ve sanat'ın değişik alanlarında varlığını korumaya gayret ediyor.

Berlin'deki sanat yaşamı sorusuna gelince de; benim yaşamım zaten sahne sanatlarıyla bağlantılı, bunun dışında başka bir şeyim yok ki. Evliyim, eşim de tiyatro sanatçısı. Bir kızım, iki oğlum ve dört torunum var, daha ne olsun.

Muhsin Ertuğrul'a 6 ay müddet veren,
Türk tiyatrosunun Cesaret Ana'sı,
sahnede insan şiddetinde bir Deprem,
bir yurtsever, bir aydınlanmacı, bir kültür insanı,
özel yaşamda da, sanat yaşamında da
şövalyece bir yaşamı yeğleyen
gerçek bir insan örneği...

DİLEK TÜRKER

Yaşam Bir Oyun

Tanrıça Sarah adlı oyun, Sarah Bernhardt'ın son yılından sadece "bir geceyi" anlatıyor.

John Murell'in yazdığı *Yaşam Bir Oyun, Sarah Bernhardt* adlı eser, sahnede geçirdiği bir kaza yüzünden sağ bacağı kesilmiş olan 77 yaşındaki Sarah (Dilek Türker), yıllardır yanından hiç ayrılmayan uşağı Pitou (Erol Keskin) ile geçirdiği sohbet dolu bir geceyi sergiliyor. Sarah Bernhardt muhteşem bir oyuncu, usta bir ressam, yetenekli bir heykeltıraş, her şeyiyle sıra dışı bir kişilik ve inanılmaz bir kariyer sahibidir yaşadığı yıllarda (1845–1923). Melisa Gürpınar'ın "Tiyatromuzun Cesaret Anası" diye adlandırdığı Dilek Türker, Sarah rolüyle özdeşleşmiş adeta. Çünkü kendisi de "her şeyiyle sıra dışı bir kişilik ve inanılmaz bir kariyer sahibi"... Oyunun yönetmeni Hakan Altıner. Oyunda Dilek Türker'e eşlik eden ise yine Türk tiyatrosunun ustalarından Erol Keskin.

Ne kulise ne de sahneye sığan bir sanatçı Dilek Türker...

Profilo Kültür Merkezi'nde *Yaşam Bir Oyun*'da seyrettim Türk tiyatrosunun "Cesaret Ana"sı Dilek Türker'i. Kendisinde topladığı sanatçı özellikleriyle sahneye sığmayan Dilek Türker'in, oyundan sonra kuliste yaptığım söyleşi esnasında, kulise de sığmadığını gördüm. Kültürü ve bilgisinin kulis dışına taştığını hissettim. Ben kendisine soru sormaya cesaret edemedim, hep o anlattı.

Tiyatro yaşamın aynasıdır...

11 senedir kendi yazdırdığım oynanmamış oyunları oynuyorum. "Tiyatro yaşamın aynasıdır" demiş Shakespeare. Ben de aynı düşünüyorum. Onun için de Tiyatro Ayna'yı kurdum. Tiyatro bir yaşamdır. Tiyatro çok özel bir sanat, veren bir sanat. Güçlü bir sanat dalı olduğu için biraz da ürküten bir sanat dalıdır tiyatro! Yalandan dolandan hoşlananları ürkütür tiyatro. Güzeli arayan bir sanat dalıdır. Galiba dünyadaki bütün yozlukların karşısında en az yozlaşandır tiyatro sanatı. Tabii tiyatro adı altında yapılan birtakım kültürsüzleşme politikasının memurlarından söz etmiyorum. Bu söylediklerim sadece tiyatro için değil, diğer sanat dalları için de geçerlidir; müzik, resim gibi...

Sinema ve tiyatro...

Sinema da provalar yapılır, bir kere çekilir. Ancak tiyatro öyle değil. Bu oyunu bugün seyrettiniz, bitti gitti... Oynadığınız oyunun metni aynı olabilir. Ama siz farklı insanlarla, kendiniz olarak farklı bir durumu yaşıyorsunuzdur ve aracı olan bir metin vardır. Metin hem araçtır hem de aracıdır. Sanatçının duygusunu anlatmak için bir sözü olmalıdır. Sanatçı sadece karnından lay lay lom, boş konuşan bir kişi değildir! Sanatçının sözü olmalıdır. Bir sözü söylemenin, sanat yoluyla ifade etmenin insanoğluna verilen en büyük armağanlardan biri olduğunu düşünüyorum. Sanatçı olabilmek bir kişiye verilen en büyük bir armağandır. Biz sanatçılar gerçekten şanslı insanlarız.

Dilek Türker, 1945 İstanbul doğumlu. 1965 yılından bu yana tiyatro oyuncusu. Yani 42 yıldır sahnede. Melisa Gürpınar yazdığı yazıda onu "Cesaret Ana" olarak nitelendirmiş. Ancak Dilek Türker daha sahneye çıkmadan; 18 yaşında iken tiyatro oyuncusu olma isteğiyle Muhsin Ertuğrul'a başvurduğu gün hak etmiş bu nitelendirmeyi. O heyecanlı günü şöyle anlatıyor:

Muhsin Ertuğrul'a 6 ay müddet verdim...

Tiyatro oyuncusu olmak istiyordum. Bu konuda da en yetkili kişi Muhsin Ertuğrul idi. 1965 yılında, 18 yaşında, randevu almadan Tepebaşı Dram Tiyatrosu'na gidip Muhsin Ertuğrul'un kapısını çaldım. Muhsin Bey içerideydi, "gel" dedi. Muhsin Bey o zamanlar Türk tiyatrosunun ilahı idi. Çok korkulan ve çekinilen tiyatro adamıydı. Ben IQ'su yüksek bir çocuktum. 4 yaşında okula başladım. Sürekli okuyordum. Felsefe ve mitoloji de okuyordum. Klasiklerin çoğunu küçük yaşta okumuştum. 16 yaşında evlenmiştim. Muhsin Ertuğrul'un karşısına çıktığımda bir yaşında olan bir çocuğum vardı. Muhsin Bey beni görünce "ne istiyorsun?" diye sordu. Ben de "efendim on dakikanızı alabilir miyim?" dedim. Kim olduğumu, ne yaptığımı hızlı bir şekilde kendisine aktardım ve tiyatro oyuncusu olmak istediğimi söyledim. "Türkiye'de buna karar verecek yetkili tek kişi sizsiniz. "Size

6 ay müddet veriyorum" dedim. Muhsin Bey yüzüme baktı ve güldü, sonra da canıma okudu. "Olur tabii, neden olmasın" dedi. "Şen şimdi git, sana haber verecekler" dedi.

Beni yerden yere vurup, canıma okuyan Muhsin Ertuğrul...

Dört gün sonra İstanbul Şehir Tiyatrosu Sahne Amiri beni arayıp: "Muhsin Bey'in emri var, yarın Saraçhane'deki Halit Akınlı'nın yönettiği *Bernarda Alba'nın Evi* oyununun provasına gelin" dedi. Muhsin Bey beni çok sert ve disiplinli bir eğitimden geçirdi, yerden yere vurdu. Ben sanıyordum ki, bu kadar okuyan ben, Nişantaşı'nda doğmuş büyümüş, güzel bir kız *Bernarda Alba'nın Evi* adlı oyunun provasına çağrılıyor, "Adela" rolünü oynayacağım...

Ve muhteşem Adela geldi...
Ancak hiçte düşündüğüm gibi olmadı...
Saraçhane'ye gittim, *Bernarda Alba'nın Evi* oyununun yönetmeni Halit Akınlı'ya kendimi tanıttım.
Ben sandım ki "işte muhteşem Adela geldi" diye düşünecek...
Halit Akınlı'ya "beni Muhsin Bey gönderdi" dedim. Halit Akınlı şöyle bir baktı, o zamanlar çok güzel ve alımlıydım. Beni gören muhakkak bakardı. Halit Akınlı'dan da böyle bir hareket beklerken, hiç suratıma bakmadan "ha iyi iyi, benim işim var, şuradaki asistanım Engin Uzar'la görüşün" dedi. Engin Uzar'da beni başkasına gönderdi. Kadroda da Şükriye Atav, Melahat İçli, Reyhan Mahvi, Birsen Kaplanlı, Saniye Ün filan var. Ben tabii vaziyeti anladım. Adela rolü için çağrılmamıştım. 5–6 kapalı kadın sahnesi vardı, hiç laf söylemeden o kadınlardan birini oynayacaktım. Yani sadece görünecektim. Başlangıç rolüm buydu bu oyunda. Düşündüğüm gibi Adela rolü değildi.

27 yaşında Adela rolünü oynayabildim...

1964–77 yılları arasında İstanbul Şehir Tiyatrosu'nda 14 yıl oynadım. 23 yaşında başrol oynayabildim. Eskrim ve şan dersleri aldım. Bir günde üç oyunda oynadığım oldu. Eleştirilerde "Bir yıldız doğdu" diye benden bahsedilmeye başlanmıştı. 27 yaşında tekrar aynı oyunda Adela'yı oynadım. Birçok oyunda başrol oynadım. *Osmangiller* (N. Güngör – 1973) ve *Şvayk İkinci Dünya Savaşı'nda* (B. Brecht – 1979) oyunlarıyla "En İyi Oyuncu" seçildim.

Ve Almanya...

1978 yılında Almanya'ya gittim. Gitmemin sebebi: çok bunalmıştım. Ben, İstanbullu burjuva ailesinin kızıyım. Son derece başkaldırmasını bilen biri olarak tanımlıyorum kendimi. İyi bir gençlik yaşadım. Bana verilenleri kabul etmedim. 18 yaşında başladığım İst. Şehir Tiyatrosu'nda başarılıydım; beş yıl sonra yıldız oldum. Zaman geldi beş rejisör tarafından da başrol oynamam istenmişti. Şener Şen'le beraber İst. Şehir Tiyatrosu'nda ilk defa Brecht'in Şvayk'ını oynadım. 2.500 kişiye Rumelihisarı'nda açık havada oynadım. İkimiz de "En İyi Oyuncu" seçilmiştik. O arada ikinci evliliğimi yapmıştım. İşinden dolayı ikinci eşim Almanya'ya gittiği için ben de peşinden gittim. Almanya'da 12 yıl kaldım. 1978 yılında Köln'de *Eski Fotoğraflar* (Dinçer Sümer), 1980'de Berlin Schaubühne'de *Kurban* (Güngör Dilmen) ve *Keşanlı Ali Destanı'nda* (Haldun Taner) oynadım. Bu arada Goethe Enstitüsü'nü bitirdim. O ara Beklan Algan ve eşi Ayla Algan, Şener Şen'de Berlin'de idiler. Ayla Algan'dan İst. Şehir Tiyatrosu'ndayken çok şey öğrenmiştim. 1984–1985 sezonunda Westfalisches Landes Theater ile birlikte *Sevdican'ı* Almanca ve Türkçe olarak Almanya, Hollanda, Avusturya ve İsviçre'de beş yıl sergiledik. 13. Uluslararası İstanbul Festivali'ne Alman tiyatrosu olarak katıldık.

Almanlar bizleri kobay olarak görüyorlardı...

Alman sanatçılarıyla pek uyuşamıyordum; bizleri biraz kobay olarak görüyorlardı. Benim biraz daha farklı görüşlerim vardı. Sahnede yaptığım tartışmalar kavga boyutundaydı. Zaman zaman sahneyi terk ederdim. Peterstein'la çok tartışırdım. Azınlık tiyatrosu statüsünde idik. Kendi özgün kültürümüzü anlatmalıyız görüşünü savunuyordum. Zor işlerdi, ancak yine de güzel işler yaptık Almanya'da. Ben, orada hem kendi özgün dilimizi hem de kendi tiyatro ruhumuzu yaratalım istedim. Ben sirk tiyatrosunun karşısında oldum. ARD Alman televizyonundan bir yönetmen bana müdürlük teklif etti, kabul etmedim. Bir müddet onlara danışmanlık yaptım. *Komşumuz Balta Ailesi* oyununu yönettim. Almanya'daki Türk kadınlarının göçle ilgili yaşamsal sorunları işleyen bir oyundu. Ben oyunumu oynarken politika da yapıyordum. Yabancı düşmanlığıyla ilgili sıkıntılarımı hissettiriyordum onlara.

Aziz Nesin: "Sen ne zaman Türkiye'ye döneceksin?"...

1989'da İstanbul'da olduğum sırada Aziz Nesin'le karşılaşmıştım. Bana *"Sen ne zaman Türkiye'ye döneceksin?"* diye sordu. Ben, "Siz benim için bir oyun yazarsanız gelirim" cevabını verdiğimde gülmüştü. Aziz Nesin'e böyle bir cevap vermek büyük bir şımarıklık ve cesaret isterdi, terslerdi insanı. Bir ay sonra bana Aziz Nesin'den telefon geldi. Bana oyun yazmıştı. *"Dilek oyunun hazır gel konuşalım"* dedi ve beni Türkiye'ye çağırdı. *Bir Zamanlar Memleketin Birinde* adlı oyunu benim için yazdığını söyledi. Bunun üzerine 1990 yılında Türkiye'ye döndüm. 1990–1991 sezonunda Tiyatro Ayna'yı kurup bu oyunu Yılmaz Onay'ın yönetiminde oynadım. Bu oyunu 1991–1992 sezonunda Dinçer Sümer'in benim için yazdığı *Beni Dünya Kadar Sev* adlı oyun takip etti.

Oynadığım oyunlar Dünya Prömiyerini Tiyatro Ayna sahnesinde yaptılar...

16 yıldır Tiyatro Ayna'da sahnelenen oyunlar benim için yazıldılar. Aziz Nesin ve Dinçer Sümer'in dışında, *Rosa Lüksemburg'*u Rekin Teksoy (1995), "En İyi Kadın Oyuncu Ödülü", *Ziyaretçi'*yi Tuncer Cücenoğlu (1996), *Kuvayi Milliye Kadınları'*nı Nezihe Araz (1997), yine Nezihe Araz'ın yazdığı *Nakşıdil Sultan* (2000) ve *Mustafa Kemal'le Bin Gün–Latife* (2000), *Mutlu Ol Nazım'*ı Ataol Behramoğlu (2002) yazdı. Bu oyun Afife Jale Tiyatro Ödülleri'nde üç dalda aday gösterildi, "Avni Dilligil En İyi Dekor Ödülü"nü aldı. 2004 yılında Prof. Dr. Tarık Minkari'nin *Bir Cerrahın Anıları* ve *Anılar, Portreler, Tarih* adlı kitaplarından Tunca Aykut tarafından oyunlaştırılan *Merhaba Hayat* adlı oyunu sahneledim. Bu oyunda Tarık Minkari de bana eşlik etti. 2005 yılında Mahmut Gökgöz'ün yazdığı *Pir Sultan Abdal* oyunuyla kırkıncı sanat yılımda Çağdaş Eğitim Vakfı tarafından "Onur Ödülü"ne ve 21. Yüzyıl Eğitim Vakfı tarafından "En İyi Sanatçı Ödülü" verildi. 2006 yılında Melisa Gürpınar'ın yine benim için yazdığı *Zaman Adında Bir Kadın* adlı oyunu oynadım. 1998 yılında da Kültür Bakanlığı Devlet Sanatçısı ünvanı verildi.

Mumya filmi...

Mumya filminde bir vefa borcumu ödemek için oynadım. Daha çok perde arkasında bir çeşit danışmanlık yapmıştım. Türk sinemasına bir katkısı olmuştur. Ne kadar başarılı olmuştur? bu tartışılabilir... Bunun dışında Almanya'da iki film çalışmam oldu. Bunların dışında sinema filmi çalışmam olmadı. Şimdiye değin yaklaşık 6 bin kez sahneye çıkmışımdır...

Oyunun sonunda seyircime teşekkür ederim...

Ben şimdiye kadar oynadığım oyunlarda hep engellenmişimdir. Arkadaşlarım tarafından, çevrem tarafından:

"Rosa Lüksemburg *nereden çıktı şimdi? Kimse gelmez, paran kalmadı, yapma!*" gibi laflarla hep engellenmek istenmişimdir. Bu son oynadığım, sizin de az önce seyrettiğiniz *Yaşam Bir Oyun* için de aynı şekilde "*Bu kadar üst düzeyde, entellektüel bir oyun niçin yapıyorsun?*" diye eleştirildim. Buna rağmen yaptım. Oyunun sonunda beni ayakta alkışlayan seyircime onun için teşekkür ettim. Ben, Sarah Bernhardt (1845–1923) gibi bir kadını, hele hele bacağı kesildiği halde 75 yaşında Kleopatra oynayan ve oynamaya devam eden bir tiyatro sanatçısını halkımıza tanıtmaya çalışıyorum.

Ben de son günüme kadar, Sarah Bernhardt gibi, sanat yoluyla gerçekleri haykırmaya devam edeceğim!

En çok parlayan olmasa da
hiç sönmeyen yıldızlardan biri:

EROL GÜNAYDIN

Yazar ve tiyatro eleştirmeni Ayşegül Yüksel, Cumhuriyet gazetesindeki çeşitli sanatçılarımız üzerine "Onlar yıllanmış şarap gibidir" başlığı ile yazdığı yazısında Erol Günaydın için şöyle yazmış:

"Maratonu git gide güçlenerek sürdürmekte olanlara ne demeli? Bir tanesi var ki, 60'lı yıllarda Dormen Tiyatrosu'nun has oyuncusu olarak komik ya da dramatik birbirinden güzel rollere imza atıp, 80'lerde Ortaoyuncular'da Ferhan Şensoy'la âşık attıktan sonra dizilerin vazgeçilmez adamı oldu. Eski dizilerin de yinelendiği şu yaz günlerinde gözüm televizyona takıldıkça şaşıp kalıyorum. Bir bakıyorsunuz taksi durağının –cebinde akrep olsa da– aklı başında 'ağabey'i, bir başka yerde kaytan bıyıklı bıçkın, bir ötekisinde ise evlere şenlik kaynana. Her rolde farklı bir oyunculuk. Dramdan farsa uzanan bir çeşitlilik içinde çıtayı hep yüksek tutan, yorum ustası Erol Günaydın'dan söz ettiğimiz belli."

Ayşegül Yüksel, Adile Naşit, İsmet Ay, Selim Naşit Özcan, Münir Özkul, Suna Pekuysal, Şener Şen ve Asuman Arsan gibi sanatçılarla ilgili bir genelleme de yapmış:

"Yardımcı oyuncular ya da karakter oyuncuları, sanat dünyasına güzel ya da yakışıklı oldukları için değil, yetenekli ve tutkulu oldukları için girmişlerdir. Onlar, uğraşlarında direnmişlerdir. Onlar, tiyatrodaki ve sinemadaki kompozisyon rollerine coşkuyla sarılırlar. Onlar, sıradan olanı 'sıradışı' yapmayı başaranlardır. Onlar oynadıkları rolleri 'canayakın' kılanlardır. Onlar, bizim düş kahramanlarımız değil, 'biz'dirler, 'bizden'dirler. Onlar, kötü bir diziyi ya da filmi bile onların hatırı için izlediklerimizdir. Onlar, en parlak yıldızların daha çok parlaması için geceyi dolduran alçakgönüllü yıldızlardır."

1999'da Berlin'de düzenlenen 4. Diyalog Tiyatro Festivali'ne katılan yıllarca tiyatronun tozunu yutmuş, televizyon dizilerinde farklı tiplemelerle televizyon dizilerinde oynayan ve parlak yıldızların daha çok parlamasına yarayan alçakgönüllü yıldızlardan biri olan usta tiyatro, sinema, tv sanatçısı, senaryo yazarı ve yönetmen Erol Günaydın'dı. Kendisiyle tiyatro yaşamının yanı sıra, geleneksel gösteri sanatlarımızın en eskilerinden biri olan meddah ve meddahlık hakkında bilgiler içeren ve de meddahlıkla stand–up gösterisini karşılaştıran bir sohbetim oldu.

Sanat yaşamınızı kısaca özetler misiniz?
1933 Trabzon Akçaabat doğumluyum. Trabzon'dan İstanbul'a okumak için geldim. Gırgır bir çocuktum. Güldürürdüm herkesi, tabiki meddah olduğumu bilmeden. Galatasaray Lisesi'nde Galatasaray formasıyla *Hamlet'*i oynadım. O zamandan bu zamana hep sahnedeyim. Ahmet Kutsi Tecer hocalarımdan biridir. Haldun Dormen'le tanıştırıldım. O yıllarda tiyatrocular adam yerine konmazdı. Nikah şahitlikleri bile kabul edilmezdi. Babam bile tiyatrocu olmamı "maymunluk" diye nitelendirirdi.

Hangi oyunla profesyonel oldunuz?

1955 yılında *Papazkaçtı* oyunuyla profesyonel tiyatroculuğum başladı. 1956'da Muhsin Ertuğrul'un başında bulunduğu Devlet Tiyatrosu'na başladım. İlk oyunumuzda yuhalandık. Ancak yuhalanmayan alkışın kıymetini bilemez. Bir oyunda yine açlığımdan karpuz, helva gibi oyunda kullanılan oyun aksesuarlarını yiyince adım "aksesuar yiyen oyuncu"ya çıktı. Daha sonra Küçük Sahne Dormen'e girdim. O sıralar çok İngiliz oyunları oynardık. İngiliz olmaktan bana bıkkınlık gelmişti. 1955'ten başlayarak Cep, Ankara Devlet, Dormen, Gen–Ar tiyatrolarında sahneye çıktım. Televizyonda meddah gösterileri sundum. Radyo skeçlerinin yanı sıra *Yaygara 70, Uyy Balon Dünya, İstanbul Masalı Müzikallerini* ve birçok film senaryosu yazdım. 1969'da *Oliver Müzikali*'ndeki rolümle "İlhan İskender Ödülü"nü, *Güzel Bir Gün* adlı filmin senaryosuyla da Antalya Film Şenliği'nde ödül aldım. 1972'de kurulan Akbank Çocuk Tiyatrosu yöneticiliğine getirildim. Onlarca sinema ve televizyon dizilerinde oynadım.

Bu yıl katıldığınız Diyalog Tiyatro Festivali'nde iki bölümlük bir oyun sergilediniz. Birinci bölüm meddahlık üzerineydi. Meddahlık üzerine neler söyleyebilirsiniz?

Tıpkı şimdi bende de olduğu gibi, meddahın elinde bir değnek ve omuzunda büyükçe bir mendil vardır. Kahve ve benzeri yerlerde sandalye üstünde oturarak olayları dramatize ederek anlatır. Değneyini yere vurarak izleyicilerin dikkatini kendine çeker ve oyunun başladığının işaretini verir. Elindeki bastonu tüfek, süpürge, at yerine kullanır. Mendille de çeşitli etnik grupların ve değişik mesleklerin taklidi veya kadın taklidi sırasında başörtüsü olarak kullanır. Meddah gösterileri genellikle Ramazan aylarında İstanbul'un çeşitli semtlerindeki kahvehanelerde yapılırdı. Aksaray, Fatih, Dolmabahçe, Tophane ve Sultanahmet'teki kahvehaneler bunlardan bazılarıydı. Meddahlık ekonomik bir tiyatro sanatıydı. Şimdikiler stand–up diyorlar. İsmi ne olursa olsun yaptıkları meddahlıktır. Meddahlık ismini bile çağa uydurdular.

Son zamanlarda bir stand–up şovmenciliği türedi. Kimi "ben stand–up yapıyorum" derken, kimi sanatçı da "hayır ben stand–up'çı değil, meddahım!" diyor. Aradaki fark?

Yukarıda da söylediğim gibi, ismi ne olursa olsun yaptıkları meddahlık sanatıdır. Âşık Veysel'e soruyorlar: "Âşık, senin türkülerini gitarla aranje ediyorlar, alafranga aletlerle çalıyorlar. Ne diyorsun? Cevabı: "Vallahi bunun özü domatestir. Kimisi sirkeli yer, kimisi limon sıkar, kimisi ısırır, kimisi doğrar yer. Ama özü domatestir" olur. Stand–up'mış veya talk–şov'muş; ne olarak adlandırılırsa adlandırılsın bunun özü meddahlıktır. Yani tek kişilik gösteridir. Farklılığı şudur: Meddah denen adam tıpkı tiyatro oyunu gibi bir oyunu oynar. Dramatizedir. Başından sonuna kadar hikâyesi vardır. Hikâyesini bitirir ve sonunda "Edeyim meclise bir kısa beyan, bu kıssadan hisse alan arif ola" der ve mesajını halka verir. Ama şimdikiler çağa uygun olarak güncel ve günlük espirilerle, küçük küçük hikâyelerle biraz politik, biraz dedikoduya kaçarak konularını işliyorlar. Daha çok güldürü tarafına kaçıyorlar.

Meddahlık kayboluyor diyebilir miyiz?

Hayır, meddahlık kaybolmuyor, çağa uyarak isim değiştiriyor, stand–up gibi. Meddahlık veya stand–up'çılık en ekonomik bir tiyatro türüdür. Bir insan bundan daha rahat para kazanamaz. Bir cebinden alıp öbür cebine koyuyor. Kimseye maaş vermiyor, kimseye sigorta ödemiyor, parayı tek başına alıp gidiyor. Bundan dolayı da bu işi yapanlar çoğaldı. Ben bundan çok mutluyum. Biz öncüleri olduk. Şimdiki gençler başka isimler altında da olsa meddahlık sanatını devam ettiriyorlar. Orjinal yapmaya çalışanlar olduğu gibi bu işi çağa uydurup yapmaya çalışanlar var. Nasıl yaparlarsa yapsınlar, gösteri sanatı yapıp halka hizmet ediyorlar. Sağolsunlar, varolsunlar...

Sanat'ın "iğne ipliğe bağlı" olduğu Türkiye'de,
60 yıldır sinema ve tiyatroda ipi göğüsleyen
sportmen bir sanatçımız,
Tophaneli bir İstanbul Efendisi

EROL KESKİN

2007'nin şubatında İstanbul'da yaptığım söyleşi turumun son günü, Profilo Kültür Merkezi'ndeki Tiyatro Kedi'nin salonunda, bir Tiyatro Ayna prodüksiyonu olan *Yaşam Bir Oyun*'u seyretmiştim. John Murell'in yazdığı, *Yaşam Bir Oyun, Sarah Bernhardt,* adlı eser, sahnede geçirdiği bir kaza yüzünden sağ bacağı kesilmiş olan 77 yaşındaki Sarah (Dilek Türker), yıllardır yanından hiç ayrılmayan uşağı Pitou (Erol Keskin) ile geçirdiği sohbet dolu bir geceyi sergiliyor. Sarah Bernhardt muhteşem bir oyuncu, usta bir ressam, yetenekli bir heykeltıraş, her şeyiyle sıra dışı bir kişilik ve inanılmaz bir kariyer sahibidir yaşadığı yıllarda (1845– 1923). Melisa Gürpınar'ın "Tiyatromuzun Cesaret Anası" diye adlandırdığı Dilek Türker, Sarah rolüyle özdeşleşmiş adeta. Çünkü kendisi de "her şeyiyle sıra dışı bir kişilik ve inanılmaz bir kariyer sahibi..." Oyunun yönetmeni Hakan Altıner. Oyunda Dilek Türker'e eşlik eden ise yine Türk tiyatrosunun ustalarından Erol Keskin.

Sanat'ın iğne ipliğe bağlı olduğu Türkiye...

Yılların usta oyuncusu Erol Keskin'i oyundan önce kuliste oyunda giyeceği kıyafetin söküğünü dikerken buldum. Kulise giden koridor uzun, kulisin kapısı ise açıktı. Karşıdan, onu elinde iğne iplik, söküğünü dikerken gördüğümde, o birkaç adımlık süre içinde, Türk tiyatrosuna ve sinemasına yıllarca hizmet veren bu emekçinin görünümünde tüm sanatçılarımızın sanat hayatları boyunca geçirmiş oldukları sıkıntıları düşündüm. Erol Keskin 1931 doğumlu. Yani 77 yaşında. İstanbul Devlet Güzel Sanatlar Akademisi'nde İç Mimarlık okumuş. Ancak o sanatı ve sanatçılığı seçmiş. Yani zahmetli olanı, hele hele bu sanatçılık Türkiye'de olunca daha da bir zahmetli oluyor. Bu yıllarca böyle idi, hâlâ da aynı şekilde sürüp gidiyor! Çünkü bizde sanat anlayışı, her parti geldiğinde değişen bir olay. Bir tiyatro sezonunda birkaç defa değişen yöneticiler, rafa kaldırılan projeler, sanatta geriye atılan adımlar...

İşte Erol Keskin'in elindeki iğne ipliği gördüğümde, yanına giderken, o kısa sürede kafamdan geçenler.

Yanına vardığımda ise, iğnesindeki iplik bitmiş, makaradan kopardığı ipliği tekrar iğnenin deliğinden sokmaya çalışıyor, zorlanıyordu. Tıpkı Türkiye'de sanat yapmaya çalışan tüm sanatçılar gibi...

İç Mimarlık, sinema ve tiyatro...

Güzel Sanatlar'da iç mimarlık okumasına rağmen, sinema ve tiyatro doldurmuş onun hayatını. Sinema daha önce girmiş hayatına. Lütfü Akad'ın yönettiği, Ayhan Işık'ın başrolde oynadığı *İngiliz Kemal* filmindeki önemsiz (kendi değişiyle) bir rolü ile. Öğrencilik yıllarında Akademi, Cep, Gençlik tiyatrolarında çalışmış. 1957'de Dormen Tiyatrosu'nda sahnelenen *Karaağaçlar Altında* oyunuyla profesyonel olmuş. Oraloğlu, Gen–Ar vb. tiyatrolarda konuk oyuncu ve yönetmen olarak görev yapmış. Uzun yıllar İstanbul Şehir Tiyatrosu'nda oyuncu, yönetmen olarak çalışmış. 2 yıl boyunca Genel Sanat Yönetmenliği'ni de yaptığı Şehir Tiyatrosu'nda *Kral Lear, Modigliani* gibi pek çok başrol oynamış ve ödüller almış: İstanbul Şehir Tiyatrosu'nda sahnelenen *Oppenheimer Olayı*'ndaki rolüyle "İlhan İskender Ödülü" (1966), *Deli İbrahim*'deki rolüyle "Avni Dilligil Yardımcı Oyuncu Ödülü"nü (1982) kazanmış.

Tiyatrodan da önce girdiği sinema alanında ise, oyuncu, senaryo yazarı, yardımcı yönetmen olarak çalışmış. Bir dönem Lütfü Akad'ın asistanlığını da yapmış. Semih Kaplanoğlu'nun ilk uzun metrajlı filmi *Herkes Kendi Evinde* 20. Uluslararası İstanbul Film Festivali'nin Ulusal Film Yarışmasında "En İyi Türk Filmi Ödülü" alırken, filmdeki Nasuhi rolüyle İstanbul Film Festivali 23. Siyad Türk Sineması Ödülleri ve 12. Orhon Arıburnu Ödülleri'nde "En İyi Erkek Oyuncu Ödülleri"ni almış (2001).

Karagöz ve minyatür sanatı üstüne iki belgesel film de yapmış Erol Keskin. İstanbul Şehir Tiyatroları Tiyatro Araştırma Laboratuvarı'nın New York'ta sergilediği *Troya* adlı oyunda rol almış (1992).

Yaşam Kaya, *Yaşam Bir Oyun* üzerine yazdığı bir yazısında, şöyle yazmış usta oyuncu Erol Keskin'le ilgili:

"Erol Keskin, Sarah Bernhardt'a hayatının son sekiz yılında yardım eden Uşak Pitou'yu oynuyor. Karakter devinimlerini iyi tahlil eden Usta Sanatçı Erol Keskin olayların gidişatında, girdiği her rolde, inanılmaz bir performans sergiliyor. Sarah'ın annesi, kız kardeşi, doktoru, eşi, tiyatrosunun sahibi oluveriyor bir anda. Ve ciddi anlamda bütün ustalığını aktarıyor sahneye. Bir nevi psikolo-

şu andıran ses tonu ile oyun boyunca duygusal gelişimleri dengede tutuyor. Özellikle kendi duygularıyla, canlandırdığı organizatör Garett arasında gidip–gelen bölümü olağan üstü güzellikte oynamış. İzlerken epeyce keyiflendim. Dilek Türker'in duygusal çağrışımlarına yardımcı olarak; sahnede anlatılan drama enerji katıyor."

Yaşam Bir Oyun adlı oyunda giyeceği yeleğin kopan düğmesini kuliste dikerken bulduğum, 60 yıldır Türkiye'de tiyatro ve sinemanın kahrını çeken usta sanatçımız Erol Keskin, elindeki iğne ipliği bir kenara bırakıp başlıyor hayatını anlatmaya:

Ben Tophaneliyim...

1931 yılında, İstanbul Harbiye'deki Fransız Hastanesi'nde doğmuşum. Fakat nüfus cüzdanımda 1933, Samsun yazar. Sebebi dedem. Annem ve babam Samsun'dan İstanbul'a gelmişler, yerleşmişler. Ben doğunca da dedem tutuculuğundan olsa gerek, "bu cocuğu Samsun nüfus kütüğüne kaydını yaptırın!" diye tutturmuş. Bizimkiler de kıramamışlar, biraz da geç kalarak 1933 doğum tarihi olarak Samsun nüfus kütüğüne kaydımı yaptırmışlar. Çocukluğum Harbiye'de geçmiş. Babam Seyr–ü Sefa İşletmesi yani Denizyolları'nda çalıştığı için Tophane'de ev tutmuş. Dolayısıyla 25 yaşına kadar Tophane'de büyümüşüm. Yani Tophaneliyim...

Benim Tophanem başka idi...

Gençliğimin Tophanesi çok kozmopolit idi. Ancak şimdi başka türlü kozmopolit oldu. O semtte şimdi daha çok Anadolu'dan gelen insanlar yaşıyor. O yıllarda Rum, Ermeni, İtalyan, Arap, Süryani ve biz Türkler hep bir arada yaşıyorduk. Çok kültürlü, çok dilli ve her dinden insanın beraberce dostluk içinde yaşadığı bir semt idi Tophane. Arkadaş çevrem de bunlardan oluşuyordu. Birdirbir, çelik çomak oynardık Tophane'nin sokaklarında.

Çocukluğum ve Beyoğlu...

O zamanlarda tiyatro denilince İstanbul'da ilk akla gelen semt Beyoğlu olurdu. Yani gençliğimin geçtiği yerler, sokaklar. Çocukluğumda seyirci olarak hep tiyatronun içinde idim. Aile bahçelerinde komediler, vodviller oynatılırdı. Seyirci olmamın dışında ilkokula giderken kendi yaptığım Karagözleri arkadaşlarıma oynatırdım. O zamanlar "ben tiyatrocu olacağım" gibi bir düşüncem hiç yoktu.

Güreşçi, futbolcu ve dalgıç Erol Keskin...

Lise döneminde okulun güreş takımında idim. Futbol da oynadım. Beşiktaş'ın (BJK) genç takımında çok top koşturdum. Dalgıçlığım da vardır. Yani döt dörtlük bir sporcu idim. Fakat bir ara ciğerlerimden çok ciddi bir rahatsızlık geçirdim; tüberküloz başlangıcı oldum. Tabii o senelerde bu hastalıktan ölen gençler çok oluyordu. Tedavi oldum ve şansım yardım etti, ölümden döndüm. Ancak ağır spor yapmam yasaklandı.

Güzel Sanatlar'da iç mimarlık eğitimi... tiyatro çalışmaları...

Lise bitince, Güzel Sanatlar Akademisi'nin İç Mimarlık Bölümü'ne girdim. O arada da tiyatro sanatının içinde buluverdim kendimi. İlk oynadığım oyun Antigone tragedyası idi. İlk sahneyi paylaştığım rol arkadaşlarım ise Pekcan Koşar, Çolpan İlhan ve Vedat Demircioğlu idi. Bizlere *"ne yapıyorsunuz, burası Akademi, konservatuar değil!"* diyerek hocalarımız karşı çıkmışlardı. Sonra da bize kızanlar Akademi de Tiyatro Bölümü açtılar.

Haldun Dormen'le tanışmam...

O ara Amerika'da tiyatro eğitimi gören Haldun Dormen, Türkiye'ye dönmüş ve Cep Tiyatrosu'nu okul gibi koordine etmişti. Cep Tiyatrosu'ndaki kurslar tıpkı Amerika'daki actör stüdyosu niteliğinde idi. Haldun Amerika'da gördüğü sistemi uyguluyordu bu kurslarda. Benim gibi birçok sanatçı arkadaşlarım orada ders aldılar. Ben Akademiyi bitirdikten sonra ciddi olarak tiyatroya başladım. Haldun bizleri okumakta olduğumuz okullarımızı bitirmemizi şart koşmuştu. *"Yoksa profesyonel olarak tiyatro yapamazsınız!"* demişti. Erol Günaydın daha önce oynamış olduğu halde okulu bir yıl sonra bitirdiğinden, bir yıl sonra gelebilmişti. Benden bir yıl önce Haldun Dormen'le çalışmıştı Erol. Tam 60 yıldır tiyatro ve sinemayla haşır neşirim.

Tiyatro ve sinema...
Her ne kadar tiyatro ve sinema birbirlerine benzeseler de, başka başka işlerdir.
Tiyatro, şimdi ve burdadır.
Sinema ise, "dün"dür. Hep geçmiş zamandır.
Tiyatroda onlarca seyirciniz vardır sizi seyreden.
Film çekilirken ise, sizi seyreden sadece kameramandır.
Sinema çalışmalarım tiyatrodan önce oldu. Lise yıllarımda, sporla uğraşırken başladı. Lütfü Abi'nin (Akad) ilk yaptığı İngiliz Kemal filminde küçük bir rolüm olmuştu. Bu filmde Ayhan Işık başrol oynuyordu. Film de bir boks sahnesi vardı. O sahnenin çekimi Beyoğlu'ndaki Galatasaray Kulübü'nün spor salonunda olacaktı. O boks sahnesinde arkadaşımla beraber oynadık. Yani tiyatrodan önce sinemayla tanışmam *İngiliz Kemal* filmiyle olmuştu. Tabii daha sonra film senaryoları da yazdım. 1966'da *Bozuk Düzen*'le "En İyi Senaryo Ödülü", yine aynı sene *Güzel Bir Gün* filmin senaryosu için "En İyi Senaryo Ödülü" aldım.

Devlet Tiyatroları'nda emeklilik sorunu...
Oyuncu malzemesi tiyatronun en önemli malzemesidir. Oyuncu malzemesi bakımından büyük bir hazineye sahip olan –hem gençleri hem de tecrübelileri bakımından– Darül-

bedayi yani Şehir Tiyatrosu, Türkiye'de bir numaradır; Devlet Tiyatrosu'ndan falan çok daha temeli olan eski bir müessesedir. Bu kültür birikimine dayanır. Çok önemlidir kültür birikimi. Bu işlerden haberi olmayan –kötü niyetli demiyorum– kişiler bu işin içine giriyor, iyi niyetli fakat bilgisizce bu işe soyunuyorlar ve ilk işleri tecrübeli kişileri emekli etmek oluyor. Peki yaşlı rolünü oynamak için genç oyuncu kafasına peruk mu takacak? Bu herhangi bir okulun sene sonu müsameresi değil ki! Eğitim ve tecrübe meselesidir. Bu emeklilik meselesinde büyük bir yanlışa düşülüyor. Oysa o sanatçının tecrübesinden daha uzun süre faydalanılır, emekli yapılacağına...

Eğitmenliğim...

EskişehirÜniversitesi'nde eğitmenlik ve Müjdat Gezen'in okulunda tiyatro dersi veriyorum. Zaten pek fazla da vaktim yok. Bunların dışında T'ai Chi Ch'uan denilen, Uzak Doğu'ya özgü Taoism felsefesinin bir uzantısını içeren, ruhsal enerjiyi geliştiren, oyunculukta bedensel ve içsel denetimiyle ilgili atölye çalışmalarım da oldu.

Oyunlardan bazıları...

Modigliani, Herkes Aynı Bahçede, Kral Lear, Gazete Gazete, Antonius ile Kleopatra, Montserrat (Yönetmen), *Halay* (Yönetmen), *Bulvar, Ay Masalı, Salı Ziyaretleri, Yaşam Bir Oyun, Büyük Jüstinyen, Fuji–Yama, Rus Gelir Aşka, Altın Yumruk, Oppenheimer Olayı, Deli İbrahim, Vahşi Batı, Troya, Oleani* gibi...

Oynadığım filmler...

Fikret Bey (2006), *Kınalı Kuzular: Nişanlıya Verilen Söz* (2006), *Köpek* (2005), *Şeytan Ayrıntıda Gizlidir* (2004), *Her Şey Aşk İçin* (2002), *Abdülhamit Düşerken* (2002), *Herkes Kendi Evinde* (2000), *Kurşun Kalem* (2000), *Kurtuluş* (1996), *Üç İstanbul* (1983), *Adak* (1979), *Hasip ile Nasip* (1976), *Tuzak* (1976),

Deli Yusuf (1975), *Enayi* (1974), *Korkusuz Âşıklar* (1972), *Gece* (1972), *Mustafam* (1972), *Silah ve Namus* (1971), *Süper Adam* (1971), *Elmacı Kadın* (1971), *Tamam mı Canım* (1971), *Vur Patlasın Çal Oynasın* (1970), *Erikler Çiçek Açtı* (1968), *Bozuk Düzen* (1965), *Dünkü Çocuk* (1965), *Genç Kızların Sevgilisi* (1963), *İki Gemi Yanyana* (1963), *Battı Balık* (1962), *Kadın ve Tabanca* (1962), *Aşk ve Yumruk* (1961), *Sensiz Yıllar* (1960).

Dostlar Tiyatrosu'nun lokomotifi
Genco Erkal ile Berlin'deki
Fay Hattı'nda bir sohbet...

GENCO ERKAL

Usta oyuncu ve yönetmen Genco Erkal ile zaman zaman İstanbul, zaman zaman da Berlin'de sohbetlerim oldu. Oyundan önce onun sahneyi nasıl hazırladığını; titizliğini gözlemledim.

Fay Hattı'nı Berlin'de, *Sivas '93*'ü Berlin ve İstanbul'da, *Oyun Sonu*'nu İstanbul ve Berlin'de, *Can*'ı da yine Berlin'de seyrettim.

Fakat yeni oyunu *Marx'ın Dönüşü*'nü daha seyredemedim.

Çeşitli yıllardaki bu sohbetlerimden bazılarını sizlere sunuyorum:

Dostlar'la Berlin'deki Buluşma
Dostlar Tiyatrosu'nun Uluslararası İstanbul Tiyatro Festivali için İstanbul Kültür Sanat Vakfı ve Paris, Beckett 2006

Festivaliyle ortak yapım olarak hazırladığı Samuel Beckett'in *Oyun Sonu* adlı oyunu, 9 ve 10 Kasım'da (2007), Berlin'de 12. Diyalog Tiyatro Festivali'nde sergilendi. 12. Diyalog Tiyatro Festivali için Berlin'e gelen Dostlar Tiyatrosu sanatçılarıyla oyundan bir gün önce Ballhaus'da buluştum. Provalarının bir kısmını ve usta oyuncu Genco Erkal'ın büyük bir titizlikle sahne dekorlarının yerini ve ışık ayarlamalarını gözlemledim. Bu konuda hiç toleranslı olmayan, "kılı kırk yaran" bir dikkat ve hesapla, koltuğun ve ışığın nereye geleceğinin ayarını bizzat kendisinin yaptığını gördüm. Birkaç sene önce de *Fay Hattı*'nda aynı titizliği kendisinde görmüştüm. O zaman da şöyle yazdığımı hatırlıyorum:

"Boşu boşuna Genco Erkal 'Genco Erkal' olmamış!"
Aynı titizliği Dostlar Tiyatrosu'nun diğer elemanlarında da gözlemledim. Bülent Emin Yarar, Meral Çetinkaya ve Hikmet Karagöz; hepsi de provalarında aynı titizliği gösteriyorlar.

12. Uluslararası Ankara Tiyatro Festivali'nde "Onur Ödülü"ne layık görülen Genco Erkal, 2008 tiyatro sezonunda *Sivas '93* adlı oyununu sergileyecek.

5 Ocak 2008'den başlayarak Muammer Karaca Tiyatrosu'nda sergilenecek olan oyunun yazarı ve yönetmeni Genco Erkal. Baştan sona belgesel film eşliğinde oynanacak oyun, *Sivas '93* Madımak Oteli'ndeki yangının öyküsünü anlatıyor. Müziği ise Fazıl Say'a ait. Oynayacak oyuncular: Genco Erkal, Meral Çetinkaya, Yiğit Tuncay, Murat Tüzün, Nilgün Karababa, Şirvan Akan ve Çağatay Mıdıkhan.

Yeni oyun: *Marx'ın Dönüşü*
Howard Zinn'in kaleme aldığı, Özüm Özgülgen'in çevirdiği ve Genco Erkal'ın yönetip oynadığı *Marx'ın Dönüşü* ad-

lı oyun, krizle sarsılan kapitalist sistemi Karl Marx'ın bakış açısı ile tiyatro sahnesinde sorguluyor. Bu sene 40. Yılını kutlayan Dostlar Tiyatrosu, 1969 yılından bu yana ilerici–toplumcu sanat doğrultusunda benimsediği ilkelerle, sürekli araştırma, deneme ve yaratma eylemi içinde seyircilerine farklı yapımlar sunmaya devam ediyor.

Geçtiğimiz sezon sahnelenmeye başlayan *Sivas '93* belgesel oyunuyla yakın dönem siyasi tarihimizin en sarsıcı olaylarından birine dikkat çeken, yurt içi ve yurt dışında 150 oyunla 70 binden fazla izleyiciye ulaşan Dostlar Tiyatrosu, yeni sezonda da *Marx'ın Dönüşü* oyunuyla izleyicisiyle buluşmaya devam ediyor. ABD finans piyasalarında başlayan ve ardından tüm dünyaya yayılan küresel kriz, kapitalizmin temel tezlerinin yeniden sorgulanmasına neden oldu. Küresel piyasalardaki gelişmelere paralel olarak, kapitalizmin tarihsel gelişimi ve temel tezlerine yönelik eleştirileriyle düşünce tarihinde yer edinen Karl Marx'da yeniden keşfediliyor.

Marx'ın Dönüşü oyunu, Marx'ın 19. Yüzyılda getirdiği kapitalizmin eleştirisinin günümüzde de temelde hâlâ geçerli olduğunu gösteriyor.

Sivas '93..

2008'in 4 Mart günü, Dostlar Tiyatrosu'nun sergilediği belgesel oyun olan *Sivas '93*'ü, Caddebostan Kültür Merkezi'nde seyrettim. Ülkemizde yavaş yavaş unutulan 37 aydınımızın yakıldığı bu lanet olası 2 Temmuz 1993 gününün bir belgeselini yapmış değerli usta Genco Erkal. Ben gözyaşlarımı tutamadım bu oyunu seyrederken. Vahşet gününün görüntüsünün perdeye aksadığı görüntüdeki dumanlar salona doldu, nefes alamadım... Bu tür olayların bir daha yaşanmaması için unutulmaması gerekir. İşte bu olayı belgeselleştirerek unutulmaz kılmış Genco Erkal, yarınlara kalması için. İyi de yapmış!

Genco Erkal'ın belgelerden, tanıklıklardan ve tutanaklardan yazıp yönettiği bu belgesel *Sivas '93* belgesel oyunun müziği Fazıl Say'a ait.

"*Dostlar Tiyatrosu: Tiyatro yaşamına daha önceki dönemlerde başlayıp günümüze kadar sürdüren ve kendi politikasını tutarlı biçimde izleyen toplulukların başında Dostlar Tiyatrosu gelir. Topluluğun kurucusu, yöneticisi, baş ve çoğu zaman tek oyuncusu Genco Erkal, sanatın topluma karşı sorumlu olduğu, seyirciyi, görmezden gelinmek istenen acı gerçekler konusunda uyarma görevini üstlenmesi gerektiği konusundaki inancını seksenli ve doksanlı yıllarda da sürdürmüş, usta bir oyuncu ve usta bir yönetmen olarak bu uyarıyı sanatsal biçimde yapmaya özen göstermiştir. 1969 yılında kurulmuş olan Dostlar Tiyatrosu, Genco Erkal'ın önderliğinde sürekli olmayı başarmış olan ve Türk tiyatrosuna yeni bir ufuk açan önemli bir topluluktur. Kurucuları Genco Erkal, Mehmet Akan, Şevket Altuğ, Arif Erkin, Ferit Erkal, Nurten Tunç'tur. Atilla Alpöge'nin de katıldığı oyuncu kadrosunun büyük bir bölümünü Genç Oyuncular elemanları oluşturmuştur. İlerici ve toplumcu dünya görüşünü benimsemiş olan Dostlar Tiyatrosu elemanlarının başlangıçtaki amacı tiyatroyu dar bir çevrenin tekelinden kurtararak yoksul halka götürmek olmuştur. Dostlar Tiyatrosu'nda, Ayla Algan, Zeliha Berksoy, Jale Erdoğdu, Bilge Şen, Halit Akçatepe, Metin Deniz, Tuncay Çavdar, Sevim Çavdar, Meral Çetinkaya, Elif Türkan Çölok, Ayberk Çölok, Umur Bugay, Metin Tekin, Yavuz Özkan gibi pek çok sanatçı zaman zaman görev almıştır. Dostlar Tiyatrosu'nun lokomotifi, bu tiyatroya yaşamını adamış olan Genco Erkal'dır.*" Sevda Şener, *Türk Tiyatrosu*

Evet, tiyatro hayatının 44. yılına 2003 yılında Behiç Ak'ın yazdığı *Fay Hattı* ile giren Genco Erkal'la sanat yaşamının 45. Yılında (şimdi 51.) Berlin'de oynadığı *Fay Hattı*'nın sahnesinde, oyunun başlamasına bir saat kala sohbet ettim. Sohbetten önce kendisinin sahne dekorlarını nasıl bir titizlikle yerleştirdiğini gözlemledim.

"Eh, tamam arkadaşlar şimdi oyun zamanını bekleyebiliriz" cümlesini duyar duymaz, benim sıramın geldiği mesajını aldım ve teybimin kırmızı düğmesine bastım.

Tiyatroya nasıl başladınız?

1938 İstanbul doğumluyum. İlkokulu Ortaköy Galatasaray Lisesi, ortaokul ve liseyi ise Robert Koleji'nde okudum. Tiyatroya da burada başladım. İlk sahneye çıkışımda Shakespear'i İngilizce oynadım. Okul öncesinde ise yaptığım kuklaları komşulara oynatırdım. Oturduğumuz Çamlıca'da Dümbüllü'yü seyrederdim. Babam tiyatrocu olmama karşıydı. Fen–Edebiyat Fakültesi'nde psikoloji eğitimim sırasında, üniversitede 1957 yılında Genç Oyuncular'ı kurmuştuk. 1959 yılından başlayarak, Kenterler, Arena, Gülriz Sururi, AST ve İstanbul Tiyatrosu'nda oyuncu ve yönetmen olarak çalıştıktan sonra, 1969 yılında, Dostlar Tiyatrosu'nu kurdum.

Oynadığınız oyunlardan ve rollerden örnekler?

Gorki, Brecht, Sartre, Peter Weiss, Steinbeck, Havel, Dorst gibi yabancı yazarların yanı sıra, Aziz Nesin, Haldun Taner, Nazım Hikmet, Refik Erduran, Vasıf Öngören, Orhan Asena, Can Yücel gibi Türk yazarların oyunlarını yönettim. Çeşitli ödüller kazandığım rollerim arasında *Aslan Asker Şvayk*, Gogol'ün *Bir Delinin Hatıra Defteri*, Brecht'in *Galileo'su*, Maxwell Anderson'un *Yalınayak Sokrates'i*, Nazım Hikmet'ten *Kerem*, *İnsanlarım*, Can Yücel'den *Can* sayılabilir. Senfonik konserlerde Prokofyev'in *Peter ile Kurt*, Stravinski'nin *Askerin Öyküsü*, Fazıl Say'ın *Nazım* adlı yapıtlarını anlatıcı olarak seslendirdim. 1993 yılından bu yana Paris'te ve Avignon Festivali'nde üç Fransız yapımında Fransızca oynadım: Nazım Hikmet'ten *Sevdalı Bulut*, Philippe Minyana'dan *Ou vas–tu Jeremie?* ve Paulo Coelho'nun ünlü romanından uyarlanan *Simyacı*.

Aldığınız ödüllerden birkaç örnek...

Önemli uluslararası film festivallerinde gösterilen ve bir çok ödül kazanan At, Faize Hücum, Hakkari'de Bir Mevsim, Camdan Kalp filmlerinde başrol oynadım. TRT Televizyonu için Haldun Taner'in ünlü müzikali *Keşanlı Ali Destanı*'nı yönettim ve oynadım. Değişik yıllarda bir çok kez "Yılın En İyi Erkek Oyuncusu", "En İyi Tiyatro Yönetmeni" seçildim, "Yaşam Boyu Başarı Ödülü" kazandım. 1982 ve 1983 yıllarında "En İyi Sinema Oyuncusu" olarak Antalya Film Festivali'nde iki kez Altın Portakal aldım.

Oyunculuğunuzda Nazım Hikmet ve Bertoldt Brecht'in etkileri?

Bana bütün tiyatro yaşamım boyunca yol gösteren iki büyük yazar var: Birincisi Nazım Hikmet, ikincisi ise Alman Bertoldt Brecht'tir. Yani, sanat anlayışım, tiyatro anlayışım ve dünya görüşüm onların dünyaları ile çok iyi örtüşüyor. Bu bakımdan, ben aşağı yukarı 6–7 tane Brecht oyunu oynadım. Bunların dışında Brecht'in şarkılarından ve şiirlerinden uyarlamalar yaptım. Nazım Hikmet için de yine 6–7 oyun onun şiirlerinden uyarladım. *İnsanlarım, Kerem, Sevdalı Bulut, Merhaba* gibi. Sanki, bu iki yazarın yazdıklarını kendim yazmışım gibi benimsiyorum ya da ben de büyük bir yazar olsaydım, "işte bunları yazmak isterdim" gibi düşünüyorum. Yani aramızda tam bir kafa ve yürek birliği var. O bakımdan sanat yaşamımın büyük bir bölümünü onlara verdim.

Daha önce yaptığımız bir söyleşide, "Nazımlaşmak" deyimini kullanmıştınız...

Ben, 1975 yılından bu yana, demek ki 30 yıldır, Nazım'ın şiirleriyle iç içeyim. Onları hem sahnede okudum, hem politik toplantılarda, yıldönümlerinde, 1 Mayıs mitinglerinde...

kısaca hayatımın her kesiminde bu şiirleri okudum. Hatta radyo veya televizyona röportaj için çağırdıklarında, artık gelenek haline geldi, "Nazım'dan bir şiir okumadan bırakmayız" diyorlar. Bir çeşit Nazım'ın sözcüsü oldum...

Sosyal içerikli ve mesajlı oyunların seyircisi azaldı mı?

Evet, politik tiyatro bütün dünyada eskisi kadar rağbet görmüyor. Ama ben bunun geçici bir durum olduğunu, önümüzdeki yıllarda politik tiyatronun yeniden gündeme geleceğini düşünüyorum. Aslında seyirciden çok, politik oyunlar da artık oynanmıyor. Ancak bu yalnız bizde değil, tüm dünyada böyle. 1960'lı yılların sonlarında, özellikle 1968 yılında politik tiyatro çok gündeme geldi. Vietnam Savaşı sırasında da, Paris ve Berlin'deki "68 Gençlik Hareketleri"ne bağlı olarak politik tiyatro öne çıktı. Aynı şekilde Amerika'da da öne çıktı. 80'li yıllarda yavaş yavaş azaldı. Şimdi bu küreselleşme hareketiyle birlikte ve bir yerde kapitalist dünyanın vaat ettiği cennetin gerçekleşmiyor olmasıyla ya da yoksul ve zengin ülkeler arasındaki uçurumun giderek daha artmasıyla gündeme geleceğini düşünüyorum.

Siz, Türk tiyatrosunda "tek kişilik oyunu" başlatan bir sanatçısınız...

1965 yılında Ankara Sanat Tiyatrosu'nda Gogol'ün *Bir Delinin Hatıra Defteri*'ni oynadım. İsviçre'de yükseköğrenim gören bir arkadaşım vardı. O bana Fransız bir oyuncunun bu oyunu tek başına sergilediğini ve oyundan çok etkilendiğini anlattı. Bana oyunun tekstini yolladı. Oyun elime geçince çok heyecanlandım, çok beğendim. O zamanlar beni "tek kişilik oyun olur mu!" diye eleştirdiler. Herkes "hadi canım olur mu öyle şey!" diye yaklaştı. Ancak oyunu oynayınca çok beğendiler ve çığır açtım. Ondan sonra ben de tek kişilik oyunlarımı devam ettirdim. Beni takip eden başka sanatçı arkadaşlar oldu.

Tiyatro sanatının toplumdaki rolü?

Ben, sadece tiyatro için değil de, bütün sanatlar için söylemek istiyorum: Bizim gibi gelişimini tamamlamamış, daha biraz geri kalmış ülkelerde, özellikle tiyatro gibi bütün sanatlar bir misyon yüklenmek zorundadırlar. Yani, toplumu aydınlatma görevi, işlevi ve sorumluluğu vardır diye düşünüyorum. Özellikle İslam ağırlıklı bir toplum olduğumuz için daha aydınlanma devrimini tamamlamamış bir konumdayız. Tiyatro sanatçısının ve tiyatroların görevi insanları aydınlatma, onları düşünmeye, pozitif bilimlere yönlendirmeye gayret etmek, daha güzel bir yaşamı önermek, oraya nasıl ulaşılacağı konusunda yol göstermek gibi sorumlulukları vardır.

Günümüz Türk tiyatrosunu nasıl değerlendiriyorsunuz?

Bizim tiyatromuzda en iyisinden başlayayım: En iyi durumda olan oyuncularımızın gerçekten iyi olanları, dünyanın hemen her yerindeki oyuncularla boy ölçüşebilecek düzeydedir. Çok parlak oyuncularımız var ve tiyatromuzun en büyük zenginliği o oyunculardır. Onun dışında teknik açıdan eksikliklerimiz var. Yönetmen açısından yeterli düzeyli yönetmenimiz yok diyebiliriz. Ülkemizde yönetmenlik eğitimi olmadığı için. Yazarlar konusunda yine eksikliğimiz var. Bunun da nedeni: özel olarak yetişmek isteyen insanların maalesef emeklerini televizyon gibi bir yerde harcamalarıdır. Yani orada kısacık kısacık skeçler yazıp rahat para kazandıkları için, oyun yazmanın getireceği emeği veremiyorlar, yoğunlaşamıyorlar. Bu yüzden de oyun bulmakta zorluk çekiyoruz!

Ya eleştirmen konusu?
Eh, ne kadar yazar varsa, o kadar da eleştirmenimiz var! Hepsi birbirine bağlı. Ancak bunların içinde en parlak tarafımız: oyuncularımız çok iyi ve çok yetenekliler!

**Tiyatroda 40. yılını dolduran
bir "tiyatro delisi"**

HADİ ÇAMAN

Hadi Çaman'ı 22 Eylül 2008'de kaybettik...

2002 yılında tiyatroda 40. yılını kutlayan ve 2003 yılının ekim ayında Berlin'de düzenlenen 8. Diyalog Tiyatro Festivali'nde, grubu Yeditepe Oyuncuları ile *Tıpkı Sen–Tıpkı Ben* oyununu sergileyen Hadi Çaman'la yapmış olduğum sohbetime geçmeden önce, Cumhuriyet gazetesi yazarlarından Oral Çalışlar'ın Hadi Çaman için yazdığı *Tiyatroda 40 Yıl* başlıklı yazısından bazı bölümleri sizlere aktarmak istedim:

"*1968'li yıllarda İstanbul'da tiyatro bir tutkuydu. Ankara Sanat Tiyatrosu'nun İstanbul turneleri kapalı gişe oynardı. Dormenler, Kenterler, Şehir Tiyatroları, Gülriz Sururi–Engin Cezzar Topluluğu, Muammer Karaca aklıma ilk gelenler. Biz üniversite öğrencileri için o dönemin tiyatroları yaşamımızın önemli bir parçasıydı. Tiyatro oyunları, günlük sohbetlerimizin vazgeçilmez konularındandı. Tiyatro, bu ülkede hep bir sevda olarak yaşadı. Tiyatro-*

cular, bir tutkuyla sarıldıkları bu mesleği, hep aşkla ve özveriyle sürdürdüler. Sevgili arkadaşım Erkan Yücel nedeniyle bu sevdanın ne olduğunu çok iyi bilirim. Onun Anadolu yollarındaki sıkıntılı ve eğlenceli serüveninin yakın tanığıyım. Yaşamını, Anadolu yollarında yitirdiğinde aynı aşkın peşindeydi. Hadi Çaman da işte bu tiyatro delilerinden. Tam 40 yıl olmuş bu çılgınlık serüvenine atılalı. Dile kolay tam 40 yıl. Bu 40 yılın bazı dönemleri var ki, oyunlar kapalı gişe oynardı. İşte o günlerden bugünlere gelenler arasında Hadi Çaman. O, direnenlerden, tiyatroyu yaşatmak için kendini ortaya koyanlardan. Hadi Çaman 20 yıldır da Yeditepe Oyuncuları'nı yaşatmaya çalışıyor. Nişantaşı'nda Teşvikiye Caddesi'nde kurulu bu tiyatro direniyor. Hadi Çaman'ın yaptıkları bana delilik gibi gelir. Son derece sınırlı olanaklarla tiyatronun bitkisel hayata girdiği bir dönemde bir sahneyi ayakta tutmaya çalışmak akıl karı değildir. Koca Haldun Dormen'in dayanamadığı koşullara Hadi yıllardır dayanıyor. Böyle insanlar olmasa zaten sanat olmazdı, yaşamın tadı olmazdı. Tiyatro en çok sıkıntı çeken sanat dallarından. Hadi Çaman gibi birkaç tiyatro tutkunu olmasa özel tiyatro bitecek gibi..."

Evet bu değerli tiyatro sanatçımız Hadi Çaman'a yukarıdaki satırları hatırlattığımda, *"doğrudur; ben bir tiyatro delisiyim!"* diyerek tiyatro delisi olduğunu kabul etti. Hatta *"Ben bir zırdeliyim!"* dedi.

Kaç yılında ve nerede doğdunuz? Tiyatro sanatıyla ilk tanışmanız, ilk oyununuz?

13 Ocak 1943 Kastamonu doğumluyum. Ben Halit Ustam (Akçatepe) gibi sanatçı bir anne babanın çocuğu değilim. O, bu yönden benden şanslı. Çok okumayı seven anne babanın bir evladı olarak yetiştim. 1923 doğumlu annem ve babam lise mezunuydular. O dönemlerde lise mezunu olmak bugün beş üniversite bitirmek gibi bir şeydi. Medeni ve kültürlü bir ailenin içinde çok farklı yetiştirildim. Kastamonu kendine öz

bir dili ve yaşam biçimi olan bir yöredir. Orta ve lisede okurken, o zamanki öğretmenlerim benim oralı olduğuma inanmazlardı. Edebiyata ve Türkçe'ye çok düşkündüm. Ortaokul öğretmenimiz Orhan Ünüvar tiyatroyu çok severdi. 8–10 gençten oluşan bir tiyatro ekibi oluşturdu. Ankara Radyosu'nda oynanmış bütün oyunları getirir bizlere oynatırdı. Benim başlangıç noktam bu oldu. Lise çağında da sahne olanaklarından yararlanmaya başladık. İlk oyunumu lise ikinci sınıfta 16 yaşında iken oynadım. Ahmet Kutsi Tecer'in Köşebaşı adlı oyunu idi. Yönetmeni, dekorcusu ve oyuncusu bendim. Annemin eşyalarını dekor olarak okula götürürdüm. Okulun Tiyatro Kolu Başkanıydım.

Tiyatro eğitiminiz, hocalarınız kimlerdi?

Sanat Tarihi öğretmenim Turgut Hoca, Haldun Taner'in Edebiyat Fakültesi'nden öğrencisiydi. Onun vasıtasıyla 17 yaşında iken Haldun Taner'le tanıştım. 1960 yılında İstanbul Üniversitesi Hukuk Fakültesi'ne başladım fakat bıraktım. O sene her hafta en az iki üç oyun seyrederdim. 1962 yılında Dormen ve Kent Oyuncuları'nın açtığı sınavı kazandım. İlk başvuran da bendim. Bir sene Yıldız Kenter, Müşfik Kenter, Haldun Dormen, Erol Keskin, Altan Erbulak ve Nisa Serezli gibi değerli sanatçıların öğrencisi oldum. 1962–63 tiyatro sezonunda Haldun Dormen sınıfta:

"Çocuklar, yeni bir oyun sahneye koyuyorum. Kadromuz yetmediği için Kenterler'den de takviye alıyorum. Müşfik Kenter, Tuncel Kurtiz, Erol Günaydın ve Kamuran Yüce de aramızda olacak. İki de genç oyuncuya ihtiyaç var. Hadi, seni yarın provaya bekliyorum." dedi. Böylece *Altın Yumruk* oyunuyla Dormen Tiyatrosu'nda profesyonel tiyatro hayatım başlamış oldu. 1963 yılında da İstanbul Belediyesi Konservatuarı'nı kazandım. Orada da Yıldız Kenter'in öğrencisi oldum. Dormen Tiyatrosu'nda 10 yıl kaldım. Devamlı turneler yüzünden kon-

servatuar eğitimimi ancak iki yıl sürdürebildim. Yani yarı alaylı yarı eğitimliyim.

Hangi grup ve sanatçılarla sahneyi paylaştınız? Oynadığınız oyunlardan örnekler?

Dormen Ekolü gibi bir ekolden yola çıkmış olmam bana her zaman gurur vermiştir. Bugün Dormen Tiyatrosu'nun kapanmış olması beni en çok yaralayan olaydır. Bir ailenin çöküşü gibidir benim için. Ben hâlâ rüyalarımda yanımda Erol Günaydın, Altan Erbulak, Nisa Serezli ve Erol Keskin'le beraberim, onlardan kopamadım. Bu sürede unutamadığım oyunlardan bazıları: *Yer Demir Gök Bakır, Oliver, Turp Suyu, Şahane Dul, Şerefiye, Aşk Gibi, Baba Evinde Hayat ve İki Yanık Bir Balık.* 1972'de Dormen kapanınca, Gülriz Sururi–Engin Cezzar Tiyatrosu'na girdim. Burada da *Ağustos Böceği, Keşanlı Ali Destanı, Nikah Kâğıdı* gibi oyunlarda oynadım. Ardından Nisa Serezli–Tolga Aşkıner Tiyatrosu'na katıldım ve *Paşaların Paşası, Hayat Boştur* oyunlarında roller aldım. Miyatro'da Müjdat Gezen'le de bir sezon sahneyi paylaştım. Şan Tiyatrosu'nda *Muzikal Kahkaha* gibi muzikallerde ve aynı yıl kendi yazdığım ve yönettiğim *Rüyaların En Güzeli* adlı çocuk müzikalini sergiledim. Derken araya iki yıl süren bir Yeşilçam olayı girdi. Fazla keyif alamadım ve terk ettim.

Yeşilçam yıllarını nasıl değerlendiriyorsunuz?

O dönemde öyle bir olaya ihtiyaç vardı diye düşünüyorum. Bayağı yürekli ve cüretli insanlarmışız. Ama ne yazık ki biz, suratlarımızı da kutulara soktuğumuz için ortadayız! Ancak, orada sadece ismi yazan, kendini dünyanın en büyük yönetmeni zanneden hocalarımızın sadece adları var, suratları yok! Onun için zaman zaman bizleri hırpaladılar, suçladılar, adımız "seks yıldızı"na çıktı. Daha sonra sevgili büyük ustalar, yönetmenler, sonradan star olan genç arkadaşlarımızı arkalarına takıp, bayağı seks dolu filmler yaptılar. İki pırlanta kadın oyuncuyu aynı yatağa soktular. Onların adı "sanat" oldu, bizim yaptıklarımız "seks" oldu! Ben kendimi sinemacı olarak görmüyorum. Onlardan sonra birçok filmlerde oynadım. Adile Naşit'le Kartal Tibet'in yönettiği filmlerde oynadım. Ancak ilk dönemimdeki o yaralanmadan sonra sinemadan istediğim tadı alamadım.

1982'de Yeditepe Oyuncuları'nı kurdunuz...

1982 yılında Nişantaşı Teşvikiye Caddesi'nde kurduğum Yeditepe Oyuncuları'nı 21 yıldır yaşatmaya çalışıyorum. İlk oyunumuz *Kelebekler Özgürdür*'le "Avni Dilligil En İyi Oyun Ödülü"nü aldık. Yaklaşık her yıl çeşitli dallarda ödüller aldık. Oynadığımız oyun ve aldığımız ödüllerden bazıları: *Aşk Dediğin Nedir Ki?*, *Durdurun Dünyayı İnecek Var* ("En İyi Kareografi"), *Bir Anarşistin Kaza Sonucu Ölümü* (A. Dilligil), *Matruşka* (Hadi Çaman, "En İyi Erkek Oyuncu"), *Küheylan* (A. Dilligil, "En İyi Oyun Ödülü"), *Tıpkı Sen–Tıpkı Ben* (Suna Keskin, A. Dilligil– "En İyi Kadın Oyuncu"), *Deniz Feneri* ve *Hisse-i Şaiya*... Ayrıca Türkiye'de bir ilke imza atıp, Milli Eğitim'e ait bir müsamere salonunu bir Kültür Merkezi'ne dönüştürdük.

Özel Tiyatrocular Derneği Başkanı olarak, özel tiyatroların sorunları üzerine neler söylersiniz?

Özel de olsan, tüzel de olsan, dünyanın her tarafında –Fransa'da, İngiltere'de– olayın bir piramiti var. Devletin çok fazla karışmadığı, sanatçılardan oluşan bir üst kurul var. Onlar karar veriyorlar. Bizde göbekten devlete bağlı olduğumuz için ve bir sisteme oturtulamadığı için her yeni gelen hükümetle, her yeni gelen idarecilerle yeni arayışlar içine girmek zorunda kalıyoruz. Geçenlerde Başbakanımız Tayyip Erdoğan Bey'i ziyaret ettik. Beraberimde Gazanfer Özcan, Nejat Uygur ve Tevfik Gelenbe vardı. Bizi dinledi ve Erkan Mumcu'ya "Hadi Bey'in dediklerini duydunuz, lütfen ilişkinizi koparmayın. Bir sistem bulun" dedi. Bekliyoruz. Arkamızdan gelen gençlere belli bir yol açmak zorundayız ki, onlar bizim çektiklerimizi çekmesinler. 70 küsur yaşındaki Yıldız Kenter, hâlâ öğrencisi Hadi Çaman'ın çektiği sıkıntının aynısını çekiyor! Bu çok üzücü. Devletin bir yol gösterici olarak, iş adamlarına ve kuruluşlara yol açması gerekli. Onlara kolaylıklar sağlasın ki, onlar da kültüre yatırım yapsınlar, sponsor olsunlar. Devletin bütçesinde hâlâ kültüre ayırdığı oran binde 2,5 ise, sıkıntı çekmemiz gayet normal!

Oral Çalışlar, yazdığı bir yazısında, sizin tiyatronun yaşaması için yaptıklarınıza "delilik" diyor...
Haklı, az bile yazmış. Ancak ben "deli" değil, "zırdeliyim!". Bu bir yapı meselesi. Benim tiyatro yüzünden özel hayatım bile olmadı. Ben sadece mesleğimle birlikte oldum, mesleğimle evlendim. 24 saatin her dakikasını tiyatro için kullanan bir insanım ben. Bununla da onur duyuyorum! Birçok sevgili tiyatrocu dostumun yazlıkları, kışlıkları, arabaları, yatları var. Helal olsun. Şu geçtiğimiz yıllara kadar evine minibüsle gidip gelen tek tiyatro sahibiydim. 13 yıl önce Milli Eğitim'e ait bir okulun müsamere salonuna girmiştim. Yaklaşık 1,5 trilyon harcayarak orayı bir kültür merkezine dönüştürdüm. Teşvikiye'nin göbeğinde Teşvikiye Camii kadar kutsal bir mekân yarattım. Burada bir kiracıyım ben. Oral'ın dediği gibi bu bir delilik. Ben deli olmaktan gurur duyuyorum. Halit Akçatepe Usta'mın dediği gibi, bu ülkede oyuncu olmak delilik, tiyatro sahibi olmak ise zırdelilik!!!

Tiyatroda 40. yılınızı kutladınız. Geriye baktığınızda en çok hangi kareleri hatırlıyorsunuz?
Ben çok şanslı bir gençtim. Dormen Tiyatrosu'nun o yıllardaki kadrosu milli takımdı. Haldun Dormen'in başkanlığında Ayfer Feray, Nisa Serezli, Altan Erbulak, Erol Keskin, Erol Günaydın, Metin Serezli, İzzat Günay, Turgut Boralı,

Cahit Irgat, Muazzez Kurtoğlu, Kamuran Usluer, Güzin Özipek ve Tolga Aşkıner... Bu güzel insanlarla bir arada olmak, bir aile gibi olmak... İnanılmaz bir ekiple çalıştım. Biz kıskanılan bir aileydik. Dormen'e girebilmek bir mücize sayılıyordu. Dormen Tiyatrosu çatısı altında olabilmek bambaşka bir ayrıcalıktı. Ben çok şanslıydım. Kenterler'in salonu olmadığında, 7 yıl Haldun Dormen, Kenterler'e salonunu açmıştı. O zamanlar tiyatroların önünde kuyruklar oluşurdu, bilet bulunmazdı. Yıldız Kenter bir oyunu 300 kez oynadığında ben, 280 kez oyunu seyretme hakkına sahiptim. Bundan güzel ders olur mu? Bazı şeylerin okulu yoktur. Arkama dönüp baktığımda çizgimde çok büyük aksaklıklar görmüyorum. Bizim olanaklarımızla 22 senedir Devlet ve Şehir Tiyatroları'yla yarışarak "En İyi Oyun Ödülü"nü alabilmek, "En İyi Prodüksiyon Ödülü"nü alabilmiş olmak korkunç bir şeydir. 20 senelik zaman içinde 30 ödül almak güzel ve keyifli. 150 prodüksiyonla yarışıyorsun ve "En İyi Prodüksiyon" seçiliyorsun. Bu çok onur vericidir bir özel tiyatro için.

Bir söyleşide "sahnede ölünmez yaşanır!" diyorsunuz...

Önemli olan ölmeden evvel ölmeyeceksin! Kalıcı şeyler yapacaksın ki, hep yaşayasın. Bugün bir Nisa Serezli, Altan Erbulak, Ulvi Uraz, Muammer Karaca sizce öldüler mi? Hayır! Onların yerlerini doldurmak imkansız. Ancak onları anımsatacak insanlar bile çok az üretilebiliyor. En acısı da bu. Geçenlerde koskoca bir Kerim Afşar'ı yitirdik. Haydi Devlet Tiyatrosu bir Kerim Afşar daha çıkarsın da görelim! Bir Yıldırım Önal yaratmak kolay mı?

HAKAN ALTINER

Kimya okumama rağmen, gazeteciliği seçtim. Çünkü, kimya formülleriyle uğraşmaktansa kelime ve cümlelerle oynamayı, maddelerin karışımından çıkan kokuların ve asitlerin kokusu yerine, gazete ve kitap kokusunu yeğledim. Kimya demek ezber demekti. Bense, ezberlemekten daha lisedeki tarih derslerinden bıkmıştım. Her tarih dersi yazılısında sorulan 10–15 sorunun tamamı tarihlerdi ve bize düşen o tarihlerde meydana gelen savaşları anlatmaktı. Yani ezbere dayanan bir tarih dersi geçerliydi. Hatta ezberim iyi olmadığından 16–17 yaşlarında başladığım tiyatro çalışmalarını bir süre sonra bırakmak zorunda kalmıştım.

İşte aşağıdaki söyleşimin konuğu yönetmen ve oyuncu olan Hakan Altıner de hem *"hukuk adamı"* hem de *"tiyatro adamı"*.

Ancak, Türkiye'deki hukukun uygulanışı onu kızdırmış ve bezdirmiş; avukatlık mesleğini bırakıp; kendini tiyatroya adamış. İyi ki de öyle olmuş; değerli bir tiyatro adamı kazanmış Türk tiyatrosu! Kendisiyle "10. Diyalog Tiyatro Festivali" kapsamında *Salıncakta İki Kişi* oyununu sergilemek için geldiği Berlin'deki Ballhaus'un sahnesindeki *Salıncakta İki Kişi*'nin dekoru içinde karşılıklı iki tiyatro oyuncusu gibi sohbet ettik.

Adaletin geçirekerek tecelli etmesi...
1952'de İstanbul'da doğdum. İstanbul Erkek Lisesi'nde okudum. 1974 İstanbul Üniversitesi Hukuk, 1975 İstanbul Belediyesi Konservatuvar Tiyatro Bölümü mezunuyum. Benim zamanımda YÖK icat edilmediği için, iki–üç üniversiteyi aynı anda okuyabiliyordunuz. Ben de aynı anda hukuk ve tiyatro okumaya başlamıştım. Konservatuvardan mezun olduğum sene hemen Yıldız Kenter'in önerisiyle öğretim görevlisi olarak başladım. Aynı anda da Kenter Tiyatrosu'nda oyunculuk yapıyordum. 5–6 sene böyle devam etti çalışmalarım. Buna paralel olarak ta avukatlık stajımı yapıp, avukatlık yapmaya başlamıştım. İki işi bir arada yürütüyordum. Sonra bir ara sadece avukatlık yaptım. Ancak çok isteyerek hukuk adamı olmama rağmen; hukuk mesleğinin Türkiye'deki uygulaması, adaletin bazen çok geçikerek tecelli etmesi beni avukatlık mesleğinden soğuttu. Ve diğer mesleğim olan tiyatro ağırlık kazandı.

İstanbul Şehir Tiyatroları Müdürlüğü ve rejisörlük...
1985 yılında İstanbul Büyükşehir Belediyesi Başkanı Bedrettin Dalan zamanında, Yıldız Kenter sanat danışmanı idi. Onun arzusu üzerine Gencay Gürün'ü Şehir Tiyatroları'na Genel Sanat Yönetmeni, beni de Şehir Tiyatroları Müdürlüğü'ne aldılar. Ancak sanatçı kadrosuyla işe başladım. Beş yıl

süreyle hem müdür olarak hem de rejisör olarak görev yaptım. Belediye Başkanı değişince de müdürlükten ayrılıp, Şehir Tiyatroları'nda sadece rejisör olarak görevime devam ettim. Bir yandan da kendi grup çalışmalarımı sürdürdüm. Bu arada Beşiktaş Belediye Başkanı Alper Atay, yeni açılacak olan Akatlar Kültür Merkezi Genel Sanat Yönetmenliği'ni önerdi. Şehir Tiyatroları'nın izninle beş yıl da oradaki görevi üstlendim.

Türk Tiyatrosunun "altın çağı"nda büyüdüm...
Sanatçı bir çevrede büyümedim. Tiyatro merakımın nereden geldiğine gelince; tam bilmiyorum. Kendimi bildim bileli, aile olarak çok iyi bir tiyatro izleyicisi idik. Bir oyunu birkaç kez izlediğimiz olurdu. 1950–1960'lı yıllar İstanbul'da tiyatronun "altın çağı" olarak anılan yıllardır. Örnek verecek olursam: İstanbul'un nüfusu kabaca bir milyon iken; bir gecede 33 tiyatro perde açardı! Şimdi İstanbul'un nüfusu 20 milyona yakın; şu anda on tane tiyatro yok! Tiyatro konusunda geldiğimiz nokta çok hazin! O dönemin yetişen çocuklarında yani bizlerin, ailelerimizde böyle bir genetik gelişim olmasa bile, bu tür güzel sanatlara ilgi duymamız çok doğal ve normaldi. Benim konservatuvardaki sınıfım 13 kişiydi. 13 kişiden aktif olarak şu an tiyatro yapan 4 kişi var. Ancak bir doktorumuz, bir iktisatçımız, ünlü avukatlarımız var. Bunların hepsi de konservatuvardan mezunlar. Necati Bilgiç oyuncu, Oğuzhan Atakan İst. Devlet Tiyatroları'nda oyuncu, Suat Özturna Konservatuvar Öğretim Görevlisi ve ben dahil olmak üzere dördümüz de tiyatro ile ilgiliyiz.

Nurseli İdiz yerine Özlem Çakır...
Salıncakta İki Kişi oyununu Berlin'de Nurseli İdiz'le oynayacaktık. Değişmesinin sebebi trajikomiktir. Türkiye'nin yasaları ile ilgili. Daha önceleri Can Gürzap ve Nurseli İdiz oynuyorlardı. Büyük bir turne hazırlığı içinde idik. Can Gür-

zap'ın tv dizisi ile ilgili bir engeli çıkınca ben İdiz'le oynamak zorunda kaldım. Beraber Anadolu turnesi yaptık. Diyalog Festivali'ne de İdiz'le beraber gelecektik. Ancak bu sefer de İdiz'in bir engeli çıktı ve yurtdışına çıkma izni alamadı. Bu hata Nurseli'den değil de muhasebecisinden kaynaklanan bir hata idi. Dolayısıyla bir çözüm bulmamız gerekiyordu. Özlem Çakır'da tiyatromuzun kuruluşundan bu yana beraber çalıştığımız deneyimli bir arkadaşımızdır. Sağolsun rolü üstlendi ve büyük bir özveriyle kısa zamanda hazırlandı. Yani Berlin'de prömiyerini yapmış oldu.

Sinema, televizyon ve tiyatro...

Günümüz tiyatrocularında derin bir cesaretsizlik, derin bir yılgınlık yayıldı. Bu haklı bir yılgınlıktı. Maddi koşulların zorluğu, televizyonun ve benzeri iletişim aletlerinin insanların tiyatroya gitmesine alternatifler oluşturarak daha asosyal bir hayatın başlaması, herkesin evine kapanması, tabiki tiyatro seyircisinin düşmesine önemli etkenler oldu. Tiyatronun ayakta kalmasının sebebi bütün bunlardan çok farklı olması. Tiyatro, insan sorunlarını hissettiğiniz tek şeydir. Yani oyuncunun gözünü görür, soluğunu hissedersiniz, kalbinin atışını duyarsınız. Böyle bir iletişim ne beyaz perdede, ne televizyonda görmeniz mümkün değil. Tam tersi; soğukluk ve uzaklık vardır. Ne kadar teknoloji kullanılırsa kullanılsın, yakın çekimde kamera aktörün gözünün bebeğine kadar girsin; karşılıklı resim seyretmektir. Tiyatro ise sahnede canlı insanları görürsünüz. Tiyatro dünyanın en eski sanat dallarından biridir. İnsan var oldukça ve derdini anlatmak, paylaşmak istedikçe, tiyatro var olacaktır!

Müzikallere gelince...

Amerika'nın müzikalleri keşfetmesi savaş zamanlarına rastlar. Müzikaller tiyatronun ayrılmaz bir parçası olduğuna inananlardanım. Her fırsat bulduğumda, olanaklar elverdiğince müzikal yapmayı çok zevkli bir rejisörlük uğraşı olarak gördüm. Türkiye'de bu işin bayraktarlığını Haldun Dormen yaptı. Tanrı uzun ömür versin yapmaya da devam edecek. Her koşulda müzikal bayrağını yapabildiği en iyi olanaklarla seyirciyle buluşturdu. Fakat son dönemde müzikalde bir mantık gelişti. Büyük teknoloji, büyük sahne imkanları, büyük paralar ve prodüksiyonlar müzikal demektir! Bence bu görüşü –doğruluk payı olmasına rağmen hiçbir zaman tam doğru bulmadım. Nitekim, Akatlar Kültür Merkezi Sanat Yönetmeni iken, Nükhet Duru ile *Cahide*'yi yaptığımızda, arkada dört kişilik bir orkestra ile iki vokal kullandık, hiçbir teknoloji yoktu, bir tek dekor değişimi yoktu, sahne aynı sahne idi, canlı müzik idi; çok büyük ilgi gördü. Ve herkes bunun müzikal olduğunu kabul etti. Ve de bu müzikalimize yatırım yapan birçok sponsorumuz oldu. Geçen sene (2004) İpek Altıner (Tiyatro Kedi) ile *Kamelyalı Kadın*'ı müzikal olarak oyunlaştırdık. Bu oyunu yeni konservatuvar mezunu gençlerimiz çok başarılı bir şekilde sergilediler. Ve inanılmaz bir seyirci kitlesiyle karşılaştık. Bu sene ise (2005) *Casablanka* denen bir çılgınlığa karar verdik. Bir piyano ve çok iyi seslerle, yorumcularla fazla masraf ve teknoloji kullanmadan da müzikal yapılabileceğini ispatladık. Oyun tıklım tıklım başladı ve birkaç aylık biletler satılmış durumda.

Eleştirilen *Cahide* müzikali ve Muhsin Ertuğrul...
Oyunun yazarı Nezihe Araz, iyi bir araştımacıdır. Çünkü gazeteci kökenlidir. Muhsin Ertuğrul – Cahide Sonku ilişkisi, rejisör–oyuncu ilişkisinin ötesinde, Muhsin Ertuğrul'un tiyatroya koyduğu ilkeleri çok zorlamış bir ilişkidir. Çünkü Muhsin Ertuğrul bir tiyatro adamı olarak, oyuncularının tiyatroya iman etmelerini, ibadet etmelerini kayıtsız şartsız bağlılık göstermelerini talep eden –ki kendisi de öyle idi– bir kişiydi. Dolayısıyla onun oyuncusunun ona sormadan evlenmesi, ona sormadan içkili bir yere gitmesi, hatta ona sorma-

dan hamile kalması Muhsin Ertuğrul'un ayıp kabul edebileceği bir şeydi. O ekip ruhunun devamlılığına inanıyordu. Toron Karacaoğlu bana anlatmıştı, çok gülmüştük: genç bir oyuncu iken, Muhsin Bey'le prova yapıyorlar. Sabah provası 4 buçuk saat sürüyor. Bu süre zarfında salondan ayrılmasınlar diye kapı kilitlettiriyormuş Muhsin Bey. "Hocam tuvalete gideceğiz" dendiğinde "medeni bir insanın bu kadar çabuk tuvaleti gelmez!" dermiş Muhsin Ertuğrul. Yani Muhsin Ertuğrul, bu tür bir diktatörlüğün kalelerindendir. Cahide Sonku büyük bir star olmasıyla birlikte, gezmeyi, eğlenmeyi, hayranlık toplamayı çok seven ve bunun için yaşayan bir sanatçıydı. Dolayısıyla aşkları, onu içkiye başlatan fırtınalı hayatı, Muhsin Ertuğrul'un hoş görebileceği bir şey değildi. Nitekim Cahide Sonku gelip "ben hamileyim, çocuk doğurmak istiyorum hocam" deyince, Muhsin Bey: "Ben sahnemde karnı burnunda aktris görmek istemiyorum!" der. Zeynep Oral, Şakir Eczacıbaşı ve diğerleri buna müthiş sinirlendiler ve bir gazetenin de yardımıyla bir kampanya başlattılar. Muhsin Hoca böyle bir insan değildi. Zaten Nezihe Araz tanıklarla ve belgelerle kanıtladı ve bu kampanya da durmustu. Beni üzen taraf şudur: Böyle bir müzikalin –ne olursa olsun– bütününe baktığınız zaman, içinde canlandırılan kahramanları, gerçek kimlikleriyle uyuyordu, uymuyordu diye değerlendirmek tiyatro seyircisine yakışan bir davranış değil. Alın bir *Evita* müzikalini, Che orada bir anlatıcıdır, bir palyaçodur. Hakiki Che ile bir alakası yoktur. Che ile Evita'nın karşılaşmışlığı da yoktur. O müzikali yaratanlar öyle düşünmüşler. Bu tiyatrocunun özgürlüğüdür.

Yönetmen olarak kriterlerim...
Benim esas işim yönetmenlik. İster kıdemli ister kıdemsiz olsun bir kere "mektepli" veya "alaylı" ayrımına ben hiç katılmıyorum. Tiyatro sahne üstünde öğrenilen bir sanat; yapa yapa öğrenilir. Evet, okulunda okuyup, çok değerli hocaları-

mızdan dersler aldık. Ancak ne olursa olsun, sahneye çıkmadığımız ya da reji masasına oturmadığımız sürece bu mesleğimizi geliştirmemizin ihtimali ve imkanı yoktur. Bir de sahne üstünde insanların ışığı vardır; "sahne ışığı" bu bazısında vardır, bazısında yoktur. Yani oyuncunun sahneye yaydığı enerjidir bu. Bir piyes önüme geldiğinde veya ben bir oyunu planladığım zaman, benim önümdeki kadro çok geniştir. Çünkü Şehir Tiyatrosu'nda rejisör olarak çalışırken oranın kadrosu yeterince genişti. Bizim dönemimizde de dışarıdan konuk sanatçı getirebiliyorduk. Özel tiyatro yaparken çok kısıtlı imkanlarla çalışıyoruz diye düşünülüyor. Tam tersi, bütün oyuncu kadrosu sizin. Hayal kuruyorsunuz, "bu rolü Haluk Bilginer oynar" diye. Teklif ediyorsunuz; uyarsa oynuyor, uymazsa oynamıyor. Başka bir oyuncuya teklif ediyorsunuz. Ben yönettiğim bir oyunda başarının doğru rol dağıtımının çok önemli olduğuna inanıyorum.

Sahnede müstehcenliklere yer vermek tiyatro adı altında yapıldı...

Biz Tiyatro Kedi'yi kurarken, "Tiyatro gibi tiyatro" yapmaya karar verdik. Bizim anladığımız tiyatro nedir? Tiyatro bir illüzyondur, bir arınmadır. Seyirciyle buluştuğumuz zaman ona bir öykü anlatmaktır. Dolayısıyla biz bu inandığımız tiyatroyu yapmak için "Tiyatro Kedi"yi kurduk. Ortalıkta, tiyatro çevresinde o kadar değişik şeyler "tiyatro adı altında" yapılmaktaydı ki, bunlara bir alternatif arayan seyirci vardır diye düşündük. Örneğin, magazinin desteklediği birtakım popüler şöhretlerden yararlanmak tiyatro adı altında yapıldı, yapılıyor! Sahnede birtakım müstehcenliklere yer vermek tiyatro adı altında yapıldı, yapılıyor! Sahnede yanlış sloganların bayrağını şuursuzca sallamak tiyatro adına yapıldı, yapılıyor! Bütün bunların ortak bir hedefi var: gişe kaygısı. Yani böylelikle seyirci toplamak isteniyor. Bunu yapanlar arasında küçüklerim ve yaşıtlarım olduğu gibi, ustalarım da var. Bu meslektaşlarım hiçbir zaman gişe sonuçlarını itibara almadılar. Seyirci bunlara rağbet etmedi. Tam tersine, seyircinin tiyatrodan soğumasına ve kaçmasına sebep oldular! Gerçek tiyatro seyircisi, emek vererek sizi seyretmeye, oyun izlemeye geldiyse sizin onu tiyatrodan soğutmanızı, ucuzlatmanızı, belden aşağıya vurmanızı değil; tam tersine sizden onunla bir öyküyü paylaşmanızı istiyor. Bunların yapılıp yapılıp sonra da gazetelere dönüp "tiyatroya halk gelmiyor, batıyoruz, mahvoluyoruz" diye demeçler verilmesi, hanidir benim canımı sıkan konuydu.

Atv'deki tartışmadan utanç duydum!

Atv'deki Ali Kırca'nın sunduğu tiyatro tartışmasını seyrettim ve de kaydettim, arşivime koydum. Yarın öbürgün biri çıkar da başka bir şey söylerse çıkarıp seyrettirmek için. Tiyatroyu kimler, nasıl yanlış tanıttılar! Üzerinde nasıl yanlış spekülasyonlar yaptılar, tiyatroyu nasıl yanlış bir dövüş arenası haline getirdiler! O geceki tartışma (!) dehşet bir örnektir. Kimseyi ismen suçlamak istemiyorum. Ben utanç duydum. Ben o programa davetliydim. Davet edildiğimde Ali Kırca'nın asistanlarından programa katılacakların listesini istedim. Listeyi gördüm, özür dileyip gelemiyeceğimi söyledim. Çünkü böyle bir polemikte söz almak ne içimden gelecekti, ne de bana söz verildiğinde derdimi anlatacak süre olacaktı. Bir kere kadro çok fazla tutulduğu için program süresinin iki günde sürse yetmeyeceğine inandım.

Tartışmayı fitilleyen devlet yardımı meselesi...

Gelelim işi fitilleyen şu devlet yardımı meselesine: Devlet yardımı, Kültür Bakanlığı'nın bir süredir özel tiyatrolara dayanışma düzeni içinde verdiği belli bir miktar paradır. Bu yardım bir komisyon tarafından değerlendiriliyor. Bana sorarsanız yardım, aslına ve özüne uygun yapılmıyor! Nedeni de ben, tiyatro olarak kıdemlerine ve yaptıkları işlere bakarak yardım verilmesi yerine, projelere yardım verilmesi fikrini savunanlardanım. Proje hazırlanır, önlerine konulur, beğenirlerse ne kadar destek vereceklerine karar verirler.

Bakanlığın itirazi...

Bakanlığın da haklı bir itiraz gerekçesi var. Diyor ki: "Zaten komisyon 10 kişilik bir komisyon. İş yine sübjektifleşir. Biz kidemlilere, vergi borcunu ödeyip ödemediğine, SSK pirimlerini yatırıp yatırmadıklarına bir bakalım ve karşımızda bir kurum var mı? görelim... ondan sonra da karar verelim" ve böyle de yapıyorlar. Fakat, ne kadar, kime ne para verirseniz verin, herkesi aynı ölçüde memnun etmek asla mümkün değil! Ama bunun üzerinde spekülasyon yaptığımız sürece bu kurumu da yıpratıyoruz. Ben orada büyük bir tehlike görüyorum. Hele iktidarın gidişatı, onların tiyatroya bakış açısı... Sanki bu işte biraz fırsat arıyorlarmış gibi geliyor bana.

Ödüllere gelince...

Ödüller olayında da bu tartışmalar ikiye katlanıyor. Kimseyi kınamıyorum. Ben de kurulduğundan bu yana Sadri Alışık Oyuncu Ödülleri jürisindeyim. Neler konuşulduğunu, herkesin gönlünden ve beyninden geçeni nasıl ortaya koyduğunun beş senedir tanığıyım. Tabi ki ödüller kişisel eğilimlerin toplanması doğrultusunda olacaktır. Ödüllerin kime verileceği, nasıl verileceği, hangi törenle verileceği, zarfın ne zaman açılacağından çok jürinin nasıl oluşturulacağı önemli. Bu konuda Türkiye'nin en önemli kurumlarından biri olan "Afife Jale Ödülü"nde Haldun Dormen var. Sürekli olarak iki–üç yılda bir jüri de değişikliğe gidiyor. Önce büyük bir jüri seçiyordu, sonra "küçük jüri seçsin, büyük jüri olmasın" dendi. Bu tüm dünyada tartışılan bir konu. Ancak Türkiye'de sistamatiği henüz oluşmadı. Tabi ki ödüllendirilmek güzel bir şey. Alanları mutlu eden, alamayanları da kızdıran bir olay. Benim son dönemde hiç ödül almamaktan öte, en büyük mutluluğum hiçbir ödüle aday gösterilmemem oldu.

Adem Dursun: Uzun bir söyleşi oldu, sizi yordum. Çok teşekkür ederim sayın Hakan Altıner.

Türkiye'de çok az kişi sizin gibi dersine böyle çalışıp geliyor. Genellikle özgeçmişten sonra gelen soru: *"Hande Ataizi'nin sahneye çıkmasını nasıl karşılıyorsunuz?"* dan başlıyorlar.

Kutlarım sizi, hep böyle olun.

Türk tiyatrosunun yapı taşlarından biri
ve temel direği,
Türk tiyatrosunun beyefendisi,
yüzlerce talebe yetiştirmiş hocaların hocası,
müzikallerin adamı,
Türk tiyatrosuna omurga hareketini getiren
alaturkanın, ortaoyunun ölü yanlarını silen,
"en tiyatro adamı"

HALDUN DORMEN

Bu seneki (2008 Mart) söyleşi turumda ilk seyrettiğim oyun Dünya Tiyatrosu'nun en büyük klasiklerinden biri olan *Kibarlık Budalası* idi. Oyundan iki saat önce oyunun özel galasının yapılacağı Lütfi Kırdar Kongre ve Sergi Sarayı'nın kulisinde idim. Oyunun yönetmeni Hakan Altıner'e "merhaba" dedikten sonra, oyunda oynayan Tarık Papuççuoğlu ile söyleşi yaptım. Daha sonra ise Türk Tiyatrosu'nun duayeni yönetmen ve oyuncu Haldun Dormen ile kuliste karşılaştım. Kendisiyle Şubat 2007'de söyleşi yapmıştım. Hal ve hatır sorduktan sonra, yönetmen olarak değil de, oyuncu olarak sahne hazırlığını yapmak üzere olan Haldun Dormen ile *Kibarlık Budalası* üzerine kısa bir sohbetim oldu:

"*Ben, Moliere'i çok seviyorum, her zaman da sevdim. Daha tiyatro eğitimime başladığım ilk günden beri Moliere hayranıyım. Sanki dün yazılmış ta, bugünkü insanları anlatan bir karakter oynuyorum. 18. yüzyılda yazılan ancak bugün bile özelliğini yitirmeyen bir karakter. Paranın getirdiği güç o zaman da vardı şimdi de. Kibar olmaya çalışan bir maganda. Ve bu uğuda da para harcamaktan kaçınmıyor. Sonunda da gülünç bir kibar haline geliyor. Ben 170 oyun sahneledim. Kendimi yönetmen olarak görüyorum. Bu oyunda da ilk sahneye çıkan bir oyuncu gibiyim. Hiçbir şeye karışmıyorum. Yönetmen Hakan Altıner ne derse onu yapıyorum. Aramızda bir problem olmadı...*"

Evet, şimdi gelelim 2007'nin Şubat ayında yapmış olduğum söyleşime:

O, Türkiye'nin başarılı işadamlarından Sait Ömer'in oğlu.

Annesi Nimet Rüştü ise bir paşa kızı.

Babası Sait Ömer, Kıbrıs'ta doğmuş, genç yaşta İngiltere'deki eğitiminden sonra İstanbul Üniversitesi Hukuk Fakültesi'nde bir süre hukuk okumuş.

Anne Nimet Rüştü, İstanbul Çamlıca Kız Lisesi mezunu. Fransızca derslerinin yanında piyano dersleri de almış.

Birbirlerini beğenen Sait Ömer ve Nimet Rüştü'nün düğünleri Acıbadem'deki köşkte yapılmış.

Kendisinden önce dünyaya gelen kardeşi Şimal, birkaç aylıkken hastalanmış, tuttukları bakıcının bilgisizliği sonucu ölmüş.

Kısa bir süre sonra, 5 Nisan 1928'de, Sait Ömer–Nimet Rüştü çiftinin bir çocukları daha doğmuş. Adını dayılarının isteği üzerine Haldun koymuşlar.

Ancak çocukları Haldun için Viyana'dan diplomalı bir bakıcı getirtilmiş.

Ve böylece geleceğin Türk tiyatrosunun duayeni Haldun Dormen, bebekliğinden itibaren Avrupalı dadılarla büyütülmeye başlanmış.

Haldun Dormen, ailede sanatçı olmadığı halde tiyatro sanatına nasıl bulaştığını pek bilmiyor. Ancak tek hatırladığı, sık sık değişen bakıcılarından bir tanesinin, Bayan Janet'in sinema meraklısı olduğu. Daha okula bile başlamayan Haldun, hafta sonlarında dadısı Janet'le gittiği sinemalardaki müzikal filmlerden Fred Astaire, Ginger Rogers, Martha Eggerth, Marlene Dietrich, Greta Garbo gibi sanatçıları tanımaya başlamış.

"Sanıyorum o günlerde kararımı vermiştim: oyuncu olacaktım. Çünkü o seyrettiğim müzikli filmlerdeki şarkıları evde dans ederek tekrarlıyor, kendimi o filmlerde oynayan biri olarak görüyordum. Zaman geliyor Fred Astaire, zaman geliyor Bing Crosby oluyordum. Diğer yaşıtlarım gibi: pilot, polis, asker değil de; ünlü bir star olmayı düşlüyordum." diyerek başlıyor çocukluğundan anlatmaya Haldun Dormen.

Babamın benimle ilgili bambaşka düşünceleri vardı...

Başarılı bir işadamının oğlu idim. Hayatım çok güzeldi. Ailemde sanatçı yoktu. Babam, benim kendi işlerini devam ettirip, ona yardımcı olacağımı düşünüyordu. Yapacağım öğrenimimi de ona göre ayarlıyordu. İlkokuldan sonra Galatasaray Lisesi'ne gitmek istiyordum. Babamsa beni İngiliz okulu olan High–School'a yazdırmıştı. Fakat ben ne yaptım ettim Galatasaray'a başladım. Orada edindiğim arkadaşım Hamit Belli ile arkadaşlığım hep devam etti. Babası sinema ve tiyatro sanatçısı Emin Belli idi. Okulda tüm spor faaliyetlerinin dışında, yüzmek ve kürek çekmekle de uğraşıyordum.

Benim için yazılan ilk rolüm... ve ilk star oluşum...
Bu arada müzik hocamızın hazırladığı Demir Bank adlı bir oyunda oynamak istemiş, ancak bana rol kalmamıştı. Daha sonra ise Hakkı Bey benim için *Yirmi Beş Kuruşluk* adlı bir oyun yazdı. Bankanın kasasındaki paralardan birini oynuyordum. Çok kısa bir rolüm vardı bu oyunda. Dans edip şarkı da söylüyordum. Yıl sonunda ise *Kamp* adlı oyunda rolüm fazla idi. Müzik eşliğinde ayağımdaki patenlerle dans etmiştim. Bu roldeki başarımla herkesin beğenisini kazanmıştım.

İlk seyrettiğim tiyatro oyunu Othello...
Oturduğumuz apartmanda oturan Araboğlu ailesi tiyatroya çok meraklıydılar. Cumartesi akşamları ailece Şehir Tiyatrosu'na giderlerdi. İlk tiyatroya beni onlar götürdü. Tepebaşı Dram Tiyatrosu'nda seyrettiğim oyun *Othello* idi. Oyunda rol alanlar Cahide Sonku, Talat Artemel, Hadi Hün, Süavi Tedü. Seyrettiğim oyunu, oyuncuları, dekorları günlerce dilimden düşürmedim. Belki de bu oyunla beraber hayatımın yönü değişti diyebilirim.

Ve Robert Koleji...
Babam Robert Koleji'ne girmemi, İngilizce öğrenip, Kolejin mühendislik bölümünde okuyup kendi işinde yardım etmemi istiyordu. Kabul ettim. Çünkü planımda İngilizce öğrenip Amerika'ya tiyatro okumak vardı. O yıllarda Robert Koleji'nde yapılan tiyatro çalışmaları çok gündemdeydi. Son sınıfta Tunç Yalman, Ahmet İsvan ve Ecevit, *Dr. Faustus* oyununda oynuyorlardı. Ben tiyatro çalışmalarına ancak onuncu sınıfta katılabildim.

Gizlice Yale Üniversitesi Tiyatro Bölümüne başvuru...
Bu arada Tunç Yalman'ın ve Şirin Devrim'in Amerika'daki Yale Üniversitesi'nin tiyatro bölümüne başladıklarını duy-

dum. Ben de on birinci sınıfta iken öğretmenlerden Prof. Mac Neal ile görüşüp Yale Üniversitesi Tiyatro Bölümüne mektup yazdım. Bir süre sonra olumlu cevap geldi. Ancak ailemin bundan haberi yoktu, bu başvuruyu onlardan gizli yapmıştım. Konuyu açmaya korkuyordum. Tunç Yalman'ın tiyatroculuğa olan merakı evde konuşulduğunda annem: *"Tek evin tek oğlu artist olacakmış, yazık, çok yazık. Allah kimselere vermesin"* diyerek üç kere tahtaya vurmuştu.

Babamdan beklemediğim destek...
Bu arada babamın New York'a gitmesi üzerine, ona durumu izah eden bir mektup yazıp yolladım. Konuyu kendisiyle konuşmaya cesaretim yoktu. Bir iki hafta sonra eve geldiğimde annem *"ne o artist olacakmışsın, babandan mektup geldi, yatağının üstünde."* dedi. Heyecandan mektubu açamıyordum, geleceğim o zarfın içindeydi. Cesaretlenip zarfı açıp okumaya başladım. Hiçte korktuğum gibi bir mektup değildi. Babam bir idealim olduğu için benimle gurur duyduğunu, bana bu konuda yardım edeceğini yazıyordu. *"Tiyatro da asil bir meslek. Görevin iyi bir tiyatrocu olmak ve bu işin eğitimini almaktır"* diye yazıyordu.

1950 yıllarında zengin bir işadamının tiyatrocu olmak isteyen tek oğluna böyle davranması pek normal değildi. Bu mektubu o zamanlar kolejde herkese okumuştum.

Amerika Yale Üniversitesi'nde tiyatro eğitimim ve Pasadena...
Amerika'daki Yale Üniversitesi'nde Tiyatro Bölümü'nde eğitim yapma işine babamdan da izin çıkınca, 1949 senesinde Yale Üniversitesi'nin bulunduğu New Haven'e geldim. Tunç Yalman ve Şirin Devrim de aynı okulda idiler. Tunç Yalman daha sonra Muhsin Ertuğrul'un göreve başlamasıyla Türkiye'ye dönmüş ve hocanın sağ kolu olmuştu. Tunç, tiyatroyu iyi bilen ve sanata evrensel bakan bir entelektüeldi.

Beraber Yale'de çok keyifli günler geçirdik. Pasadena Playhause'un Patio Tiyatrosu'nda üç ay kaldım. Bu üç ay içinde *Kanlı Düğün, Bir Kâğıt Parçası, Kim Öldürdü* ve iki Ameraikan komedisinde oynadım. *Kâğıt Parçası* oyununda başrol oynadım. Bu arada Fox stüdyosundan bir yetkili Hollywood'da kalmamı teklif etti. Yale'yi bitirmek istediğimden kabul etmedim.

Muhsin Ertuğrul ile tanışmam...
Yale'de her oyuncu oyunlar yönetir ve oynardı. Ben sahnelediğim ve oynadığım oyunlardaki başarılarım sonucu, Yale Tiyatro Okulu'nun en yetenekli, en ilginç öğrencisi kabul edilmiştim. Biraz dinlenmek için İstanbul'a geldim. Muhsin Ertuğrul ile tanışmak istemiştim. Arkadaşım Hamit, araya birini koyarak bana bir randevu ayarladı. Muhsin Ertuğrul o sezon Küçük Sahne'nin yöneticisiydi. Dragos'taki evinde beni *"Haldun Paşa"* diye karşılayıp öptü. Çok heyecanlıydım. Çok alçakgönüllü davrandı. Amerika'dan dönüşte Küçük Sahne'de yerimin hazır olduğunu söyledi. Yale'de çok başarılı günlerim oldu. Birçok oyunda önemli roller oynadım; mezun olmak için iki uzun oyun yönettim. Bu arada birçok gruplarla çalıştım. Örneğin Saranac Lake diye bir yaz tiyatrosu kurduk. Yale Tiyatro Okulu'nun rejisörlük kısmından başarıyla mezun olduktan sonra Saranac Lake çalışmalarına bir süre devam ettim. *On ikinci Gece, Kibarlık Budalası* gibi oyunları yönettim.

Ve İstanbul seyircisiyle tanışmam...
1953 sonbaharında İstanbul'a döndüm. Doğru Muhsin Ertuğrul'a gittim. Beni yine sıcak karşıladı. İlk tanıştığım kişiler Cahit Irgat ve Sadri Alışık idi. Küçük Sahne'de Dünkü Çocuk adlı oyunun provalarını izlemeye başladım. Küçük Sahne'de ilk oynadığım oyun *Cinayet Var*'dır. 7 Nisan 1954 gecesi *Cinayet Var* ile Türk seyircisinin karşısına çıkmıştım. Bu

Türkiye'de oynadığım ilk oyunumu seyredenler arasında annem, babam, kardeşim, akrabalarım ve arkadaşlarım vardı. Hepsi çok heyecanlıydılar. Hakkımda birçok yazılar yazıldı. Türk tiyatrosunu daha henüz tanımıyordum.

Cep Tiyatrosu'nun kuruluşu...

Tiyatro Derneği ile yaptığım her iki oyunda ilgi görünce, bir tiyatro kurmak istedik ve bulunduğumuz odaları ayıran duvarı yıkıp altmış kişilik bir tiyatro salonu yaptık, adını da Cep Tiyatrosu koyduk. İlk olarak ta *Peter Patlen* ve *Madonna'nın Portresi* adlı oyunları sergiledik orada. Oyunlar büyük ilgi gördü. Bu çalışmalar üç yıl sürdü. Bu süre içinde *Kırmızı Biberler, Bir Evlenme, Anfitriyon* ve *Kaygısız'*ı sahneledik. Cep tiyatrosu'nun başarısı basında da ilgi gördü. Biletlerimiz haftalar öncesinden satılıyordu. Fuayesinde de resim sergileri ve konferanslar oluyordu. Bir sanat merkezi olmuştu. En güzeli de burada bir tiyatro kursu açmıştık. Buradan Erol Günaydın, Altan Erbulak, Erol Keskin, Nejat Ayberk ve Yılmaz Gruda gibi değerli tiyatro sanatçılarımız yetiştiler. Hatta Yılmaz Güney de bunların arasında idi.

Ve Dormen Tiyatrosu...

Amerika'da oynadığım bir oyunu Refik erduran *Papaz Kaçtı* adıyla Türkçe'ye çevirdi. Bu oyunu 1955 yılında Kadıköy Süreyya Sineması'nda sahneledik. Bu oyunda Erol Günaydın, Sadettin Erbil, Metin Serezli ve Ayfer Feray gibi yeni yetenekler oynadılar. Oyun birkaç gün kapalı gişe oynadı. Benim ünlenmem bu oyunla olmuştur. Bu oyunla da Dormen Tiyatrosu'nun temeli atılmış oldu. Dormen Tiyatrosu'nun kadrosunu Cep Tiyatrosu oluşturuyordu. 1957'de Galip San, Küçük Sahne teklifini getirince tüm Cep Tiyatrosu ekibi orada çalışmaya başladık. İlk oyunda Teyzesi adlı oyundu. Bu oyun ve arkasından oynadığımız *Karaağaçlar Al-*

tında ve *Hedda Gabler* oyunları pek başarılı olmadılar. Fakat bunlardan sonra *Kamp 17* oyunuyla başarıyı yakaladık. *Kamp 17*, Dormen Tiyatrosu'nun ilk başarılı oyunu oldu. Beş yıl Küçük Sahne'de çalışmalarımızı yaptık. Sonra da Ses Tiyatrosu'nu restore edip oraya geçtik. On yıl da çalışmalarımızı orada devam ettirdik. 1972 yılında tiyatromu kapatmak zorunda kaldım. Mali sorunlarımın yanında, bazı arkadaşlar ayrılıp kendi tiyatrolarını kurmuşlardı. Biraz da dinlenmek, kendimi toparlayıp, kendime gelmek istemiştim. Fazla da mücadele etmek istemedim. Gelen teklifleri de kabul etmemiştim. Bir de benim şirket idare etme yeteneğim yok. Benden ayrılan talebelerimin bazıları kendi tiyatrolarını kurmuşlardı. Örneğin Altan Erbulak gibi... Bana onlardan hiç teklif gelmedi. Biraz da buna gücenmiştim. Sadece 1973 yılında *Kış Masalı*'nı sahnelemiştim.

Hiçbir zaman "Lanet olsun tiyatro!" demedim...
Çok zorlu günlerim oldu. Paralar kaybettim, çok moralim bozuldu. Ancak geriye baktığımda "iyi ki yapmışım" diyorum. Tiyatro uğruna çok para kaybettim. Ancak o paralarla bu saygıyı, sevgiyi kazanamazdım. Babamın durumu iyiydi. Evin tek oğlu idim. İş hayatında kalsaydım belki bugün bir Rahmi Koç filan olurdum. Ancak ben tiyatroyu seçtim. Babam da beni bu konuda ölünceye kadar destekledi.

İlk müzikalim *Sokak Kızı İrma*...
Sokak Kızı İrma, Paris ve Londra'da başarıyla oynanan bir müzikaldi. Türkiye'de o zamana kadar müzikal çalışmaları yapılmış, ancak benim yapmak istediğim Batılı tarzda bir müzikal yapılmamıştı. Ben bu tarzda müzikalleri daha çocukluğumdan biliyordum, hep hayalini kurmuştum. Zor bir proje idi. Bu konuda herkes bana karşı iken, tek güvenen ve destekleyen Galip San idi. Sonuç çok başarılı oldu. Gülriz harika bir oyun çıkardı. Seyrettiğim en iyi İrma idi. Bu rolüyle

de en iyi kadın oyuncu dalında "İlhan İskender Ödülü"nü almıştı. 2.500 kişilik Atlas Sineması tıklım tıklımdı. Oyundan sonra babam kuliste bütün oyuncuları tebrik etti: çok mutluydu. *Sokak Kızı İrma'*dan sonra *Kiss Me Kate, Keşanlı Ali Destanı, Direklerarası, Bulvar, Ayak Bacak Fabrikası* gibi müzikli oyunlar sahnelendi Türkiye'de.

Ve diğer müzikallerim...

*Sokak Kızı İrma'*dan sonra *Pasifik Şarkısı'*nı sahneledim. Büyük bir hüsran oldu benim için. Bunda benim de hatalarım oldu. Genç yaşta *Sokak Kızı İrma'*nın başarısı benim "ne yaparsam olur" diye düşünmeme yol açtı. Hatalarımı göremedim. Bu bana büyük bir ders olmuştu. Bu fiyaskodan sonra Erol Günaydın'ın yazmış olduğu *Yaygara 70* adlı müzikalde Cemal Reşit Rey ile çalıştım. Yine Cemal Reşit Rey ile *İstanbul Masalı'*nda beraberdik. Bu oyun Londra'da oynanan ilk Türk oyunu oldu. Festivalin en başarılı oyunu oldu. Bunu *Hisseli Harikalar Kumpanyası, Kral ve Ben* ve son olarak da *Kantocu* adlı müzikaller izledi.

Film, televizyon, radyo ve gazetecilik çalışmalarım... anılarım...

İki film yaptım. Ekrem Bora ve Belgin Doruk'un rol aldığı *Bozuk Düzen* (1966) ve Müşfik Kenter, Belgin Doruk, Nedret Güvenç'in oynadığı *Güzel Bir Gün İçin* (1967). *Bozuk Düzen*, 3. Antalya Altın Portakal Film Festivali'nde "En İyi Film Birincilik Ödülü", *Güzel Bir Gün İçin* filmi ise 4. Antalya Altın Portakal Film Festivali'nde "En İyi Komedi Filmi Ödülü" aldı. Fakat bu filmlerden para kazanamadım. Televizyon ve radyo çalışmalarımın dışında Milliyet Gazetesi'nde 8 yıl çalıştım. Son yıllarda da anılarımı *Sürç–ü Lisan Ettikse, Antrakt, İkinci Perde* ve *Olmak ya da Olmamak* adlı kitaplarımda yazdım.

Egemen Bostancı... ve ikinci kez Dormen Tiyatrosu... yine kapanış...

1978'de Nalınlar'ı İngilizce olarak Londra'da sergiledik. Yıldız Kenter, Nevra Serezli, Kerem Yılmazer ve Göksel Kortay oynamıştı. Bu arada Egemen Bostancı bir müzikal yapmamı istedi. Merhaba Müzik müzikalini yaptım. Nükhet Duru, Huysuz Virjin ve Füsun Önal, İlyas Salman, Asuman Arsan oynamışlardı. Çok tutulan bir müzikal oldu. Arkasında Huysuz Virjin için Hisseli Harikalar Kumpanyası müzikalini yazdım. Fakat Mehmet Ali Erbil oynadı. Arkasından da Egemen Bostancı'nın isteğiyle Dormen Tiyatrosu tekrar açılmış oldu (1984). Taki 2001 yılında Bugün Git Yarın Gel oyunuyla tekrar kapanmasına kadar. Şimdiye değin 160 oyun yönettim. 110–120 oyunda oynadım. 11 oyun yazdım. En son 2001'de sahneye çıktım. Böyle daha faydalı olabiliyorum. Birkaç projeyi aynı anda yürütebiliyorum. Televizyona daha fazla vaktim var. Medyapım Akademi'de gençlere ders veriyorum.

Eğitimli–eğitimsiz, sanatçı, mankenler.

Sahneye çıkabilen herkes çıksın, yapabiliyorsa, becerebiliyorsa yapsın; manken veya şarkıcı...

Özcan Deniz örneğin; geyet te başarılı oldu oyunculukta. Eğer bu eğitimli–eğitimsiz sanatçılar konusu açılırsa, gelmiş geçmiş en büyük oyuncularımızdan Adile Naşit'i yok ederiz, Bedia Muvahhit'i yok sayarız. Bunlar tiyatro eğitimi almamış değerli sanatçılarımızdılar. Konservatuar eğitimi almak şart değil, bizler de eğitiyoruz. Gelsinler bana, iki yıl gibi kısa bir zamanda öğretiyorum. Örneğin seneler önce Nevra Serezli, Metin Serezli gibi... Benim mankenlikten gelme bir oyuncum var: Şebnem Özinal. 12 yıldır tiyatro yapıyor. Mankenliği bıraktı, tiyatroyu ciddiye alarak yetiştirdi kendini.

Genco erkal ile oynadı. Şimde de Ali Poyrazoğlu ile çalışıyor. Hukuku bitirmeden avukat, tıbbı bitirmeden doktor olunamaz, ancak okul bitirmeden oyuncu olabilir insan!

Bir anı...

Şahane Züğürtler' den sonra yüzümüzü güldüren klasik bir Fransız komedisi olan *Bit Yeniği* oyunu idi. Oyun çok tutmuş, seyirci çok gülüyordu. Kapalı gişe oynuyorduk. Haftalar geçmesine rağmen gişe hasılatı devamlı artıyordu. Atlantik Sineması'nda oynuyoruz. Bütün biletler satılmış, salon dolu. Sahneye çıkış sıramı bekliyorum. Sahnede ise Altan Erbulak var. Kulağım sahnede Altan'ın teksti bitirmesini bekliyorum, ki ben gireyim sahneye. Fakat Altan tekstin dışına çıktı. Bir de tanımadığımız başka bir kadın konuşması geliyor sahneden. Sahneyi daha iyi görebilmek için dekorun arkasına geçtim. Altan astragan bir mantolu bayanla konuşuyor. Meğer kadıncağız Adapazarı'ndan 14–15 gün önce gelip, bilet kuyruğuna girerek zor bela bir bilet alabilmiş. Oyun günü yine Adapazarı'ndan gelmiş. Ancak içeri girdiğinde yerinin başka birine daha satıldığını görmüş. Oyun başladığında münakaşa devam ediyormuş. Kadın sahneye çıkıp Altan'a "bu oyuna başlayamazsınız" demiş. Altan kadını görmezlikten gelip oyununa devam etmeye kalkınca da, kadın iyice bağırmaya başlamış "Bana yer bulmadan bu oyunu başlatmam!" diyerek. Altan da sahneden bir koltuğa kadını buyur etti ve "Yalnız oyunun ikinci perdesi randevuevinde geçiyor. Kocanız kızabilir" dedi. Tabii seyirciler iyice coşup alkışladılar. Sonunda ön tarafa konulan bir sandalyede oyunu seyretti. Oyunun sonunda hep birlikte onu selamlamıştık. Çünkü hakkını arayan gerçek bir tiyatro seyircisi idi.

Bu güzel söyleşiyi Cemal Süreya'nın *99 Yüz, İzdüşümler* kitabında Haldun Dormen için yazdığı birkaç satırla bitireyim dedim:

"Türk tiyatrosu, bütün büyük ustalara karşın, mim sanatı ve sadece el, yüz hareketlerinden oluşuyordu. Haldun Dormen tiyatroya omurga hareketini getirdi: Omurga, bacaklar ve her şey... Jean Louise Barraul'un deyimiyle 'antiölüm' bir duruş. Tiyatro adamı dedim. En tiyatro adamı! Alaturkanın, ortaoyunun ölü yanlarını sildi; snopluğun iyi yanlarını da getirdi. Ses Opereti geleneği onun çıkışıyla tükendi...

Tiyatroyu saydırdı, sevdirirken saydırdı."

65 yaşında 60. sanat yılını kutlayan,
Hababam Sınıfı'nın Güdük Necmi'si

HALİT AKÇATEPE

Sanat yaşamı 5 yaşında iken, anne ve babası tiyatro ustaları Leman Akçatepe ve Sıtkı Akçatepe ile *Nasreddin Hoca Düğünde* adlı sinema filmiyle 1943'de başlamış 1938 İstanbul/Üsküdar doğumlu Halit Akçatepe'nin. Tam 60 yıl sonra, 65 yaşında, yani sanat yaşamının 60. yılında "43. Uluslararası Nasreddin Hoca Şenliği"nde Nasreddin Hoca'nın Kavuğu'nu on yıldır taşıyan usta sanatçı Erol Günaydın'dan teslim almış. Onu daha çok *Hababam Sınıfı*'nın Güdük Necmi'si olarak tanıdık. O, hiç yaşlanmadı. O, hep güldürdü, hiç ağlatmadı. Oynadığı rollerde hiç ağladığına rastlamadım. Rol arkadaşi *İnek Şaban* yani rahmetli Kemal Sunal ile oynadığı ve dört kez çekilen *Hababam Sınıfı* artık klasikleşti, 30 yıldır bıkmadan usanmadan hâlâ seyretmekteyiz. Şimdi ise yine çekiliyor ve o yine Güdük Necmi'yi canlandırıyor. Tiyatro hayatı 1945'de İstanbul Belediyesi Şehir Tiyatrosu Çocuk Bölümü'nde başlamış Halit Akçatepe'nin. 90'a yakın film, bir o kadar da tiyatro oyununda rol almış. Oyun çevirileri de var. *Konserve Asker, İki Ayağı Bir Çukurda*. gibi. Rol aldığı filmlerden bazıları: *Nasreddin Hoca Düğünde, Günahsızlar, Dertli Pınar, Köprüaltı Çocukları, Bir Dağ Masalı, Hababam Sınıfı, Süt Kardeşler, Köyden İndim Şehire*. Televizyon yapımları: *Kaygısızlar, Şaban Askerde, Konu Komşu, Bizimkiler*... 1962 Avni Dilligil, 1963 Halk Tiyatrosu–*Toros Canavarı*, 1964 Aksaray Opera–*Hisse–i Şayia*, 1965 Kadıköy Tiyatrosu–*Baba Evinde Hayat*, 1967–68 Devekuşu Kabare–*Vatan Kurtaran Şaban*, 1969–70 Dostlar Tiyatrosu–*Rosenbergler Ölmemeli*, 1980 Ortaoyuncular–*Şahlarıda Vururlar*, 1980–81 Şan Tiyatrosu–*Selam Meloş*, 1989 *Ah Şu Gençler*. Bunlar rol aldığı bazı tiyatro grupları ve oyunlar. 2003 yılının Ekim ayında da 8. kez yapılan Diyalog Tiyatro Festivali'ne *Tıpkı Sen–Tıpkı Ben* oyunuyla katılan Yeditepe Oyuncuları arasında o da vardı. Hadi Çaman, Suna Keskin ve Halit Akçatepe gibi üç usta oyuncunun sergilediği bu oyun, kalabalık seyirci tarafından nefes almadan seyredildi. Zaman zaman güldüren, zaman zaman da düşündüren oyun, ne pahasına olursa olsun tiyatrolarını ve tiyatroyu yaşatma mücadelesini veren iki yaşlı tiyatrocunun ve onlara yardım etmeye çalışan yaşlı bir kadının tiyatro için çırpınışını anlatıyor. Hepsiyle ayrı ayrı sohbet ettim.

2002 yılında, 60. sanat yılınızda, Nasreddin Hoca'nın Kavuğu'nu Erol Günaydın'dan devraldınız. Bu size sorumluluk verdi mi?

Erol Günaydın Usta bu kavuğu 10 yıl taşıdı. "Bu yorucu bir iş, ben artık yapamayacağım" deyince, kendisine "kavuğu kime devredeceksiniz?" diye sormuşlar. O da "bu iş için en uygun insan Halit'tir" demiş. Sağolsun kavuğu ve kaftanı bana devretti. Ben de 10 yıl gibi uzun süre taşımak yerine, daha sık devretme yoluna gittim ve geçtiğimiz yıl karikatürist Hasan Kaçan'a devrettim. Artık her yıl kavuk ve kaftan kimdeyse uygun bulduğu bir sanatçıya devredecek. Nasreddin Hoca kişiliğini bir yıl da olsa taşımak çok güzel ve onurlu bir şey. Akşehir Belediyesi bu konuda çok güzel hizmet veriyor. Benim Nasreddin Hoca olduğum yıl, Akşehir Meydanı'na 12 Güldürü Ustası'nın büstünü diktirdi. Sağolsunlar.

Gerek tiyatroda gerekse filmlerde, eski güldürü ve komediyi bulmak çok zor. Güldürünün ve komedinin tarifi mi değişti?

Güldürünün tarifi değişmedi. Ancak bunu yapacak sanatçı lazım. Erol Günaydın, Altan Erbulak, Muammer Karaca. gibi. Bunlar büyük güldürü ustalarıdır. Bunların yaptığı güldürüler halkın sevdiği, kabul ettiği güldürülerdi. Bunların yerlerine gelecek kimse yok. Müjdat Gezen, Hadi Çaman ve benim gibiler, bu ustaların yetiştirdiği sanatçılardır. Bizden sonra ne olacak bilemiyorum?

Siz, 66 yaşındasınız. 1938 İstanbul/Üsküdar doğumlusunuz. 60. sanat yılınızı kutladınız. Kaç yaşında sanata başladınız?

1943 yılında 5 yaşında iken *Nasreddin Hoca Düğünde* adlı bir filmde tiyatro sanatçıları olan annem Leman ve babam Sıtkı Akçatepe ile beraber oynadım. Annem daha sonra sinemaya geçti. Babam çok az filmde oynadı. O tam bir tiyatrocuydu.

Tiyatro ile ne zaman ve nasıl tanıştınız?

7 yaşında İstanbul Şehir Tiyatroları Çocuk Tiyatrosu Bölümü'nde tiyatroya başladım. Önce bir çocuk oyununda oynadım. O sırada başka bir oyunda üç çocuk oyuncuya daha ihtiyaç vardı. Böylece Cahide Sonku, Sami Ayanoğlu ile sahneye çıktım ve onlarla seyircileri selamladım. Tabiki 7 yaşındaki bir çocuğun bu değerli sanatçıların değerini anlaması çok zor. Tiyatronun bilincine varınca, onlarla aynı sahneyi

paylaştığım için çok gururlandım. Tiyatroya parelel olarak ta sinema çalışmalarını sürdürdüm. 1945 yılında sinema ve tiyatroya iyice girmiş oldum.

Tiyatro eğitimi aldınız mı?

Benim öyle kötü bir huyum yok. Ben, eğitimle tiyatrocu veya oyuncu olunacağına inanmam. İnsan okuyarak doktor veya mühendis olur. Ancak okuyarak oyuncu olunamaz. Oyunculuk, insanın içinde ya vardır ya da yoktur. Yoksa yoktur. İstediğiniz kadar okuyun, içinizde oyunculuk yoksa olamazsınız. Babam tiyatrocu olmamı istemediği için –çünkü babam tiyatroda çok zorluk çekmiş– benim de aynı sıkıntıları çekmemem için tiyatrocu olmamı istememişti. Beni Saint–Bendit Fransız okulunda okuttu. Daha sonra hukuk ve iktisat okudum. Fakat ben yine tiyatroculuğu seçtim. Babam bana "okumuş serseri" derdi. Oyunculuk eğitimim yoktur. Allah korusun!

Sizin rahmetli Kemal Sunal'la çok filmleriniz oldu. Bu filmler niçin bu kadar sevildi?

Kemal Sunal'la çok güzel şeyler yaptık. Bu bizim oyunculuğumuzdan gelen bazı güzelliklerdi. Ancak bir filmin sevilmesi, çok iş yapması için iki kişinin oyunculuğu yetmez. Burada Ertem Eğilmez'i unutmamak lazım. Bu filmlerin bu kadar tutmasında Ertem Eğilmez'in rolü büyüktür. Beni ve Kemal'i keşfeden O'dur. Beraber çalışırken benim ve Kemal'in ortaoyununa yakın olduğumuzu gördü. Dikkat ederseniz filmlerimiz ortaoyunu ağırlıklıdır. O bunları görmüş ve keşfetmiştir. Senaryoları bunları dikkate alarak yapmıştır. Kemal Sunal ile ben ortaoyununa yatkın olduğumuzdan seyirciye ulaşmak çok daha kolay olmuştur. Bizim oyunculuğumuzun dışında çok iyi bir yönetmen farkı vardır. Sinema olsun televizyon olsun, bu üç unsurun biraraya gelmesiyle iyi şeyler yapılabilir. Bizim Kemal'le yaptığımız çalışmaların başarısı da buradadır. Onun içindir ki, bu filmler 30 yıldır hiç yorulmadan ve sıkılmadan seyredilmektedirler.

Tiyatro yahut sinema, en çok hangisinden para kazandınız?

Tiyatrodan para kazanmak diye bir şey söz konusu değildir. Tiyatro bir sevgi işidir. Benim 41 yaşında olan kızım, 15 yaşında iken "Baba ben ileride sinemayı düşünmüyorum. Fakat tiyatrocu olmak istersem bana yardım eder misin?" diye sordu. Ben de "Evladım, yardım ederim. Fakat tiyatrocu olmak istiyorum demekle tiyatrocu olunmaz. Bunun şartları var. Tiyatroyu çok seveceksin, âşık olacaksın, hatta evlendiğin kocandan bile daha fazla seveceksin. Çocukların olacak, zamanı geldiğinde onlardan bile fazla seveceksin" dedim. Baktı suratıma. Bir daha da bu konu hiç açılmadı. 11 yaşında olan küçük kızım ise sadece dinlemekle yetindi. Büyük kızım yani tiyatrocu olmak isteyen Viyana'da üniversite okudu. Sadece dinlemekle yetinen küçük kızım Ebru Akçatepe ise bugün Viyana'da bir tiyatronun başında yöneticilik yapıyor. 13 yıldır bu işi başarıyla sürdürüyor. Evlenmedi de. O sadece tiyatroyu sevdi. Tiyatro bir aşk ve tutku meselesidir. Özellikle Türkiye'de tiyatrodan para kazanmak çok zordur. Bana Türkiye'de tiyatrodan mal mülk sahibi olmuş kimseyi gösteremezsiniz. Sinema ise bambaşka bir sanat koludur. 150 sene tiyatro yapmış olsa idim, Berlin'e geldiğimde beni bu kadar kişi ayakta karşılamaz, omuzlara alınmazdım. Bu tamamen sinemadan kaynaklanan bir şeydir. Tiyatro tanıtmaz, sinema tanıtır. Sinema milyonlara hitap eden bir sanat dalıdır. Tiyatro çok saygı duyulacak bir meslektir. Fakat biz, bu çok saygı duyulacak mesleği yanlış ülkede, Türkiye'de yapıyoruz.

Türk tiyatrosu üzerine düşünceleriniz? Karamsar mısınız?

Tıpkı Sen–Tıpkı Ben adlı oyunumuzda karamsarlık vardır. Fakat oyundaki karamsarlık gerçektir. Yaşanan bir olayı oynuyoruz. Tiyatro sonsuza kadar yapılacaktır. Benim gibi, Hadi Çaman gibi ve diğer arkadaşlarımız gibi "deliler" daima olacak ve tiyatro yapacaklardır. Tiyatro ölmez. Çünkü tiyatronun hazzını alan bir insan vazgeçmez. Ben arkama baktığımda birçok genç deli görüyorum. Tiyatroyu seviyorlar ve tiyatrocu olmak için müracaat ediyorlar. Benim babam da deliydi, ben de deli bir babanın deli bir tiyatrocu oğluyum. Hadi Çaman da bir tiyatro delisidir. Arkamızdan genç deliler geliyor. Tiyatro düzelecek mi? Hayır. Çünkü tiyatro bir eğitim meselesidir, bir kültür meselesidir. Ülkenin kültürü ve eğitimi tiyatroyu yaşatacak düzeye gelmemiştir. Gelmediği için de Türkiye tiyatrosu daha yıllarca zorluk çekecektir.

Hababam Sınıfı'nın yeniden çekilmesi bazı tartışmalara neden oldu. Eski *Hababam Sınıfı*'nda oynayanlar yok; Şener Şen, Şevket Altuğ, Tarık Akan gibi...

Rıfat Ilgaz, Hababam Sınıfı'nı Şener Şen veya Tarık Akan için yazmadı. Hababam Sınıfı şunla da oynanır, bunla da. O gün onlarla oynanmıştı, bu gün başka arkadaşlarla oynanır. Pembe Panter'i yıllarca Peter Sellers oynadı. Şimdi Stiv Martin oynuyor. Peki Pembe Panter şimdi Mor Panter mi oldu? Önemli olan Pembe Panter'dir. İnsanlar onu seyretmeye geleceklerdir. Şu oynamış, bu oynamış; önemi yok. Hababam Sınıfı yeniden çekilecektir. Türkiye'nin klasiği olmuş bir film seneler sonra yeni sanatçılarla yeniden çekilecektir. İlk çekildikten tam 30 yıl sonra Hababam Sınıfı tekrar çekiliyor. O var veya bu varla bu iş olmaz. Ben bu tartışmalara güler geçerim. Ben bu filmde yine Güdük Necmi'yi oynayacağım. Tabiki o öğrenci Güdük Necmi olamaz. Öğretmen Güdük Necmi'yi oynayacağım. Güdük Necmi'nin yapmayacağı hergelelik yoktur. Gerisini filmde görürsünüz...

Seyirlik oyunlarını Türk seyircisine sevdiren,
"kumpanyacı"

HAŞMET ZEYBEK

"Türkiye'deki çok yönlü sanatçılar"ı saymaya kalksak, ancak 5 veya 10'u geçmez...

Hani "Bir koltukta iki karpuz taşıyan" deyimi var. Ancak o, iki değil birkaç karpuz sığdıranlardan!

Oyun yazarı, oyuncu, yönetmen, film senaryo yazarı ve araştırmacı...

1948 yılında Tarsus'un Gülek Köyü'nde doğmuş Haşmet Zeybek.

Karaisalı Yatılı Ortaokulu'nda, Adana ve Tarsus liselerinde okumuş.

Tiyatro oyunculuğuna Tarsus'ta başlamış.

Ortaokul döneminde yazdığı *Kalem Tutan Eli Öp* ilk sahnelenen oyunu.

Aynı yıl Tarsus Halk Evi'ne yönetici olmuş. 1961 yılında burada *Irgat* adlı oyunu oynanmış. Üç gün üç gece olarak tasarladığı *Düğün ya da Davul'*u yazmaya başlamış. 1968'deki

ODTÜ Şenliği'nde sergilediği bu oyunla ödül almış. Ankara Deneme Sahnesi tarafından "En İyi Amatör Topluluk" seçilmiş.

Türk Tiyatrosu'nda özel bir yere sahip olan bu çok yönlü sanatçıyla Kadıköy Haldun Taner Sahnesi'nin fuayesinde yaptığım sohbet:

Kendimi bildim bileli hep tiyatronun içinde oldum...
Başka bir seçme olanağım olmadı, olamazdı da. Tiyatro ile yaşamım boyunca hep beraber oldum, kendimi bildim bileli hep tiyatronun içinde oldum... Bulunduğum ortamda anam elimden tutar düğünlere, ninem ise Mevlit'e götürürdü beni. Ortaokula başladığımda güreşler tutup, halay çektim. Her hafta bir düğüne veya eğlenceye davetli olurdum. Ortaokulda Temsil Kolu Başkanı idim. O yıllarda okullardaki edebiyat öğretmenleri, tiyatro koluna, tiyatro faaliyetlerine çok önem verirlerdi. Tarsus Lisesi'nde kendi yazdığım oyunları Halkevi'nde yönettim. İlk oyunum *Kalem Tutan Eli Öp* lise temsili olarak sahnelendi.

İlk sahneye çıkışım...
Babam PTT Müdürü idi. Fevzipaşa'da *Hakan'a Tuzak* adlı bir oyunu büyükler sergileyeceklerdi. Bu oyuna bir de çocuk oyuncu gerekliydi. Ben bu oyuna çocuk oyuncu olarak katılmıştım. Oyundan hatırladığım sahne şudur:
Dekorun bir parçası olan su dolu havuzun kenarında dolanıyorum. Ben çocuk aklımla havuzdaki sudan su alıp seyircilerin üstüne serpiyorum. En önde de yörenin valisi ve kaymakamı oturuyor.

Lise yılları...
Lise de ise çok ciddi başladım tiyatroya. Hem kültürel hem siyasi hem de politik boyutlarıyla uğraştım tiyatro ile.

Irgat, ilk Tarsus'un dışına çıkan ulusal bir oyunumdu. "Amatör Tiyatro Ödülü"nü almıştım. Bu oyunda oynadım da. Ben kumpanyacı'yım; yazıyorum, yönetiyorum ve oynuyorum. Bu oyunda Tarsus'un gençleri ve esnafı da vardı oynayanlar arasında. Aralarından profesyonel olanlar da oldu. Örneğin Erdal Gülmen, Bursa Devlet Tiyatrosu'nda yönetmendir.

Muhsin Ertuğrul'un daveti...

1968'de oynadığımız *Irgat* oyunu çok yankı yaptı ki, İstanbul'dan Muhsin Ertuğrul "Bu çocukları seyretmek istiyorum" demiş. Oyunu Ankara Sanat Tiyatrosu (AST)'nda üç gün oynadık. Muhsin Ertuğrul bizi seyretti. Sonra İstanbul'da Robert Koleji'nin Kültür Haftası vardı. Orada da bu oyunu oynadık. O sırada Ayla ve Beklan Algan'la tanıştım. Muhsin Ertuğrul bana LCC'de burs hakkını verdi. O zamanlar LCC'de Ayla–Beklan Algan, Haldun Taner ve Muhsin Ertuğrul vardı.

Dostlar Tiyatrosu... *Alpagut Olayı*...

1968–70 yılları arasında da Dostlar Tiyatrosu İşçi Kolu Tiyatro Kursları'na katıldım. 1969'da bu kurslar sırasında *Alpagut Olayı* adlı oyunu yazdım. Çorum İl Özel İdaresi'ne bağlı Alpagut Linyit İşletmeleri'nde çalışan 768 işçinin çalıştıkları fabrikanın yönetimini ele geçirip işgal edişlerinin hikâyesidir. Oyun ilk kez Dostlar Tiyatrosu İşçi Kolu tarafından 1971 yılında oynandı.

Ulvi Uraz'a geçiş...

12 Mart sonrası Ulvi Uraz beni tiyatrosuna davet etti. Beraber turnelere çıktık; ben burada profesyonel oyuncu oldum. Daha sonra da Güzin Özyağcılar ve Erdal Özyağcılar ile Gazete Tiyatrosu'nu kurduk. Burada da *Düzenbaz, Şaşkın Politikacı Abidin Bey, Bu Kaçıncı Baskı, Grev ya da Refarandum* oyunlarını yazdım. 1974 yılında Muhsin Ertuğrul tekrar ti-

yatroya dönünce, beni çağırması üzerine Şehir Tiyatrosu'na girdim. 1402 sayılı yasa yüzünden ayrıldım.

Halkalı Köle, Kimlik, Çark, Şaşkın Ördek, Aptal Kahraman adlı sinema filmlerinin, *Hanım Çiftliği* ve *Serçeler Göç Etmez* gibi dizilerin senaryo çalışmalarını yaptım. *Kimlik* ve *Ayran Geven* oyunlarını yazdım yönettim. Meddah, Karagöz ve Ortaoyunu üzerine çalışmalar yaptım. Şamanizmi araştırdım, *Bir* oyununu yönettim.

Ulvi Uraz üzerine...
Ulvi Bey, Batı ve Doğu Tiyatrosu'nu özümsemiş, çok büyük bir tiyatro yönetmeniydi. Ulvi Uraz'ın öyle özellikleri vardı ki, öyle reji yapar, öyle oyunlar koyardı ki, her insanı kendi özelliğine göre sahnede oynatır ve beğendirirdi. Ulvi Bey, Türk Tiyatrosu'nda oyuncu fabrikası gibiydi. Konservatuar dışında komedyen olmuşların büyük çoğunluğu Ulvi Bey'in tiyatrosundan geçmiştir. Zeki Alasya, Metin Akpınar, Ahmet Gülhan, Kemal Sunal gibi. Çünkü, Ulvi Uraz bilinçli bir tiyatro adamıydı. Çalışkandı, dünyayı izleyen bir çağdaş bir kişiydi. Aradan seneler geçmesine rağmen, zaman zaman "ben bunu nereden biliyorum?" diye sorduğumda; hep "Ulvi Bey'in anlattıkları şeyler" diyorum. Ulvi Uraz'la aynı sahneyi paylaştığım oyuncular arasında Erdal Özyağcılar, Yavuz Şeker, Ercan Yazgan gibi değerli oyuncular vardı. O kuşağın bir özelliği vardı; bizler her tiyatroya oyuncu olarak gitmezdik. Ya Ulvi Uraz, ya AST ya da Dostlar Tiyatrosu'nda çalışırdık. Vodvil oynamazdık. Şimdi böyle bir şey yok!

Oyunculuk devam ediyor...
Yaprak Dökümü, Eskici ve Oğulları'nda (Biz Eskici Dükkânı olarak oynuyoruz)'nda oynuyorum. Öyle bir tesadüf ki, *Eskici ve Oğulları* 1968 senesinde sahneye konduğunda ben oyunun şivelerinden sorumluydum. Aradan kırk sene geçti ve ben oyunda oynuyorum.

Ve Theodora...

En son üzerinde çalıştığım Theodora diye bir oyunum var. Seyir Oyunları'ndan mitolojiye geçmek istedim. Bu bir oyun değil, çeşitli bölümleriyle 15 bölümlük bir zincir oyun. Bir bölümü de Bizans Tiyatrosu. Önce onu yapıp, diğerlerine sonra geçeceğim. Theodora Bizansça bir kelime, Allah vergisi demek. Theodora'nın hayatı çok ilginç. 20 yıldır bu oyunla uğraşıyorum. Sahneye koymak yedi yılımı aldı. Her bölüm ayrı mekânlarda geçecek. Hipodrom, Ayasofya, Beyazıt Meydanı gibi 15 ayrı mekânda geçecek.

Tiyatro bağımsız olmalı...

Günümüz gençleriyle bizler arasında kuşak farkı değil, teknoloji farkı var. Bizler kitaptan, dergiden kısacası matbuattan geliyoruz, yani okuyarak öğrendik. Ve şöyle diyoruz: "düşünüyor insanlar", şimdikiler ise, televizyondan, internetten geldikleri için "görünüyor insanlar" diyorlar. Çelişki bu.

Ben, mesleğimi çok seviyorum; gece gündüz kafa yoruyorum. Çünkü düşünüyorum ki, tiyatro hangisi? İkisi de değil. Edebiyat değil, sinema değil... İnsanın yine insana karşı kullanıldığı bir meslek olduğu için tiyatronun ayrıcalığı var. Tiyatro bağımsız olmalı, ayakları üstünde durmalı, seyircisiyle ilişkisini kuran bir sanat dalı ve meslek olduğunu haykırmalı. Bakınız, mesala bütün yazarlar, roman, şiir ve hikâye yazanlar entellektüel olduklarını ispatlamak için oyun yazarlar. Viktor Hugo da bunlara dahildir...

Türk Tiyatrosu'nun sorunu felsefidir...

Türk Tiyatrosu'nun felsefesi, ironisi, üslubu, kökündeki kültüründen kopmuşluğudur. Bunu şöyle anlatabilirim: Kerbela'yı düşünün; Hüseyin'in yetmiş ferdi öldürülüyor, sıra kendisine gelinceye kadar. Neyi öğreniyor? sabretmeyi. Bundan büyük trajedi var mıdır? Hangi trajedi buna yaklaşabilir? Bizim tarihimiz, kültürümüz, felsefe derken bunu demek istedim. Topluma bakabilmek. Burada tiyatro yazarına büyük iş düşüyor. Kemal Tahir yaşarken dışarıdan gelen bir yazar "romancıyım" diyerek Kemal Tahir'den görüşmek için randevu istiyor. Kemal Tahir'de "200 yıllık bir milletten romancı mı olur" diyor. Şu hayran olduğumuz kültür, kültür değil. Amerikan kültürü pragmatik bir kültür. Buna özenerek bir yazar ne yazabilir? Hiçbir şey yazamaz, bundan bir şey olmaz. Tarih bunu gösteriyor. 1947 yılında Harvard Üniversitesi'nde bir felsefe toplantısında "Bir Amerikan Felsefesi'nden bahsedilebilir mi?" diye bir soru sorulduğunda oturumdaki herkes gülüyor. Ama bugün edilebiliyor. Ancak bu felsefe, felsefe değil, pragmatik bir felsefedir, insana hayır getirmez. Yani, satıyorsa her şey iyidir demek anlamına gelmez.

Yaygınlık ve saygınlık...

Bazı oyunlar yazarını çok popüler yapar. *Düğün ya da Davul* oyunu da beni popüler yapan bir oyunumdur. *Alpagut Olayı* da Almanya'da oynadığı zaman büyük yankı yaptı. Yaygınlık ve sagınlık ters orantılıdır. Her yaygın olan saygın olan anlamına gelmez. Beni ben yapan şudur. Sokrat demiş ki: "Doğru adam işini doğru yapandır". Ben mesleğimi doğru yapıyorum, severek yapıyorum, o da beni seviyor.

Tiyatro eleştirmeni...

Eleştirmen yol gösterici olmalı, kutup yıldızı gibi. Eleştirdiği adamdan daha bilgili olmalı. Bir yazar düşünebilir misiniz ki, kendinden daha akıllı bir tip yapsın. İşte eleştirmenle yazar arasındaki çelişki bu. Bizde küfür edebiyatı çok fazla. Her şeyi mantığa ve akla dayandırmak lazım. Eleştiri tiyatronun bir parçasıdır. Akıllı bir eleştiriyi kim yadsır?

Daha lise sıralarında yönetmenliğe soyunan,
Türk tiyatrosunda ilkleri başaran bir yönetmen:

IŞIL KASAPOĞLU

"Sanatın, sanatçının yanında" ilkesiyle hareket ederek sanat dünyasında payına düşen sorumluluğu yerine getirmeye çalışan Akbank, 1995 yılında Akbank Sanat Prodüksiyon Tiyatrosu'nu kurmuş. Akbank Sanat kapsamında faaliyet gösteren Akbank Sanat Prodüksiyon Tiyatrosu'nun çekirdek kadrosunda şu sanatçılar var: Yönetmen Işıl Kasapoğlu, oyuncular Tilbe Saran, Köksal Engür, Cüneyt Türel.

Berlin'de her sene düzenlenen Diyalog Tiyatro Festivali'ne katılan Krapp Bana Mektup Yazmış adlı oyunu seyretmiş ve oyunculardan Cüneyt Türel, Selçuk Yöntem, Bekir Aksoy, Tilbe Saran ve yönetmen Işıl Kasapoğlu ile söyleşi yapmıştım.

İzmir doğumlu Işıl Kasapoğlu, Galatasaray Lisesi'nde tamamladığı ortaöğreniminden sonra Paris Sorbonne Üniversitesi Tiyatro Bölümü'nü 1981'de bitirmiş. Paris Devlet Konservatuarı Pierre Vial atölyesinde çalışmış, birçok yönetmene asistanlık yapmış. 1978–93 yılları arasında Fransa'da gerek kendi kurduğu Theatre a Venir'de (1983) gerekse Chaillot Devlet Tiyatrosu'nda birçok oyun yönetmiş. Devlet Tiyatrosu, İstanbul Şehir Tiyatroları ve İzmit Şehir Tiyatrosu'nda yönettiği oyunların yanı sıra, özel tiyatrolar ile de çalışmış. Halen Devlet Tiyatroları'nda yönetmen olarak görev yapan Kasapoğlu, İzmit Şehir Tiyatrosu'nu ve Semaver Kumpanya'yı kurdu. Ödenekli ve özel tiyatrolarda birçok oyun sahneledi. İ. B. Şehir Tiyatroları'nda 1987'de sahnelediği *İki Efendinin Uşağı* ile "Kültür Bakanlığı En İyi Yönetmen Ödülü", 1989'da aynı tiyatoda yönettiği *Kral Lear* ile de "Avni Dilligil En İyi Yönetmen", 1993–94 Tiyatro Eleştirmenleri Birliği İstanbul Jürisi ile 1994–95 "Kültür Bakanlığı En İyi Yönetmen Ödülü" ve *Sevilmek* adlı oyunuyla da 2000 "Afife Jale En İyi Yönetmen Ödülü"ne layık görüldü.

Tiyatroya Galatasaray Lisesi'nde başladım...

Galatasaray Lisesi'nde okurken Tiyatro Kolu Başkanı idim. Lisenin son yıllarına doğru oyunlar sahnelemeye başlamıştım. Ve zaman içinde bu çalışmalarım genişledi. Türkiye'nin o günleri çok politikti. Bizler de doğal olarak politize olmuştuk. Tiyatroyla yaşama katkıda bulunmak için çaba sarfediyorduk. Galatasaray Lisesi'nde iken, 1974 yıllarında, Şehir Tiyatroları'nda maaşlı olarak çalışmaya başlamıştım. O günden bu güne kadar da aralıksız 33 yıldır hiç durmadan sadece tiyatro yaptım.

Paris Sorbonne Üniversitesi Tiyatro Bölümü

Paris Sorbonne Üniversitesi'nde tiyatro eğitimi aldığım yıllarda benim ustam dediğim Mehmet Ulusoy vardı. 5–6 yıl onun asistanlığını yaptım. Daha sonra Paris'e sinema okumaya Yavuzer Çetinkaya gelmişti. Onun dışında Paris'e tiyatro okumaya gelen birçok genç arkadaşlar da oldu. 1983 yılında Paris'te Theatre a Venir adı altında kendi tiyatromu kurdum. Ödenekli bir Fransız tiyatrosu idi kurduğum. Fransızlarla Fransızca oynanan oyunlar yönetmeye başladım. Ben hiç oynamadım, sadece yönetmenlik yaptım. O grupla 20–30 kadar oyun yönettim. Bütün Avrupa'yı dolaşıp oyunlar sergiledik. Dünya festivallerine katıldık. O yıllarda Mehmet Ulusoy'dan sonra Fransız devletinden resmi ödenek alan tek Türk tiyatrosu benim tiyatromdu. Türk tiyatrosu derken, Fransız tiyatrosu fakat Türk yönetmen tarafından yönetilen Fransız tiyatrosu demek istiyorum.

Hem Paris hem de Türkiye'de oyunlar yönettim...

1983 yılında Paris'te kurmuş olduğum Theatre Venir'de sergilediğim oyunların dışında zaman zaman İstanbul Şehir Tiyatrosu'nda da yılda bir oyun yönetmeye başlamıştım. 1987 yılında *İki Efendinin Uşağı* oyunuyla "Kültür Bakanlığı En İyi Yönetmen Ödülü"nü kazandım. 1990 yılında *Kral Lear* oyununu yine İstanbul Şehir Tiyatroları'nda yönettim ve "Avni Dilligil En İyi Yönetmen Ödülü"nü aldım. Sırasıyla 1991'de *Müfettiş*, Gülriz Sururi Tiyatrosu'nda Tiyatrocu, 1993 yılında Bakırköy Belediye Tiyatrosu'nda yönettiğim *Barış* oyunuyla da "Tiyatro Eleştirmenleri Birliği İstanbul Jürisi Ödülü"nü aldım.

Rejisör olarak Devlet Tiyatroları'nın bünyesine katıldım.

Hem Paris'te hem de Türkiye Devlet Tiyatroları'nda çalışmalarımı sürdürüyordum. Ve rejisör olarak Devlet Tiyatroları'na katıldım. Sırasıyla 1994 yılında Diyarbakır Devlet Tiyatrosu'nda *Macbeth, Korku* oyunlarını, Trabzon Devlet Tiyatrosu'nda *Venedik Taciri*, 1995'de yine Diyarbakır Devlet Tiyatrosu'nda *Onikinci Gece, Kısasa Kısas*'ı yönettim. O günden bu güne kadar hem Devlet Tiyatroları'nda, Anadolu'nun çeşitli şehirlerinde, Trabzon, Diyarbakır, Adana, Antalya gibi kentlerde oyunlar sergiliyorum. Bunun dışında özel tiyatrolarda da oyunlar yönetiyorum; Akbank Sanat Tiyatrosu, Oyun Atölyesi, Haluk Bilginer–Zuhal Olcay gibi... Bir de İzmit Şehir Tiyatrosu çalışmalarım oldu. Son dönemde de Semaver Kumpanya'yı kurdum. Burada, en başta genç tiyatroculara kapıları açtım. Şimdi hepsi birer usta oyuncu oldu. Burada 45–50 kişilik bir tiyatro grubu oluştu.

İlkelerim...

Aksanat'ta yönettiğim oyunların hepsi ilk defa Türkiye' de oynanan oyunlardır. Gerek Aksanat gerekse Semaver Kumpanya grubuyla yaptığım çalışmalarda Türk tiyatrosuna örnek olmaktı. Sergilediğimiz oyunların tercümelerini hep kendimiz yaptık. Biz ilkleri seven bir grubuz. Devamlı şikâyet halinde olan tiyatroculara örnek olmak istedik. Yani bu yapılabilir Türkiye'de; gerçekten istenirse. Çünkü bizdeki genel geçerli kaide, "çok ürün vermeden konuşmaya yöneliktir." Hep şikâyet halindeyizdir. Bunları kırmak için yaptık bu çalışmaları. Çünkü her gün genç arkadaşlar yetişiyor. Onların yetişmelerine destek oluyorum. Bir an önce yetişseler de bizleri kenara bıraksalar diye uğraşıyorum. 70–80 oyun yönettim, yoruldum. Hepsinde de kendi içimde kendimle savaştım. Şimdi artık gençlerin gelmesi lazım. Çünkü Türk tiyatrosunun buna ihtiyacı var. Bizler Türkiye'de çok azız. Daha çok tiyatrocuya ihtiyaç var. Türkiye'de bütün görsel sanatları, bale, devlet tiyatrosu, şehir tiyatrosu, bütün bunları bir araya getirin 2.000–2.500'ü geçmez. Bu sırf Paris'te 90 bin kişidir. Yani böyle bir karşılaştırma yaptığımızda biz çok azız. Türk tiyatrosunun gelişmesi için bu sayının çoğalması gerek! Arada rekabet olabilmesi için daha çok oyuncu, daha çok dekoratör, daha çok yönetmen şart. Bizler daha İstanbul'u tiyatroya doyuramadık ki sıra gerçek anlamda Anadolu'ya gelsin. Anadolu'nun çok ihtiyacı var. Gidilse de tamamıyla ticari kaygılarla gidiliyor. Ticari kaygılar nedeniyle de nitelik tamamen bitmiş durumda; nicelik önem kazanmış.

Türk tiyatrosu daha çok genç...

80–100 yıllık tiyatroyuz. Tiyatromuz daha çok genç. Fransa'ya, İtalya'ya baktığımız zaman 15–16. yüzyıldan kalan Shakespeare, Molier'den söz edersek, Türkiye'de tiyatro sanatı daha çok yenidir. Bizde de aktörler var olmalı. Fakat sayısı çok az. Mesele bizim daha iyi, daha kötü olduğumuz değil; henüz çok az olmamız. İlk amacımız sanat dalında çoğalmamız. Halk dansı yapanda az, tiyatro yapanda az.

Yönetmen olarak çalışma sistemim...

Ben katı kuralları olan bir yönetmen değilim. Ben oyuncuya sahnede eşlik ederim. Oyuncu bana bir şey verdiği anda ben de ona veririm. Oyuncu bana bir şey vermiyorsa zaten bir şey çıkmaz ortaya. Ben oturup yöneten biri değilim. Oyuncuyla beraber yaşayan, oyunu oyuncuyla beraber yapan bir yönetmenim. Yani oyuna ve oyuncuya eşlik ederim. Diğer arkadaşlarımın aksine okuma provası yapmam. İlk günden sahneye oyuncularla çıkarım. Çünkü benim için oyun ancak sahnede oynandığında gerçek anlamda anlaşılabilir hale gelir. İlk üç günde de oyun sahnede oynayarak, açıklamalar yaparak okunur. Masa başında okuyarak gerçek anlamda anlaşılacağını düşünmüyorum. Ancak oyuncuların ağzından tekrar can kazandığı zaman anlaşılacağını düşünüyorum. O yüzden hemen sahneye çıkıyorum ve ilk üç günü sahnede geçiriyorum.

Tiyatro eleştirmenliği üzerine...

Tiyatro eleştirmenliği bir anlamda çok önemli, bir anlamda da hiç önemli değil. Tiyatro eleştirmeni, gerçekten bilgi birikimiyle dolu, söylediği şeyi tartabilecek gücü var olan, belli bir sürekliliği bulunan ve yazdıklarıyla bir şeyler değiştirebiliyorsa; tiyatro eleştirmenidir. Bizde her hafta yeni bir eleştirmen çıkıp, üçüncü hafta da yok oluyor. Sürekliliği yok. Önemli tiyatro eleştirmenlerimiz var, yok değil. Onlar da zaten biliniyorlar. Onların dışında, her işimizde olduğu gibi bunu da çocuk işine çevirdik. Her hafta yeni birileri yazıyor, üç hafta sonra yazmıyor. Eleştirmen aktörden, yönetenden ya da dekaratörden daha bilgili olması gerekiyor. Ben zaten 3–5 eleştirmenin dışında yazılanları okumam. Çünkü bir anlamı yok yazılanların.

Eleştirmen oyuncunun sırtındadır...

Eleştirmenler tiyatrocu var oldukları zaman var olurlar. Oyuncu yoksa eleştirmen de yoktur. Eleştirmen oyuncunun sırtındadır. Eleştirmenin değeri yarattığı oyuncuyla, var olmasını sağladığı grupla, herhangi bir aktörü yurtdışında tanıtabilmiş olmasıyla, desteğiyle kurdurmuş olduğu tiyatro ile ölçülür. O yüzden eleştirmenlik cesaret ister. Bizim mesleğimizde önemli bir şey vardır; o da sürekliliktir! Bir eleştirmen 10–15 yıl devamlı yazmış ise ona ancak yavaş yavaş eleştirmen denilir.

Oyuncunun kuklalaşması...

Bazı yönetmenler vardır, oyuncuları kendi istedikleri yönde hareket ettirirler. Oyuncuyu bir materyel olarak kullanırlar. Yani eli kolu bir ipe bağlıdır, ipleri de yönetmenin elindedir, oyuncular kukladan ibarettir. Benim böyle bir yönetim tarzım yoktur. İplerin yönetmenin elinde olduğu oyunların ille de kötü olacağı anlamına gelmez. Örneğin Robert Wilson oyuncuya hiçbir hak vermez. Her şeyi kendisi yapar. Oyuncu onun söylediklerinin bir adım dışına çıkamaz. Kafasını sağa döndür dediğinde oyuncu sola döndüremez. Burada yönetmen oyuncuyu materyel bir obje olarak kullanır. Ancak sonuca bakmak gerekir. O anlatmak istediğini öyle anlatır. Bizim burada eleştiri hakkımız olamaz. Mühim olan onun anlatmak istediğini anlatması, bizim de onun anlatmak istediğini anlamış olmamızdır. Tiyatroda o yanlış, bu yanlış, bu doğru yoktur; iyi vardır, kötü vardır. Seversin veya sevmezsin. İşte eleştirmen kötü diyebilmesi için kendisinin çok iyi olması lazımdır.

Tiyatrolara yardımın kesilmesi...
Bu işte de bir yanlış anlaşılma var. Devlet direkt olarak ödenekleri kesmek gibi bir şey aklına getirmedi. Bu bütün dünyada böyledir. Fransa'da da Almanya'da da ödenekler kar amacı gütmeyen kuruluşlara verilir. Yani toplumsal yararlı kamu kuruluşlarına verilir. Tiyatro için kazanılan paranın tekrar tiyatroya dönüşmesi gerekir. Yani o paradan alıp kendimize araba veya apartman alamayız. Maaş alabiliriz ancak. Bizde hâlâ kamu tiyatrosu ve ticari tiyatrosu ayırımı yapılmadığı, aynı havuzdan yararlanıldığı için, ticaret yapan da, kamu tiyatrosu da aynı ödenekten yararlanıyor. Can sıkıntısına hoşça vakit geçirmek, karşı yapılan tiyatro ticari tiyatrodur. Avrupa Birliği, "siz özel şirketlere para ödeyemezsiniz!" deyince, bunlar da "doğrudur, bizim özel tiyatrolara ödenek ödeme hakkımız yok, kesiyoruz" dediler. Ya özel şirketler vasıflarını değiştirip, tiyatrodan kazandıklarını tekrar tiyatroya yatırma şeklinde tekrar örgütlenecekler ve ödenek almaya hak kazanacaklar ya da devlet kanun değiştirip özel tiyatrolara da ödenek yapma durumuna getirilecek. Bu durum siyasi bir durum değildir. Bakanlık bunu keserse korkunç bir şey olur. Kültürü tamamen gözden çıkarmış olur. Ödenek kesildi diye yaygara koparılıyor, fakat gerçeği kimse konuşmuyor. Gerçek çok basit. IMF, "özel şirketlere devletin parasını veremezsin" diyor. Buna uymak zorundayız...

Işıl Kasapoğlu'nun tarih sırasına göre yönettiği oyunlar:

1983– Theatre a Venir' i kurdu.

1984– *Bir Varmış Bir Yokmuş* – I. Kasapoğlu, Chaillot Devlet Tiyatrosu, Paris

1985– *Nasreddin Hoca* – I. Kasapoğlu, Teatre a Venir, Paris

1986– *Rock a Fils* – I. Kasapoğlu, Chaillot Devlet Tiyatrosu, Paris; *Grimmoire de Grimm* – R. Soudee, Th. a Venir, Paris; *Zaman Zaman İçinde* – I. Kasapoğlu, Theatre a Venir, Paris

1987– *İki Efendinin Uşağı* – C. Goldoni, İstanbul Şehir Tiyatrosu, "Kültür Bakanlığı En İyi Yönetmen Ödülü"

1988– *Misafir* – B. Erenus, Th. a Venir, Paris

1989– *Benim Küçük Üçkâğıtçım* – S. Wenström, Zeynep Avcı, Theatre a Venir, Paris

1990– *Kral Lear* – W. Shakespeare, İstanbul Belediyesi Şehir Tiyatroları, "Avni Dilligil En İyi Yönetmen Ödülü"

1991– *Müfettiş* – N. Gogol, İstanbul Belediyesi Şehir Tiyatroları; *Tiyatrocu* – G. Sururi, Gülriz Sururi Tiyatrosu

1992– *Abelard ve Heloise* – R. Duncan, Theatre de Cluny; *Paris Bir Tek Daha* – H. Pinter, Theatre Guichet, Montparnasse, Paris

1993– *Barış* – Aristophanes, Bakırköy Belediye Tiyatrosu, "Tiyatro Eleştirmenleri Birliği İstanbul Jürisi Ödülü"

1994– *Macbeth* – W. Shakespeare, Diyarbakır Devlet Tiyatrosu; *Korku* – O. Asena, Diyarbakır Devlet Tiyatrosu

Venedik Taciri – W. Shakespeare, Trabzon Devlet Tiyatrosu "Tiyatro Eleştirmenleri Birliği İstanbul Jürisi Ödülü"

1995– *Onikinci Gece* – W. Shakespeare, Diyarbakır Devlet Tiyatrosu; *Çöplük* – T. Nar, Tiyatro Stüdyosu *Kısasa Kısas* – W. Shakespeare, Diyarbakır Devlet Tiyatrosu "Tiyatro Eleştirmenleri Birliği İstanbul Jürisi Ödülü"

1996– *Histeri* – T. Johnson, Tiyatro Stüdyosu; *Abelard ve Heloise* – R. Duncan, Aksanat Prodüksiyon Tiyatrosu

1997– *Gılgamış* – Z. Avcı, Ankara Devlet Tiyatrosu; *Ayı* – A. Cehov, Adana Devlet Tiyatrosu; *Antigone* – Sophocles, Akademi İstanbul

1998– *Hamlet* – W. Shakespeare, İzmit Şehir Tiyatrosu; *Alacaklılar* – A. Stringberg, Aksanat Prodüksiyon Tiyatrosu; *Evlenme* – A. Çehov, İzmit Şehir Tiyatrosu; *Şeytanlar* – J. Whiting, Akademi İstanbul; *Cyrano de Bergerac* – Edmond Rostand, İstanbul Devlet Tiyatrosu

1999– *Molly S* – Brian Friel, Aksanat Pr. Tiyatrosu; *Bernarda Alba'nın Evi* – F. Garcia Lorca, Akademi İstanbul *Kısa Oyunlar* – A. Çehov, Akademi İstanbul; *Roberto Zucco* – B. Marie Koltes, İzmit Şehir Tiyatrosu

2000– *III. Richard* – W. Shakespeare, Ankara Devlet Tiyatrosu; *Bin Varmış Hiç Yokmuş* – I. Kasapoğlu, Akbank Çocuk Tiyatrosu; *Sevilmek* – Bilge Karasu, Aksanat Prodüksiyon Tiyatrosu; "Afife Jale Tiyatro Ödülleri – En İyi Yönetmen Ödülü", "Tiyatronline Seyirci Ödülleri En İyi Yönetmen Ödülü", *Bildirim* – Vaclav Havel, Akademi İstanbul; *Şapka* – Tuncer Cücenoğlu, İstanbul Devlet Tiyatrosu; *Ayrılış* – Tom Kempinski, Oyun Atölyesi

2001– *M. Knepp* – Jorge Goldenberg, Aksanat, Neyzen – Tuncer Cücenoğlu, Tiyatro Kare

Bin Varmış Hiç Yokmuş – Işıl Kasapoğlu, İzmit Şehir Tiyatrosu; *Örnek Suçlar* – Max Aub, Akademi İstanbul
Efrasiyab'ın Hikâyeleri – İhsan Oktay Anar, İstanbul Devlet Tiyatrosu

2002– *Ben Anadolu* – Güngör Dilmen, Antalya Devlet Tiyatrosu; *Tek Kişilik Şehir* – Behiç Ak, Aksanat Prodüksiyon Tiyatrosu; *Ermişler ya da Günahkârlar* – Anthony Horowitz, Oyun Atölyesi
Siyah Beyaz Dinleti – Zuhal Olcay, Oyun Atölyesi; *Batı Rıhtımı* – Bernard Marie Koltes, Akademi İstanbul
Semaver Kumpanya – Çevre Tiyatrosu'nu Kurdu; *Nasreddin Hoca* – Işıl Kasapoğlu, Semaver Kumpanya
Onikinci Gece – W. Shakespeare, Semaver Kumpanya; *Kuşlar Meclisi* – Ferüdiddin–I Attar, Semaver Kumpanya
Memo'nun Önlenemez Yükselişi – Zeynep Avcı, Semaver Kumpanya

2003– *Cimri* – Moliere, Adana Devlet Tiyatrosu; *Dido ve Eneas* – Henry Purcell, Barok Opera, Semaver Kumpanya; *Cimri* – Moliere, Akbank Çocuk Tiyatrosu; *Murtaza* – Orhan Kemal, Semaver Kumpanya *Kır* – Martin Crimp, İstanbul Devlet Tiyatrosu; *Fernando Krapp Bana Bir Mektup Yazmış* – Tankred Dorst, Aksanat Prodüksiyon Tiyatrosu

2004– *Kuru Gürültü* – W. Shakespeare, Adana Devlet Tiyatrosu; *Onikinci Gece* – W. Shakespeare, Trabzon Devlet Tiyatrosu; *Mem ile Zin* – Cuma Boynukara, Semaver Kumpanya; *Ay Operası* – Carl Orff, Akbank Çocuk Tiyatrosu; *Diktat* – Enzo Cormann, Semaver Kumpanya; *Cimri* – Moliere, Oyun Atölyesi

Çok Yaşa Komedi – Anton Çehov, İstanbul Devlet Tiyatrosu; *Mucizeler Komedisi* – Kurtçebe Turgul, Mos Production
2005–2006 – *Bir Varmış Hiç Yokmuş* – I. Kasapoğlu, Aysa Prodüksiyon Tiyatrosu; *Masal Masal İçinde* – I. Kasapoğlu, Akbank Çocuk Tiyatrosu; *Ördek Muhabbetleri* – David Mamet, Akbank Prodüksiyon Tiyatrosu
Hayvanlar Karnavalı – Camile St. Sense, İş Sanat; *Nathalie* – Philippe Blasband, Aysa Prodüksiyon Tiyatrosu
Trainspotting – Irvine Welsh, Semaver Kumpanya; *Fırtına* – W. Shakespeare, Semaver Kumpanya; *Alis Harikalar Diyarında* – L. Carol, Akbank Prodüksiyon Tiyatrosu; *Antiloplar* – Henning Mankell, Akbank Prodüksiyon Tiyatrosu; *Düğün Şarkısı* – Civan Canova, İzmir Devlet Tiyatrosu

**FİDEL CASTRO'nun verdiği
on doları kabul etmeyen
oyuncularımızdan**

İLKAY SARAN

1948 Antalya doğumlu. 40 sene Devlet Tiyatroları'nda oyuncu olarak görev yaptıktan sonra emekli olmuş. Bu 40 yıllık görevi süresince 100'ün üzerinde oyunda oynamış. Yine aynı seneler içinde özel tiyatrolarda da konuk sanatçı olarak oynamış. Örneğin, Ankara Meydan Sahnesi, Dormen Tiyatrosu, Tiyatro Kare, Tiyatro İstanbul... Oynadığı oyunlardan bazıları: *Onikinci Gece, Şehirli Kız, Çöl Faresi, Deli, Yollar Tükendi, Vur Emri, Ezik Otlar, Evlere Şenlik, Çil Horoz, Akvaryum, Gölge Ustası, Yaralı Geyik, Sekiz Kadın, Oyunun Oyunu, İdeal Bir Koca* ve benim de seyrettiğim *Gönül Hırsızı*... Oynadığı son sinema filmi *Beyaz Melek*. Bu filmin yapımcısı Mahsun Kırmızıgül, bu güzel filmde Türk Tiyatrosu'nun birçok sanatçısına yer vermiş. Yıldız Kenter, Nejat Uygur, Toron Karacaoğlu, Arif Erkin ve İlkay Saran gibi...

İlkay Saran'ın oynadığı sinema filmleri içinde bir de 2004 senesinde Küba'da çekilen, Ferhan Şensoy'un da oynadığı *Şans Kapıyı Kırınca* var. Söyleşimize bu fimin Küba'da çekimleri sırasında yaşanan bir ilginç anıyla başlamak istiyorum.

Fidel Castro'nun Ferhan Şensoy ve ekibine gönderdiği ücret...

Oynadığım son sinema filmlerinden biri *Beyaz Melek*, diğeri ise 2004 yılında Küba'da çekilen *Şans Kapıyı Kırınca*. Benden başka Ferhan Şensoy, Asuman Dabak, Zeki Alasya, Rasim Öztekin, Ayça Tekindor, Sinan Çetin, İpek Tuzcuoğlu, Alev Sezer, Tamer Karadağlı, Mehmet Ali Alabora gibi sanatçılarımız vardı. Sette filmin çekimi sırasında, Fidel Castro tarafından gönderilen bir görevli, elinde bir sürü zarfla geldi. Zarflar tüm oyunculara dağıtılması için Fidel Castro tarafından gönderilmişti. Yönetmen Ferhan Şensoy için 20, biz oyuncular için 10, teknikte çalışan arkadaşlar için de 5 dolar konmuştu zarfların içine. Bizler kabul etmeyip Fidel Castro'ya geri gönderdik. Fakat aynı zarflar Fidel Castro tarafından yazılmış bir notla tekrar bize geri gönderildi. Castro şu notu düşmüştü:

"Topraklarımda çalışan hiçbir işçinin emeği karşılıksız kalamaz. Ülkemde çekim yaptığınız için teşekkür ederim. Fidel Castro"

Castro'nun bizzat kendisinin yazdığı bu güzel cümle bizleri etkilemişti. Bu mektup üzerine, bizlere gönderilen bu ücreti kabul ettik. Fakat gönderilen paranın tamamını Küba'da bir tiyatroya bağışladık.

Kitaplar içinde, edebiyatla büyüdüm...

Annem ve babam, her ikisi de öğretmendiler. Babamın kitapları içinde büyüdüm. Dedem, Ankara Atatürk Gazi Lisesi'nde edebiyat öğretmeniydi. Nurullah Ataç'la beraber Türk Dil Kurumu'nun ilk kurucularındandır. Kendisi Bor'ludur.

Her yıl adına anma günü yapılır Bor'da. İşte benim çocukluğum böyle bir aile içinde, edebiyatla haşır neşir olarak geçti. Ailmizde benden başka oyuncu yok, ben ilk oldum. Sanıyorum bunun nedeni edebiyata düşkünlüğüm olsa gerek.

9 yaşında sahneye çıktım...

Ben, Ankara'da tiyatroya başladım. O yıllarda Ankara sanatın da başkentiydi. İlk Devlet Balesi, İlk Klasik Türk Musiki Konservatuarı gibi yüksekokulların açılışı hep Ankara'da olmuştur. Ben 9 yaşında *Mavi Kuş* adlı çocuk oyunuyla profesyonel oldum. Ben oynadığım ilk oyunum dahil, hep oynadığım oyunlardan para kazandım. Bilinçli olarak ise Cüneyt Gökçer, Melek Ökte gibi diğer birçok usta oyuncunun yanında Schkespear'ın *Onikinci Gece* adlı oyununda oynadım. İlk çıkışımda da heyecandan repliğimi unutmuştum. Çünkü Devlet Tiyatrosu'nun ustaları önünde heyecanlanmıştım.

Konuk oyuncu olarak...

Ankara Devlet Tiyatrosu'nda, 20–21 yaşlarında oyuncu iken, beni seyreden özel tiyatro sahiplerinin istekleri üzerine başka tiyatrolarda konuk oyuncu olarak oynuyordum. Örneğin Haldun Dormen beni seyrettikten sonra tiyatrosuna çağırmış ve onunla *Sakatra Dallarındaki Rüzgâr* adlı oyunda oynamıştım. Bu oyunla Sanat Severler Derneği'inin ödülünü almıştım.

Cüneyt Gökçer...

Usta oyuncu ve yönetmen Cüneyt Gökçer, benim 20 sene genel müdürüm oldu. Bir müessese de bu kadar uzun süre genel müdürlük yapmış kişi çok azdır. Tiyatro terbiyem, tiyatro disiplinim, tiyatro sevgim, İngiliz, Fransız, Alman tiyatrolarına vakıf olmam ve onlarla ilgilenmem hep Cüneyt Gökçer sayesinde olmuştur. Ancak onunla aynı oyunda oynayamadım. Çünkü o, genelde yerli oyunlarda oynamadı. Genellikle klasik oyunlarda oynardı. Ben de öğretmen bir ailenin vermiş olduğu eğitim ve tiyatronun ancak Türk yazarlarıyla olabileceğine inandığım için hep yerli oyunlarda oynamayı tercih etmişimdir.

Oynadığım bazı oyunlar...

Gönül Hırsızı, İdeal Bir Koca, Oyunun Oyunu, Sekiz Kadın, Yaralı Geyik, Gölge Ustası, Akvaryum, Çil Horoz, Evlere Şenlik, Ezik Otlar, Vur Emri, Yollar Tükendi, Deli, Çöl Faresi, Oyun Karıştı, Şehirli Kız ve *Onikinci Gece... Oyun Karıştı'*da Haldun Dormen'le oynadım. Bu oyunda da Afife Jale En İyi Komedi Kadın Oyuncu Adayı gösterilmiştim. Bunun dışında televizyon için çekilen *Dadı* dizisinde beraberdik.

Oynadığım bazı filmler...

Beyaz Melek, Aşk Yeniden, Ahududu, Şans Kapıyı Kırınca, Azize, Büyümüş de Küçülmüş, Dadı, Zühre, Gurur, Hayatın İçinden, Hiçbir Gece, Afife Jale ve *Çalıkuşu...*

Oyuncu çok, sahne az...

Bütün üniversitelerin konservatuar bölümleri var. Genç oyuncularda müthiş bir çoğalma var. Mezun oluyorlar, ancak çalışacak sahne bulamıyorlar. Devlet Tiyatrosu'nun bu yeni mezun olanların hepsini bünyesine katması imkansız. Ancak ben bu çoğalmayı olumlu buluyorum. Tabiki bu gençlerin televizyonda da oynama imkanları var. Bizim zamanımızda sadece tiyatrolarda oynama imkanı vardı. Şimdi ise ekonomik koşullar nedeniyle sanatçıların çoğu televizyonu seçiyorlar. Çünkü televizyonda para kazanılıyor. Tiyatrodan ise pek kazanılmıyor. Ancak tiyatro bir tutkudur ve yaşam biçimidir.

Ziverbey Köşkü'nde ve Selimiye Kışlası'nda
devlet tarafından konuk (!) edilen
tiyatro–sinema–televizyon sanatçısı

LEVEND YILMAZ

Tiyatro, sinema ve televizyon sanatçımız Levend Yıl-
maz'la söyleşi yapmak için Beyoğlu'ndayım. Sağolsun, söy-
leşilerimde beni hiç yalnız bırakmayan abim Enver Dur-
sun'da yanımda. Her ne kadar İstanbul'da büyümüş olsam
da, Berlin'de olduğum çeyrek yüzyıl içinde İstanbul çok de-
ğişti; bir yerden bir yere gitmek için zorlanıyorum. İstan-
bul'da yaptığım 20'ye yakın söyleşi için, İstanbul kazan biz
kepçe, beraber dolaştık durduk. Onun elinde bir kırmızı
şemsiye eksikti; hani turist gezdiren rehberlerin ellerindeki
renkli şemsiyelerden. Evet, biz dönelim Levend Yılmaz'a...

Sıraselviler'deyiz, aynı sokakta Çiçek Arif'in yeri var. İçe-
ri girip oradaki kişilerle selamlaşıp Çiçek Arif'i, yani Arif
Keskiner'i soruyorum. "Şu anda yok" diyorlar. Selam bıra-
kıp çıkıyoruz. Hemen karşı sırada Levend Yılmaz'ın zilini
çalıyoruz. Kapıyı kendisi açıyor. İçeriden taze demlenmiş

çay kokusu burnumuza geliyor. Seyirci olarak Levend Yılmaz'ı tanımam 1970'li yıllarının sonlarına rastlar. Sanıyorum *Sabotaj Oyunu* ve *Devrik Süleyman'*da seyrettim kendisini. Bunun dışında *Ah Belinda, Çıplak Vatandaş, Bir Yudum Sevgi* gibi sinema filmlerinden ve *Çemberimde Gül Oya, Kurşun Yarası, Yağmur Zamanı, Hatırla Sevgili* gibi televizyon dizilerinden tanıyorum.

Bulunduğumuz oda bir arşiv odasını andırıyor; andırıyor değil bir arşiv odası. Her yer tıklım tıklım kitap, dosya, ansiklopedi ve bir sürü notlar... notlar... Bir kişinin ancak sığabildiği fakat iki kişinin zor dönebileceği bir koğuşu andırıyor. Sanki bizler de onu koğuşunda ziyarete gelmiş kişileriz. O ise avluda voltasını yeni atıp, koğuşuna dönmüş, ısınmak için çayını demlemiş bir tutuklu. Kendisine bu düşüncelerimi söylediğim de;

"Ben 1970'li yıllardan alışıkım böyle koğuş gibi yerde kalmaya." diyor. Pek anlam veremiyorum. Ancak sohbetimiz sırasında bu söylediği anlam kazanıyor. O da, İlhan Selçuk, İlhami Soysal, Doğan Avcıoğlu gibi birçok aydın ve sanatçının, yazar ve çizerin tutuklanıp, Ziverbey Köşkü'nde misafir (!) edilip, ikram (işkence) edildiği 12 Mart Askeri Darbesi kurbanı. Onun anlatıklarına geçmeden önce, aynı köşkte ağırlanan (!) İlhan Selçuk'un *Ziverbey Köşkü* adlı kitabından bazı satırları sizlere sunmak istiyorum:

"19 Ekim Perşembe 1972. Tarihi belleğime yazıp, duvara bir çentik attım. Biliyordum ki burada bir süre kalacağım. İnsan dünyadan yalıtıldı mı, günlerini şaşırır.

Her güne bir çentik.

Birden korkunç bir haykırış yükseldi. Birisi avaz avaz bağırıyor. Ciğeri sökülen bir insanın ve insanın ciğerini söken bir başka insanın sesleri köşkte yankılanıyor. Eh, bize Mozart, Bethoven ya da Münir Nurettin dinletecek değiller ya!

Gardiyanım, köşkteki görevlilerin "gözlük" dedikleri şeyi gözlerime geçirdi. Siyah kumaştan yapılmış, içine ışık sızmasın diye pamuk tıkıştırılmış, iki elipsin yan yana gelmesiyle oluşan ve gerçekten gözlüğe benzeyen bu bant takıldığında dünya simsiyah oluyor.
– Geri dön ve yürü!
Gardiyanım ya da nöbetçim beni koridordaki ayak yoluna götürüyordu. Gözetim altında elde ve ayakta zincirlerle yestehlemek doğrusu ya kolay olmuyor. Taharetlenmek –tövbe estağfurullah– zorlaşıyor. Zincirlerin dışkılara dalıp çıkması ayrı bir sorun yaratıyor. Ne var ki bunlar önemli şeyler sayılmasa gerek. İşimi gördükten sonra bant takıldı, yine gözetim altında odama döndüm. Gardiyan gözlerimi açtı. Yatağa yattım. Bulaşık suyu gibi bir çay ve ekmek gelmişti..." İlhan Selçuk, *Ziverbey Köşkü.*

Kimbilir, belki de, İlhan Selçuk'un yukarıda duyduğu Ziverbey Köşkü'nde yankılanan seslerden birisi de Levend Yılmaz'dan gelmişti.

Biz, Levent Yılmaz'ın demlediği, yukarıda İlhan Selçuk'un Ziverbey Köşkü'ndeki içtiği "bulaşık suyu gibi çay" dan farklı olan çay'ını yudumlarken, sohbetimize dönelim. Ziverbey Köşkü'ne tekrar döneceğiz. Şimdilik güzel demlenmiş çayın tadını bozmayalım. Çünkü işkence ile ilgili kafamdaki soruyu sormaya cesaret edemeyip, sona saklamayı düşünüyorum.

Mimar olmak istiyordum...

1948 yılında Ankara/Ayaş'da doğmuşum. Babam subay olduğundan dolayı Anadolu'da çok dolaştık. Annem Kırım Türklerindendi. İlk ve orta okulu Anadolu'da, liseyi ise İstanbul'da bitirdim. Mimarlık okumak istedim. Fakat üniversite giriş sınavları beni Orman Fakültesi'ne itti. Bu okulu pek severek okumadım. Bu arada 1968 olayları başlamıştı. Ben de bu olayların içinde idim. Ben Türkiye İşçi Partisi'ne girmiştim. Mehmet Ali Aybar başkan idi. Parti büyük bir sarsıntı içinde idi. Ben birden, adam yokluğunda, Şişli Lisesi'nde lise sekreteri oluverdim. O aralar kahve toplantıları oluyor, mitingler yapılıyor, sohbet toplantılarında zaman zaman konuşmak zorunda kalıyordum, fakat beceremiyor, zorlanıyordum. Hep hımm, yani, efendim, falan filan diye kekeleyerek konuşuyordum. Buna çok canım sıkılıyordu. Konuşmayı öğrenmem lazım diye düşündüğüm günlerin birinde...

Dostlar Tiyatrosu...
Evet, o günlerin birinde, Harbiye'den Taksim'e yürürken, Dostlar Tiyatrosu'nun "Tiyatro Kursları" ilanı gözüme ilişti. Hemen oraya kaydımı yaptırdım. 1969 yılı yanılmıyorsam; 21 yaşında idim Dostlar Tiyatrosu'nun kurslarına başladığımda. Benden bir şiir ve parça istediler. O zamana kadar sadece tiyatro seyircisi idim. Elimde onlara sunacak oyun teksti de yoktu. Oturdum Nazım Hikmet'in İnsan Manzaraları'ndan Haydar Paşa Garı ile ilgili bir bölüme hazırlanıp sınava girdim. "Niçin tiyatro?" diye sordukları yazılı soruya verdiğim cevaptan TİP'li olduğumu anlamışlar. Meğer hepsi de TİP'li imişler. Hazırladığım Nazım Hikmet parçası da hoşlarına gidince ben sınavı kazandım. Ve böylece Dostlar Tiyatrosu'nun tiyatro kurslarına başlamış oldum. Jüride başta Genco Erkal, Şevket Altuğ, Arif Erkin, Mehmet Akan gibi değerli tiyatro yönetmen ve oyuncular vardı. O sene zaten Dostlar Tiyatrosu'nun kuruluş yılıydı. Benimle beraber başlayanlar arasında Ulvi Alacakaptan, Yavuzer Çetinkaya, Gülümser Gülhan, Erhan Gümüş, Kutay Köktürk gibi arkadaşlar vardı.

Dostlar Tiyatrosu ufkumu genişletti...
Ben bu tiyatro kurslarına konuşmayı, hitap etmeyi öğrenmek için girmiştim. Ancak bu kurslarla beraber bende müthiş bir tiyatro sevgisi oluşmaya başlamıştı. Ufkum genişlerken dünya görüşüm de oradaki kişilerle uyuşmuştu. Çünkü benim yaptığım mücadeleye yönelik çalışmalar yapıyorlardı.

Zaten Dostlar Tiyatrosu kurulurken belli ilkelere sahipti. Anadolu'da tiyatro yapmak istiyorlardı. Bir bölge tiyatrosu oluşturmak isteniyordu. Fakat Anadolu'da bunu yapamayınca İstanbul'da Harbiye'de tiyatro kurmuşlar. Fabrikalarda işçilere tiyatro yaparak işçilerimizi bilinçlendirmek istiyorlardı. Benim de istediğim tam buydu; hem politik yaşamım hem de almak istediğim eğitim. Üç sene ciddi olarak tiyatro kurslarına katıldım. Eğitmenlerimiz arasında Mehmet Akan, Genco Erkal, Günay Akarsu, Birkan Özdemir ve Metin Deniz vardı.

İlk oyun: *Alpagut Olayı...* 12 Mart...

Dostlar Tiyatrosu'ndaki iki yıl süren bu kursların sonunda, bizden bir oyun sergilememiz istendi. Bir yıl da bu çalışma sürdü. O dönem bizim bağlı olduğumuz politik etüt içinde Emek Dergisi vardı. O dergide Alpagut'ta kömür işletmelerini anlatan bir dizi yazı yayınlanmıştı. Ücretlerini alamayan işçiler fabrikayı işgal ediyorlar, üretime geçip işletmeyi kar ettirmeye başlıyorlar. Bu işyerine bizden daha deneyimli olan Haşmet Zeybek'i gönderdik. Haşmet dönünce yazdığı yazıları ve notları tartıştık; Mehmet Akan bu notları toparladı ve oyunu yazdı. Adını da Alpagut Olayı koyduk. Rahmetli Mehmet Akan'ın çok hakkı vardır bu oyunda. Biz bu oyunu oynadık. Yavuzer Çetinkaya, İdiz Baykal, Erhan Gümüş, Latif Özalp, Gülümser Günhan gibi oyuncular vardı. Fabrikalarda, düğün salonlarında işçilere oynuyorduk. Ve 12 Mart oldu, oyunu oynayamadık.

12 Mart Askeri Darbe ve Ziverbey Köşkü...

1960 Anayasası sonucu Türkiye'de yeni bir özgürlük ve aydınlanma hareketi başlamıştı. Bu nedenle insanlar baskılara başkaldırıyorlar, kendi görüşlerini açıkça belirtip mücadele ediyorlardı. Ne yazık ki 12 Mart Askeri Darbesi ile bu özgür ortam yok edildi. Onlara göre Türkiye sol düşünce ile anarşi ortamına sürüklenmektedir, sol düşünce yanlıştır ve Türkiye'yi batağa çekmektedir. Ne kadar sol düşünce içinde insan varsa gözaltına aldılar, işkence yaptılar. Darbeyi yapan komutanlar dünya kamuoyuna yaptıkları darbenin haklı olduğunu göstermek için bir beyaz kitap çıkarmışlardı. Bu kitabın en geniş bölümü ise "Sabotajlar" başlığı altında sunuluyordu. Güya işçiler ve solcular Kültür Merkezi (şimdiki Atatürk Kültür Merkezi) ve Marmara Yolcu Gemisi'ni yakmışlar, Eminönü Arabalı Vapuru'nu batırmışlardı. Bu yolla ülke ekonomisine zarar vermekteydiler. Bir sürek avı daha başlamıştı. Önce iki gemi yanıp ya da batırıldığı için Tersane işçilerine yöneldiler. Devrimci bir sendika olan Tersane–İş Sendikası yöneticilerini ve ardından da bu sendikayla ilgili aydın ve öğrencileri tutukladılar. Ben de Tersane–İş Sendikası'nda seminerler veriyordum. Bu nedenle hiçbir suçum yokken beni de tutkladılar. O dönemde ünlü olan Ziverbey Köşkü'ne götürdüler. Benim payıma Kültür Sarayı'nı yakmak düşmüştü. Daha sonra açılan mahkemede açılan dava sonucu kendimizi aklayıp, özgürlüğümüze kavuştuk. Çünkü bu üç olay da ihmal sonucu ortaya çıkmıştı. Haklarında dava açılan kimse mahkum olmadı. Yani biz suçsuzduk. 12 Mart Darbesi nedeniyle birçok aydın suçlanıp gözaltına alındı. Bu nedenle, bence Türkiye aydınları arasında en önemlisi olan Sabahattin Eyüboğlu bu nedenle kahırdan öldü.

Evet, yukarıda sormak istediğim soruyu sanırım şimdi sorabilirim...

Levend Bey, aslında bu soruyu sorup tekrar size o günleri hatırlatmak istemiyorum. Detaya da pek inmemize gerek yok. Sadece evet veya hayır da diyebilirsiniz. Ziverbey Köşkü'nde işkence gördünüz mü?

Kısa süre bir noktaya baktı...baktı... sanki bir yerlere tekrar gitmiş ve geri gelmiş gibi bana dönüp:

Evet... evet... Ziverbey Köşkü'nde işkence gördüm. Hem de bir ay... dedi.

Bu cümle, içeri girerken taze demlenmiş çay kokusunu ve sohbet sırasında içtiğimiz çay'ın keyfini aldı götürdü benden... İlhan Selçuk'un "bulaşık suyu gibi" dediği çayı hatırlattı. Bardağımda kalan çay boğazımdan geçmedi, içemedim. Ve yine kısa bir sessizlikten sonra devam etti anlatmasına:

Ve Selimiye Kışlası...
Ben, 1 ay Ziverbey Köşkü'nde işkence gördükten sonra, 14 ay da Selimiye Kışlası'nda hapis yattım. Yaşamımda, en çok deney kazandığım, çok güzel birçok insanla beraber yaşadığım dönemdir. En çok okuduğum, Fransızca öğrendiğim, kendimi geliştirdiğim bir zaman dilimi oldu benim için. Yılmaz Güney'i de orada tanıdım, bir yatak ötede yatıyordu. Sürekli sinema üzerine konuşuyorduk. Yılmaz, dört tane senaryo yazmıştı. O da özgürlüğüne kavuştuktan sonra bu senaryolardan birini filme çekti. Filmin adı *Arkadaş* idi. Oysa ben senaryolarının arasında, gizlenen bir devrimcinin bir kadınla olan aşk ilişkisini anlattığı senaryosunu çok sevmiştim.

Ziverbey Köşkü'nden Dostlar Tiyatrosuna dönüş...
Ziverbey Köşkü'nde ve Selimiye Kışlası'nda misafirliğim (!) bittikten sonra, Dostlar Tiyatrosu'na döndüm. Ben tutuklanmadan önce profesyonel kadroda *Soruşturma* adlı oyunda oynamıştım. Ben içerde iken onlar *Abdülcanbaz* adlı oyunu oynamışlar. Maddi sıkıntıdan dolayı tüm amatör kadroyu bu oyunda oynatmışlar. Ben de kadroya katıldım. Yönetim Kurulu'na seçildim. Üç kişilik Yönetim Kurulu'muz vardı: Genco Erkal, Mehmet Akan ve ben.

Genco Erkal'ın Türk Tiyatrosu'ndaki yeri...
Genco Erkal, Türk Tiyatrosu'nda çok önemli yeri olan bir tiyatro insanıdır. Hem Genç Oyuncular ile başlayan Geleneksel Tiyatro ile Batı Tiyatrosu sentezine başlamış olan ve daha

sonra Yıldız Kenter ve Müşfik Kenter'le çalışmış, bu işi çok iyi bilen insanlardan biridir Genco Erkal. Onun için Genco'yu çok önemsiyorum. Ancak Dostlar Tiyatrosu'nun devamı konusunda çok istekli olmadı. Sanıyorum biraz yoruldu. Sonra o dönemlerde ekonomik zorluklar yaşadı, kadro dağıldı. O dönemde çok politik tiyatro yapıyorduk. Sonuç olarak politik tiyatro kendini yok etmeye başlamıştı. Genco, biraz daha sanatsal işler yapmaya yöneldi. Ve bunları pek tartışmadık, ki biz o dönemlerde Dostlar Tiyatrosu'nda hep beraber karar verirdik. Fakat o, son dönemlerde kendi başına karar vermeye başlamıştı. Örneğin, oturur, herkesin ne ücret alacağı konusunu tartışırdık, birbirimize puanlar verirdik. Puanlara göre de alacağımız ücret hesaplanırdı. Demokratik bir ortam vardı Dostlar Tiyatrosu'nda. İç ve dış işlerimiz vardı. O dönemde abonelik sistemimiz vardı. Abonelerimize tiyatromuz daha ucuzdu. Nisa Serezli'de bilet otuz lira iken bizde iki liraydı. Tabii bu daha sonra bizi maddi zorluklar yaşamamıza sebep oldu.

Genco iyi de etti...

Sonuçta Genco bu sorunları tartışmadan karar aldı ve devam etti; iyi de etti. Yanlış bulmuyorum. Biz de o konuda pek becerikli olamadık. Bir araya gelip bir şeyler yapabilirdik; dağıldık, beceremedik. Genco'nun yaptıkları Türk Tiyatrosu adına olumlu işler. Örneğin, *Bir Delinin Hatıra Defteri* yıllardır Türkiye'de oynanan tek oyundu. Genco ve Mehmet Akan çok önemli işler yaptılar. Nazım Hikmet'in şiirlerinden ilk defa tiyatro yapan Genco'dur. İlk çizgi roman *Abdülcanbaz*, yani karikatürden tiyatro oyununun mimarı yine Genco'dur. Aziz Nesin'in öykülerinden oyun yapma fikri Genco ve Mehmet Akan'ın fikriydi.

Türk Tiyatrosu'nun mihenk taşları...

Tüm yukarıdaki saydığım bu olumlu işlerin kökeni hep Genç Oyuncular'a dayanır. Mesela Ergun Köknar, Atilla Alpöke gibi kişiler de vardı aralarında. Bunlar Geleneksel Tiyatro ile Batı Tiyatrosu'nu birleştirme noktasını bulup gerçekten özgün bir Türk Tiyatrosu çıkarma çabalarında çok önemli mihenk taşlarıdır.

Muhsin Ertuğrul bunu yapmadı...

Mesela çok ukala bir şey söylemek istiyorum, beni mazur görsünler; Muhsin Ertuğrul'un bunu yapmadığını bütün Türkiye bilir. O, hep Batı Tiyatrosu'nu oynatmıştır. Bu sentezi yapıp, özgün bir Türk Tiyatrosu'nu kurmak istememiştir anladığım kadarıyla. Kendisi de bunun farkında idi sanıyorum. Çok değerli çalışmalar yapmıştır Muhsin Ertuğrul. Bu olanağı vardı. Bu işi yapabilecek önemli bir tiyatro adamıydı. Bunun nedenini pek fazla bilmiyorum. Suçlamak istemiyorum, ancak yapmamış olması da canımı sıkıyor açıkçası.

Dostlar Tiyatrosu'ndaki çalışmalarım ve hatalarım...

Sabah dokuzdan gece yarılarına kadar Dostlar Tiyatrosu'nda çalışmalarımı sürdürüyor, her işi yapıyordum. Sahne dekorundan organizeye, iç işlerden dış işlere hep Dostlar Tiyatrosu için koşuşturuyordum; başka bir işim yoktu.

Bu ara büyük bir yanlışlık yaptım: Ben, "Çarşamba günü devrim yapma" hayalinde idim. Bu sosyal işleri çok ciddiye alırken tiyatroyu pek ciddiye almadım. Çok daha iyi bir oyuncu olabilirdim. Hiç o konuda çalışmadım. Bana küçük roller, ara roller verirlerdi. Benim daha iyi bir rol alayım diye bir kavgam olmadı. Reji çalışması hiç yapmadım. Nasıl reji yapılır? Oyun nasıl yorumlanır? Tiyatro akımları nelerdir? Epik tiyatroyu daha iyi öğrenebilirdim mesala... Bu konularda çalışmalar yapmadığım için gerilerde kaldım. Örneğin Ulvi Alacakaptan iyi bir oyuncu oldu, Yavuzer Çetinkaya yazarlığa soyundu; bir iki oyun yazdı. Benim bu tip çalışmalarım olmadı. Kendimi bu yönden kınıyorum. 1979 kadar

Dostlar Tiyatrosu'nun tüm oyunlarında oynadım, yaklaşık 10–12 oyun. *Soruşturma, Şili'de Av, Büyük Dümen, Alpagut Olayı, Düşmanlar, Ortak, Ezenler Ezilenler Başkaldıranlar, Sabotaj Oyunu, Bitmeyen Kavga, Gün Dönerken, Devrik Süleyman...*

Askerlik, Dostlar'dan dışlanışım...
Askerlik görevimden sonra Dostlar'a döndüm. Onlar *Tepeşir Dairesi'*ni oynuyorlardı. Beni almak istemediler. Mehmet Akan beni çok politik buluyordu. 1980'li yıllarında ben TKP'li idim. O zaman TKP illegal idi. Kimseye söylemezdim TKP'li olduğumu. O ara TİP ile TKP arasında karşılıklı bir uyuşmazlık, bir kavga vardı. Dostlar Tiyatrosu daha çok TİP'li idi. Mehmet Akan aşırı derecede TİP'li idi. Benim yaptığım her çalışmayı "TKP için yapıyorsun" görüşü vardı Dostlar Tiyatrosu grubunda. Bu durum onları rahatsız ediyordu. Çok ta haksız değillerdi. Dolayısıyla Dostlar Tiyatrosu'nda oynama olanağı bulamadım.

Bir süre tiyatrodan uzak kaldım...
Yayıncılık çalışmalarım oldu. Dostlar Tiyatrosu'nun broşür ve dergilerini hazırlıyordum. Cem Yayınları'nın çocuk yayınları bölümünü yönettim. Yine sendika çalışmalarım oldu. DİSK'de kültür çalışmaları yaptım. BANKSEN'in danışmanlığını üstlendim. Fakat bu çalışmalarıma da 12 Eylül olunca devam edemedim. Çünkü bu sendikalar da kapatılmıştı. Ansiklopedi çalışmalarına başladım.

Tiyatro Ansiklopedisi çalışmalarım...
Çok geniş bir tiyatro arşivim var. Emekli olunca Ahmet Ümit'le bir reklam ajansı kurmuştuk. O sıralar Ahmet Ümit yazarlığa soyunmuş ben de vakit buldukça bu ansiklopedi çalışmalarımı devam ettiriyordum. Bu konuda maalesef Türkiye'de ciddi bir çalışma yok. A'dan Z'ye bir tiyatro ansiklo-

pedisi hazırlamak istiyorum. En büyük sıkıntım malzeme eksikliği. Metin And'ın 80'lere kadar bir çalışması var. O'nun dışında Özdemir Nutku ve Sevda Şener'in de kitapları var. Kaç oyun, kaç oyuncu? Belgeler hep eksik ve dağınık. Elimde 4.000'e yakın program dergisi var. Şehir Tiyatrosu'nun çıkarmış olduğu dergilerin yüzde 80'i elimde mevcut. Örneğin Mehmet Akan'a baktığımızda, hangi oyunu, hangi sene, nerede oynadı gibi bilgiler çıkıyor karşımıza. Bu alt yapıyı oluşturmak çok zamanımı aldı. 7–8 senemi aldı. 2.000–2.500 sayfası yazılmış vaziyette. 15 ciltlik bir ansiklopedi olacak. Kıstasım şu:

Konservatuvar mezunu olacak ya da en azından on oyunda oynamış olacak. En azından beş sene kesintisiz tiyatro yapmış olması da şart. Bu beş senede iki oyun oynamış olabilir... Bunlar gibi kıstaslarım var.

Dostlar Tiyatrosu dışında oynadığım tiyatro grupları...

1983 – Orta Oyuncular – *Fırıncı Şükrü Deli Vahap ve Ötekiler*

1984 – İstanbul Sanat Tiyatrosu – *Küçük Adam Ne Oldu Sana*

1988 – Petrol İş Sendikası'nda tiyatro eğitimi ve çalışmaları – *Grev 64* adlı oyunu yönettim.

1989 – Bakırköy Belediyesi Şehir Tiyatrosu'nun kuruluş çalışmalarına katıldım; oyuncu ve yönetim kurulu üyesi olarak görev yaptım – *Zilli Zarife* ve *Mine*.

1991 – Gülriz Sururi Tiyatrosu'nda oyuncu ve sahne amiri olarak görev yaptım. *Tiyatrocu, Sokak Kızı İrma*.

1992 – Dormen Tiyatrosu'nda oyuncu olarak *Hastalık Hastası* ve *Nerdeyse Kadın* oyunlarında oynadım.

1993 – Devlet Tiyatrosu'nda konuk oyuncu olarak *Don Juan*'da oynadım.

2003 – Tiyatro Pera'da konuk oyuncu olarak *Bir Çöküşün Güldürüsü – Tavşan Tavşan*'da oynadım.

Sinema çalışmalarım...
Atıf Yılmaz'la aynı mahallede oturduğumuz dönemde *Bir Yudum Sevgi*'yi çekiyordu. Bana da oynamamı teklif etti. Sinema oyunculuğundan çok zevk aldım. Müjde Ar'la *Adı Vasfiye*'de oynadım. Bu arada tiyatro oyunculuğuna ara verdim. Oynadığım sinema filmlerinde Atıf Yılmaz, Başar Sabuncu, Şahin Kaygun, Ümit Elçi, İrfan Tözüm, Aydın Sayman gibi yönetmenlerle çalıştım. Oynadığım filmlerden bazıları: *Bir Yudum Sevgi, Adı Vasfiye, Ah Belinda, Çıplak Vatandaş, Kaçamak, Kupa Kızı, Fotoğraflar, Berdel, Değirmen, Afife Jale, Devlerin Aşkı, Duruşma, Böcek, Namuslu, Gönlümdeki Köşk Olmasa, Janjan, Sis ve Gece, Hayat Var* gibi...

Televizyon çalışmalarım...
Televizyon dizi ve film çalışmalarım 1989 yılında başladı. Bu çalışmalardan örnekler: *Yeditepe İstanbul, Babam ve Biz, Karanlıkta Koşanlar, Baba Evi, Çakalların İzinde, Safiyedir Kızın Adı, Gecenin Öteki Yüzü, Oğlum Adam Olacak, Hürrem Sultan, Her Şey Aşk İçin, Üzgünüm Leyla, Zalim, Çemberimde Gül Oya, Şeytan Ayrıntıda Gizlidir, Kurşun Yarası, Yağmur Zamanı, Bebeğim, Turnalar, Komiser Nevzat–Kanun Namına, Hatırla Sevgili...*
Televizyon filmleri: *Cumhuriyet, Kurtuluş, Bahçeli Lokanta* ve *Muhallebicinin Oğlu...*

**Senelerdir hiç ayılmayan,
televizyonun "Bin bir surat"ı
tiyatro ve sinema sanatçısı**

LEVENT KIRCA

1960'lı yılların yapımı olan, bizlerin 70'li ve 80'li yıllarda severek yazlık sinemalarda seyrine doyamadığımız Fransız sinema komedi filmlerinden olan, Louis De Funes'in oynadığı *Fantoma* dizileri vardı. Filmde komiser Louis De Funes'in bir türlü yakalayamadığı düşmanı "Bin bir surat Fantoma" idi. Çünkü her kılığa girerdi Fantoma. Tabi ki filmde yine aynı aktör oynardı Fantoma'nın oynadığı rolleri. 1980'li yıllarda ise, TRT 2'de başlayan, daha sonraları ise diğer televizyon programları tarafından transfer edilen ve 20'inci yılını dolduran *Olacak O Kadar* yapımında izledik aynı *Bin bir surat* olayını. Ancak bu defa farklı idi. Çünkü yapımcısı Levent Kırca. Dizi yaklaşık 2.000 kez yayınlandı. Levent Kırca, tüm dizilerde, yaptığı makyaj ve maskelerle, sanatçılardan sunuculara ve politikacılara kadar herkesin kılığına giriyordu. Kimler yoktu ki, Müslüm Gürses'ten, Bülent Ersoy'a, Özal'

dan Erbakan'a, Demirel'den Ecevit'e, Zeki Müren'den Yaşar Nuri Öztürk'e ve daha niceleri...
Yani "Bin bir surat" idi Levent Kırca.

Ya senelerdir onun hiç ayılmadan yaptığı, bizlerin ise hiç bıkmadan usanmadan seyrettiğimiz "sarhoş" taklidine ne demeli...

Türk tiyatro, sinema ve televizyon sanatçısı Levent Kırca, 1950 Samsun doğumlu. Ankara Devlet Konservatuvarı Tiyatro Bölümü mezunu. Öğrenciyken Cüneyt Gökçer'in yönettiği *Buzlar Çözülmeden* oyunuyla, 1964 yılında profesyonel oldu. Bir süre Maltepe Komedi Tiyatrosu'nda, Ankara Birlik Sahnesi ve Halk Oyuncuları'nda çalıştı. Kendine özgü tiplemeleri ve mimikleriyle bazı televizyon dizilerinde ve reklam programlarında ilgi toplayan Levent Kırca, 1978'den başlayarak *Altın Şehir* (1978), *N'olacak Şimdi?* (1979), *Mavi Muammer* (1985), *Ölürsün Gülmekten* (2000), *Son* (2001–Oyuncu, senarist ve yönetmen), *Şeytan Bunun Neresinde* (2002, oyuncu ve yönetmen), (2004) ve *Ağa Kızı* (2004) adlı filmlerde oynadı.

Televizyonda ilk defa *Nasreddin Hoca Oyun Treni, Siz Olsaydınız Ne Yapardınız?, Bu Oyun Nasıl Oynanmalı?, Sağlık Olsun!, Ne Olur Ne Olmaz* gibi dizilerin yapımcılığını üstlendi.

Kendi adına Hodri Meydan Topluluğu adlı tiyatro ekibini kurdu. Eşi Oya Başar ile beraber *Güzel ve Çirkin, Sefiller* adlı oyunları sergiledi. *Üç Baba Hasan, Kadıncıklar* adlı oyunlarla başarılı oldular. 20 yıl süren *Olacak O Kadar* dizisiyle de devamlı zirvede kalmasını bildiler.

Sevda Şener, *Cumhuriyet'in 75 yılında Türk Tiyatrosu* adlı kitabında şunları yazmış Levent Kırca için:

"*Etkinliklerine seksenli yıllarda başlamış olan ve çok tutulan bir topluluk Levent Kırca–Oya Başar Tiyatrosu olmuştur. 1981'de Hodri Meydan Kültür Merkezi'nde Tef Kabare Tiyatrosu ile birleşen Levent Kırca, Ahmet Gülhan, Gülümser Gülhan, Cem Özer'le birlikte çalışmıştır. 1983'te, Münir Özkul'un da rol aldığı, Louis Verneuil'ün Nemo Bankası adlı güldürüyü Levent Kırca–Oya Başar Tiyatrosu adı altında sergileyerek sahne yaşamını sürdüren bu tiyatroda sahnelenen oyunlar arasında, Tuncer Cücenoğlu'nun Neyzen, Aziz Nesin'in Toros Canavarı, gene Aziz Nesin'in kısa oyunlarından oluşan iki perdelik Azizlik, Muzaffer Abayhan ve Yılmaz Erdoğan'ın yazdıkları Gereği Düşünüldü gibi güncel olaylardan yola çıkarak toplum eleştirisi yapan oyunlar bulunmaktadır. Levent Kırca, geleneksel kaynaklardan da yararlanarak kendine özgü bir güldürü biçemi geliştirmiş, her kültür düzeyinden seyirciye yönelmeyi başarmıştır."*

Ve Levent Kırca Berlin'de...

Birkaç sene önce Levent Kırca–Oya Başar Tiyatrosu, *Üç Baba Hasan* adlı oyunu Berlin'de sergilediler. Bu sefer ise *Ateşin Düştüğü Yer* adlı yılın müzikali ile yine Berlin'deydi.

Bu güzel müzikal, Devlet ve Şehir Tiyatrolarının genç ve yetenekli sanatçılarından oluşan 50 kişilik dev bir topluluk tarafından sergilendi. Levent Kırca, Lale Oraloğlu, Ali Demirel, Mehmet Güney, Ahmet Çevik, Alper Yakıcı, Şevki Çepa, Apo Kaya gibi birçok sanatçının sergilediği müzikal, Levent Kırca'nın canlandırdığı üç çocuk sahibi demiryolu memuru Ruhi ve ailesinin hikâyesini anlatan, bazen duygulandığımız, bazen de güldüğümüz bir melodram. Dansları ve şarkılarıyla da müzikal bir oyun.

Türk tiyatrosunun ve sinemasının duayenlerinden 82 yaşındaki Lale Oraloğlu, yaşına rağmen, büyük çoğunluğu gençlerden oluşan topluluğun içinde başarılı bir büyükanneyi oynuyor.

Oyundan önce Levent Kırca ile kuliste sohbet ettim.

Sanatçı bir ailede büyüdüm...

1950 Samsun doğumluyum. Babam Mehmet Kırca ressam, annem Bahriye Kırca öğretmendi. Ut çalan, çok enteresan bir kadındı. Edebiyat ve müzik öğretmeniydi. Dolayısıyla sanatçı bir ailede boya kokuları ve ut sesleri ile büyüdüm. Beni yönlendiren annem oldu. Çünkü, babam, sanatını ilerletmek için, ben altı yaşındayken İsviçre'ye Zürih'e gitti. Geri de dönmedi. Orda evlendi. Onunla tekrar görüştüğümde, ben 26 yaşında idim. Babam gidince, Samsun'dan Ankara'ya taşındık. Tiyatroya başlamam 1965 yılında Ankara Devlet Konservatuvarı'nın açtığı bir sınava katılmam ve bu sınavı kazanmamla başlar. Annem beni tiyatro konusunda çok desteklemiştir. O yıllarda tiyatrocu olmaya soyunan çok sürünürdü. Ben de hakikaten annemle beraber tiyatro yolunda çok süründüm. Emekli maaşıyla beni desteklemiş, bana bakmıştır.

Hüzünlü bir çocukluğum oldu...

Babasız büyüdüm, hüzünlü bir çocukluğum oldu. Annem benim her şeyimdi; o'na aşığım, o'na taparım. Fakat, Türkiye'de olup da, hüzünlü çocukluğu olmayan pek azdır. Her çocuk gibi, ben de fakirliği yaşadım. Bundan da hiç utanmadım. Annemin öğretmen maaşıyla zar zor geçiniyorduk. O hüzünler bundan kaynaklanıyor. Ancak, hüzünlü olan insanlar, gençliklerinde daha başarılı oluyorlar. Bir tek o faydası var. Ezilmiş insanlar, ezilmiş ülkeler, gelecekte daha başarılı olurlar.

Süleyman Demirel'in verdiği parayı kabul etmedim...

1970'li yıllardı... *Gereği Düşünüldü* adlı oyunumuzu İstanbul'da Dolmabahçe'de borçlanarak yaptığımız büyük çadırda sergiliyorduk. Gece yoğun yağan kar yüzünden çadırımız çöktü ve büyük zarar gördü. Çadırı onarmak için paramız yoktu.

Ankara'ya, Başbakan Süleyman Demirel ile görüşmeye gittim. Demirel'e durumu anlattım.

"Bu çadırı onarmak için bir şey yapamaz mıyız? Devlet bana kredi veremez mi? Ya da Kültür Bakanlığı'ndan para yardımı temin edemez miyiz?" diye sordum.

Demirel'in cevabı şu oldu:

"Sana bir yerden kredi alırsak çok zorlanırsın. Gerekli parayı sana ben vereyim" dedi ve cebinden çıkardığı çek defterini imzalayacaktı.

Ben, "Kusura bakmayın, ben bu parayı kabul edemem!" dedim.

"Niçin kabul etmiyorsun?" diye sorunca da:

"Sizin paranızı alırsam, sizin partinizin parasını almış olurum. Dolayısıyla, sizin adamınız olurum. Onun için sizi eleştirebilmem için bu parayı almamam gerekiyor!" cevabını verdim.

Tabii bu davranışımı takdir etti. Ondan sonra aramızda ciddi bir dostluk doğdu Süleyman Demirel ile. Onu, çok kereler yaptığım parodilerde eleştirdiğim halde, herhangi bir zorlukla karşılaşmadım. Turgut Özal da aynı şekilde Demirel gibi çok pişkin ve toleranslı devlet adamlarıydılar.

Olacak O Kadar... Polis Akademisi'nde ders olarak...

Olacak O Kadar dizisi 20 yıl sürdü. Sayı olarak 2.000'i geçmiştir. Dünyada 20 yıl devam eden ve devamlı zirvede kalan sosyal içerikli başka bir program yoktur!

Televizyonda yakaladığımız bu başarılara bir de bu dizideki parodilerin Polis Akademisi'nde ders olarak işlenmesi eklendi. Dizilerin polisi konu alan bölümlerin kasetlerini bizden alıyorlar ve ders olarak gösteriyorlar. Arada bir, ben de derslere katılıyorum. Polislerimiz eskisi gibi olmamaya karar verdiler. Daha çağdaş olma yolundalar. Bizim oynadığımız skeçleri takip ediyorlar. Yakında Emniyet Amiri olursam şaşırmayın!

(gülüşmeler...)

Almanya'ya dördüncü gelişimiz...

Bizim Almanya'ya dördüncü gelişimiz bu. Bunlar büyük turneler. Almanya turnesini sevgili dostum Metin Gökalp, Berlin turnesini ise Birol Kaplan organize etti. Bu turneler gerçekten büyük organizeler. Oyunlarımız bol seyircili geçiyor. Almanya'daki seyircimiz, çölde susamış suya hasret kalmış gibiler. Biz de onlara bir tas su vermiş gibi hissediyoruz kendimizi. O hasretle bizleri bir başka heyecan ve coşkuyla seyrediyorlar; reaksiyonları ve beğenileri o denli yüksek ve heyecanlı oluyor.

Brecht'in yaşamış olduğu Berlin'de olmak heyecanlandırıyor bizleri...

Brecht'in yaşamış olduğu, tiyatronun başkentinde olmaktan ayrı bir gurur duyuyoruz. Brecht'ten çok şey öğrendik. Ondan çok esinlendik. Hatta dünya görüşümüzün büyük bir kısmını Brecht'ten aldık. Devrimci tiyatroculuğu, ilerici ve göstermeci tiyatroculuğu Brecht'ten öğrendik. O'da bir söyleşisinde şöyle demiş: "Ben de Türk Ortaoyunu'ndan çok şey öğrendim". Demek ki, birbirimizden karşılıklı bir şeyler öğrenmişiz. Bizim ortaoyunumuzun yapısında da seyirlik tiyatro var.

Televizyondaki yoz kültür...

Televizyon programlarındaki yoz kültür neredeyse bütün ülkeyi etkisi altına aldı!

Ekonominin zayıflığı, insanlarımızın alım gücünü çok zayıflattı. Dolayısıyla tiyatroya para ayıramıyorlar insanlarımız. Böyle olunca da tiyatrolarımız perdelerini kapatıyorlar. Yani, hem ekmek, hem de sanat yok.

Charlie Chaplin'le kendimi karşılaştıramam!

Ben, kendimi Charlie Chaplin ile karşılaştıramam! Çünkü, o benim seviyeme çıkamadı... *(gülüşmeler)*

Bana bırakırsanız, ben, kendimi herkesle karşılaştırırım. Biz, o'nun serçe parmağının bir tırnağı olabilsek, o da bize yeter. Charlie Chaplin, çok takdir ettiğim, çok başarılı bulduğum, bütün dönemlere, her zamana kalabilmiş bir aktör.

Adem Dursun: Siz de Türkiye'nin Charlie Chaplin'isiniz...
Levent Kırca: Eh bunu kabul ediyorum...
(gülüşmeler)

Ben kimim ki, veliahtım olsun!
Sıla özlemi çeken sizler, bizleri o kadar yüceltiyorsunuz ki; biz eziliyoruz, çok anore oluyoruz. Ben kimim ki, benim veliahtım olsun! Ülkemizde çok değerli sanatçılar var. Gençler arasında da değerli sanatçı arkadaşlar mevcut. Aktör açısından Türk tiyatrosu çok zengin. Sadece dışarıya açılamamanın rahatsızlığını yaşıyoruz. Yoksa, bizim aktörlerimiz dünyanın en iyi aktörleridir diyebiliriz.

Türk tiyatro ve sinemasının son yıllardaki durumu pek parlak...
Türk tiyatrosunun son yılları pek parlak değil!
Buna karşılık Türk sinemasının son yılları parlak. Şu açıdan: En azından insanlarda bir film yapma heyecanı var. Bazı sektörlerden kazandıkları paraları sinemaya yatırıyorlar. Televizyonda çalışıp, üç beş kuruş kazanan, ki bunlara ben de dahilim, bütün arkadaşlarımız bu paraları sinemaya aktardılar. Zaman zaman, tek tük de olsa, iyi filmler yapılıyor. Kalite biraz daha artarsa, biraz daha kendi meselelerimizi, kendi ülkemizin sorunlarını anlatan filmler daha ağırlık kazanırsa ve sanatsal filmler yapılırsa şüphesiz daha da iyi olacak. Genç kardeşlerimiz çok yetenekliler ve pıtrak gibi de çoğalıyorlar. Klip çekimleri başladığından bu yana, sinemalarımız rejisör kazandı. Gençlerimizin pek çoğu çok başarılı yö-

netmen oldular. Sinema adına çok umut verici çalışmalar yapılıyor.

Her zaman oynanacak malzeme buluyoruz...

Biz, eski hükümetler zamanında bulduğumuz gibi, şimdiki hükümet zamanında da eleştirecek ve oynayacak malzeme buluruz. Ancak şimdiki hükümetin şansı var; biz programımızı bitirdik. Yayında olsak mutlaka malzeme bulurduk. Yani, bugünkü hükümet, Özal'dan veya Demirel'den daha az açık veriyor diye bir şey yok. Onlar da bizlere malzeme sunabilmek için ellerinden geleni ardına koymuyorlar.

Her yıl "Nejat Uygur Ödülü"...

Her yıl Nejat Uygur'un doğum gününde, Geleneksel Türk Tiyatrosu adına bir "Nejat Uygur Ödülü" verilecek. İlkini de Nejat Uygur'un kendisine biz vereceğiz. Ondan sonra da her yıl "Geleneksel Türk Tiyatrosu"na en çok hizmet eden tiyatro sanatçısı bu ödülü alacak. Ödül olarak ta Nejat Uygur'un büstü verilecek. Kendisine vereceğimiz ödül tarihi kendisinin rahatsızlığı ve turneleri yüzünden ertelendi. Büstü hazır. Çok da güzel oldu.

Tiyatro – sinema oyuncusu,
yönetmen ve senarist

MACİT KOPER

Çok yönlü bir sanatçımız Macit Koper; tiyatro ve sinema oyuncusu, yönetmen ve senarist.

Atıf Yılmaz'ın *Bir Yudum Sevgi* filmi ile dikkatleri çekmiş, *Ahh Belinda* ve *Rumuz Goncagül* ile yeteneğini ispatlamış, *Anayurt Oteli* ile hem oyunculuğunun zirvesine çıkmış hem de uluslararası üne kavuşmuş.

1987 yılında Ömer Kavur'un yönettiği *Anayurt Oteli* filmindeki rolüyle 1987–88'de "SİYAD En İyi Erkek Oyuncu Ödülü"nü almış. Senaryosunu yazdığı *Fikrimin İnce Gülü* (1987) ile 1992 yılında yapılan 29. Antalya Film Şenliği'nde "En İyi Senaryo Ödülü"nü kazanmış. Muzaffer İzgü'nün kendi yaşamöyküsünü anlattığı, aynı adlı romanından uyarlanan, senaryosunun Memduh Ün ve Macit Koper'in beraber yaptıkları *Zıkkımın Kökü* adlı film, Hindistan Udalpur Film Festivali'nde "Altın Film", Tokyo Film Festivali'nde "Asya' nın En İyileri" ödülünü kazandı. Senaryosunu yazdığı *Cazibe Hanımın Gün-*

düz Düşleri (1992) adlı film ise 1992 Antalya Altın Portakal Film Festivali'nde "En İyi Film" ödülünü kazandı. 1944 İstanbul doğumlu olan Macit Koper, L.C.C Tiyatro Okulu'ndaki tiyatro eğitiminden sonra 1969-1970 döneminde Dostlar Tiyatrosu'na girmiş ve bu tiyatronun kapanışına kadar oyuncu, yönetmen ve dramaturg olarak çalışmış. 1979-1980 döneminde İstanbul Büyük Şehir Belediyesi Tiyatrosu'na girdi, oyuncu ve yönetmen olarak çalıştı. Bir yıl sonra 1402 sayılı sıkıyönetim kanunu ile sekiz yıl görev dışında bırakıldı. *Ortak, İkili Oyun* (1978 "Ulvi Uraz En İyi Yönetmen Ödülü"), *Küçük Sevinçler Bulmalıyım* gibi çeşitli oyunları sahneye koydu. Yaşar Kemal'in *Ağrı Dağı Efsanesi*'ni sahneye uyarladı. *Sabotaj, Giden Tez Geri Dönmez, Her Şey Satılık* oyunlarını yazdı.

Halen yönetmen olarak çalıştığı Şehir Tiyatrosu'nda yönettiği *Titanik Orkestrası* adlı oyunun Kadıköy Haldun Taner Sahnesi'ndeki prova sonrası kendisiyle sohbet ettim. *Titanik Orkestrası*'nda Ahmet Uz, Naşit Özcan, Bensu Orhunöz, Can Başak ve Burak Davutoğlu rol alıyor.

Sanat yaşamınız. Tiyatro ile ilişkiniz ne zaman, hangi oyunla başladı; büyüdüğünüz çevre, aile ortamının etkisi nedir?

Küçükken öyle Karagöz perdesi falan kurup arkadaşlara oynattığım olmadı. Tiyatro sevdam, lisede oynadığımız Karel Çapek'in *Yaşadığımız Devir* oyunu ile başladı. O yıl Beşiktaş Halkevi'ne girdim ve oradaki çalışmalarımız sırasında tiyatrocu olmaya karar verdim. Askerliğimi bitirdikten sonra L.C.C. Tiyatro Okulu'na girdim ve tiyatro ile ilgili bildiğim her şeyin temelini orada Muhsin Ertuğrul, Beklan Algan ve Ayla Algan'dan öğrendim.

Aileniz? Yani çevrenizin sanatla ilişkileri?

Annem ev kadınıydı. Babam memurdu, çok okurdu ama sanatla derin bir ilişkisi yoktu. Bir tek anneannem, o kantocu imiş. Ben kantoculuğuna da yetişemedim, bu konuda muhabbet etme mutluluğuna da.

L.C.C. Tiyatro Okulu anladığım kadarıyla sizi etkilemiş.

Evet, çok. Şöyle diyelim; L.C.C. genelde sanatçılıkla ilgili ve daha ileri giderek söyleyeyim, insanlıkla ilgili formasyonumda temel taşı oldu. Orada giderek "sanatçı insan" değil "insan sanatçı" formulünü bulmuştuk. İnsan sanatçı. Bu hayatta da, sanatta da her şeyden önce insan olmayı gerektiriyor.

O okuldan başka tiyatrocular yetişti mi?

Elbette. Rutkay Aziz, Taner Barlas, Sevil Üstekin, İsmet Üstekin aklıma gelen birkaçı sadece.

Profesyonel olduğunuz ilk oyun, kimlerle sahneyi paylaştınız?

L.C.C. ekibi ile dönem sonunda, Bakırköy Halkevi'nde bir *Hamlet* uyarlaması oynamıştık. *Hamlet 70*. Orada bilet satılıyordu. Demek ki ilk profesyonel oyunum o. Bir yıl sonra, 1970 yılında Dostlar Tiyatrosu'na girdim ve gerçekten profesyonel oldum. Dostlar Tiyatrosu benim ikinci okulumdur. Orada dramaturgluğa, orada yönetmenliğe başladım ve orada ömrümün sonuna kadar, kederimin de tiyatro olduğunu gördüm ve kabul ettim.

Dostlar Tiyatrosu'nun sanatınızdaki ve yaşamınızdaki işlevi ne oldu?

Dostlar Tiyatrosu ilerici bir tiyatro idi. Genco Erkal'ın yönetiminde hâlâ öyle. O dönemde Genco, Mehmet Akan, Metin Deniz, Levent Yılmaz, Ulvi Alacakaptan, Meral Onuktav birlikte idik. Birlikte dramaturgi yapma ve birlikte oyun yazabilme yeteneklerimizi geliştirebiliyorduk. Oldukça disiplinli bir üretim sürecimiz vardı. Küçük farklılıklar olsa da dünyanın gidişine aynı muhalif gözle bakıyorduk ve değişmesi gerektiğini düşünüyorduk. Yaptığımız, yapmayı düşündüğümüz işler de hep bu yöndeydi. Ne yazık ki 1979 yılında ekonomik nedenlerle tiyatroyu kapatmak zorunda kaldık ve ben o yıl İstanbul Şehir Tiyatrosu'na girdim.

Ve 1980'de de tivatrodan atıldınız.

Evet 1979 yılında, yabancı işçilere bir oyun tasarlamak üzere Berlin'e gitmiştim. Yedi aylık bir maceradan sonra orada *Giden Tez Geri Dönmez* adlı bir oyun yazdım ve yönettim. Döndüğümde 1980 darbesi oldu. Şehir Tiyatrosu'ndan 1402 no'lu sıkıyönetim kanunu maddesi ile atılanlar arasında ben de vardım. Hatta o zamanki Deneme Sahnesi'nde atılma emrini ilk tebellüğ eden de benim.

Sonra, sıkıyönetim bittikten sonra dava açtık, kazandık ve tiyatroya geri döndük.

Sinema sanatına geçişiniz... Kimlerle... Örnekler...

İlk kez Zeki Ökten'in Yılmaz Güney'in senaryosundan çektiği *Düşman* adlı filmde oynadım ve Antalya Film Festivali'nden "En İyi Yardımcı Oyuncu Ödülü"nü aldım. Sinemada hep iyi işlerin içinde olduğumu söyleyebilirim. Özellikle Ömer Kavur ve Atıf Yılmaz'la çalıştım. Her ikisi ile de hem oyuncu hem de senarist olarak birlikte olduk. *Seni Seviyorum* adlı ilk senaryomu rahmetli Atıf Yılmaz'ın teşvikiyle yazdım. Rahmetli Ömer Kavur ile birlikte yazdığımız *Kardeş* adlı senaryo ise Ömer'in vefatı nedeniyle çekilemedi.

Hem oyuncu hem de senarist olarak epey ödülünüz var.

Evet. Ödüllerin yüreklendirici, cesaret verici olduğunu düşünüyorum ama onlara fazla güvendiğim söylenemez. Size ödül veren bir jüri nihayet ve bir başka jüri durumu başka türlü değerlendirebilir.

Anayurt Oteli de epey ödül kazandırdı size.
Evet, hem bana hem de sevgili Ömer'e. O filmle aldığımız Uluslararası ödüller de var.

Sinema ile tiyatro oyunculuğu arasındaki farklılıktan söz eder misiniz biraz?
Temelinde bir fark yok aslında. Temelde bu işin eğitimi, oyunculuk eğitimidir. Ancak sinema sizden oyunculuk adına başka, tiyatro başka şeyler ister. Her iki sanat dalınında istediği, oyunculuk sanatının içeriğinde bulunmaktadır. Teknik olarak bunu tartışmak da epey zaman alabilir. Özetle sinemada kamera, tiyatroda da seyirci ile karşı karşıyadır oyuncu. Tiyatroda elbette seyircinin varlığı daha yakın ve derin bir ilişki biçimi sağlar. Ancak sinemada da kamera tek gözlü de olsa bir cins izleyicidir ve o tek gözüyle hiçbir hatayı affetmez. İyi eğitilmiş, kendi duygusal makinesinin nasıl çalıştığını iyi bilen bir oyuncu her iki alanda da ne yapacağını bilir. Elbette sinemada da, tiyatroda da yönetmenle yapılacak işbirliği ile.

Yönetmenliğiniz: Sinema, tiyatro, örnekleriyle...
Sinema alanında yönetmenlik yapmadım. Oldukça bol fırsat ve öneri ile karşılaştım, ancak ben kendimi teknik olarak hiç bu alana hazır hissetmedim. Bilemiyorum, adlandıramadığım bir becerememe korkusu belki de. Tiyatro yönetmenliğine amatör olarak Beşiktaş Halkevi'nde *Çürük Elma* ile başladım. Sonra Dostlar Tiyatrosu'nda ilk olarak Bilgesu Erenus'un *Ortak* adlı oyununu yönettim ve ondan sonra arkası geldi. Son yönettiğim oyun ise bugünlerde provasını yapmakta olduğumuz, Bulgar yazar Hristo Boytchev'in *Titanik Orkestrası* adlı oyunu.

Son dönem Türk sineması üzerine düşünceleriniz.
Son dönemde sinemamızda, doğru dürüst bir kanalda akan bir sinema yok değil, ancak bu kanalın çevresinde, ge-

niş ölçüde televizyon estetiğinden etkilenen, bu etkiden kurtulamayan, hatta bu etkiyi izleyiciyi tavlamak adına bile isteyerek kullanan bir sinema var. Televizyon izleyicisini sinemaya yönlerdirdiği söylenen –ki haksız bir iddia değil bu– bu alanın geniş zamanda sinemamıza zararlarının dokunacağını düşünüyorum. Bu çok izlendiği kesin olan alanda, televizyon dizilerinin mantığı kullanılıyor. Senaryo mantığı, oyuncu seçimi, promosyon ve reklam düzenlemesi nerdeyse tıpatıp televizyon mantığı ile kuruluyor. Bu mantık tiyatroya bile sıçramış durumda. Aklına nasılsa tiyatroya gitmeyi koyan izleyici, gişede bilet alırken *oyunda hangi dizi oyuncusunun oynadığını* soruyor. Bırakın sinemayı, tiyatronun da saygınlığını zedeleyen ciddi bir sorun bu. Ciddi bir biçimde tartışılması gerektiğine göre, burada konuyu fazla uzatmanın manası yok. Belki birgün bunu uzun uzun konuşuruz.

Macit Koper'in oyuncu olarak oynadığı filmler:
Düşman (1979), *At* (1981), *Hakkari'de Bir Mevsim* (1982), *Bir Yudum Sevgi* (1984), *Adı Vasfiye* (1985), *Hodja fra Piort* (1985), *Aaahhh Belinda* (1986), *Bekçi* (1986), *Anayurt Oteli* (1987), *Afife Jale* (1987), *Dolunay* (1987), *Gece Yolculuğu* (1987), *Rumuz Goncagül* (1987), *Melodram* (1988), *Menekşe Koyu* (1991), *Cazibe Hanımın Gündüz Düşleri* (1992), *Aşk Üzerine Söylenmemiş Her Şey* (1995), *Kurtuluş* (1996), *Akrebin Yolculuğu* (1997), *Melekler Evi* (2000), *Havada Bulut* (2002).

Filmler–Senaryo:
Seni Seviyorum (1983), *Acı* (1984), *Fidan* (1984), *Arzu* (1985), *Uzun Bir Gece* (1986), *Çil Horoz* (1987), *Bez Bebek* (1987), *Zincir* (1987), *Fikrimin İnce Gülü–Sarı Mercedes* (1987), *Rumuz Goncagül* (1987), *Melodram* (1988), *Bu Devrin Kadını* (1988), *Kadın Dul Kalınca* (1988), *Ada* (1988), *Yedi Uyuyanlar* (1988), *İsa, Musa, Meryem* (1989), *Fotoğraflar* (199), *Sevgiler Düşlerde Kaldı* (1989), *Kiraz Çiçek Açıyor* (1990), *Deniz Gurbetçileri* (1991), *Ca-*

zibe Hanımın Gündüz Düşleri (1992), *Zıkkımın Kökü* (1992), *Kız Kulesi Âşıkları, Hera ile Leandros* (1993), *Sen de Gitme Triandafilis* (1995), *Anlaşma Noktası* (1997), *Akrebin Yolculuğu* (1997), *Her Şey Oğlum İçin* (1998), *Baba* (1999), *Baba Evi* (1999), *Canlı Hayat* (2000), *Karşılaşma* (2002), *Şıh Senem* (2003), *Beybaba, Koltuk* (2003), *Beş Kollu Avize* (2004), *Patroniçe* (2004), *Hasret* (2006), *Yaralı Yürek* (2007).

Ödülleri:
Cazibe Hanımın Gündüz Düşleri ile 1993 yılında 5. Ankara Film Festivali'nde "En İyi Senaryo Ödülü"
Akrebin Yolculuğu ile 1997 yılında 9. Ankara Film Festivali'nde "Onat Kutlar En İyi Senaryo Yazarı Ödülü"
Bir Yudum Sevgi filminde 1984 yılında 21. Antalya Film Şenliği'nde "En İyi Yardımcı Erkek Oyuncu Ödülü"
Fikrimin İnce Gülü–Sarı Mercedes filmi ile 1992 yılında 29. Antalya Film Şenliği'nde "En İyi Senaryo Ödülü"
Karşılaşma filmi ile 2003 yılında 40. Antalya Film Şenliği'nde "En İyi Senaryo" ve aynı yıl 25. Siyad Türk Sineması Ödülleri'nde "En İyi Senaryo Ödülü".

Şehir Tiyatroları'nın bahçesinde büyüyen
oyuncu ve yönetmen

MAZLUM KİPER

İstanbul Büyükşehir Belediyesi Şehir Tiyatroları – Theater
An Der Ruhr işbirliği sonucu, 28 Ekim–7 Kasım tarihleri ara-
sında gerçekleştirdiği Almanya turnesinin son durağı Berlin
idi. Bu işbirliği çerçevesinde Theater An Der Ruhr'un genel
sanat yönetmeni Roberto Ciulli'nin yönettiği, Georg Büch-
ner'in yazdığı *Danton'un Ölümü* adlı oyun, sırasıyla Bochum,
Mühlheim, Hamburg ve Berlin'de sergilendi.

Oyunu sergileyen oyuncuların dışında, bir süredir bazı
tartışmaların yaşandığı İstanbul Şehir Tiyatroları'na 2005'in
başında Genel Sanat Yönetmenliğine atanan, ancak 2006'nın
Mart'ında tekrar görevinden alınan Mazlum Kiper'de vardı.

Gerek kendisiyle, gerekse diğer sanatçılarla yaptığım soh-
betlerimde, kendilerine gösterilen yoğun ilgiden çok duygu-
landıklarını ve bundan sonra da Berliner Ensemble ile anlaş-
maya varılırsa her ay Berlin'de birkaç gün Türk seyircisiyle

buluşacaklarını belirtmişlerdi. Ben de, bu güzel olayı dergimiz Merhaba'da "Tiyatroseverlere müjde! İstanbul Şehir Tiyatroları Berliner Ensemble'de şubesini açıyor!" başlığı altında Berlinli tiyatroseverlere müjdelemiştim. Fakat maalesef, gerek bizlerin, gerekse sanatçılarımızın hevesi kursağında kaldı. Çünkü yine eski görevine mahkeme kararıyla atanan Nurullah Tuncer, ilk iş olarak ta Mazlum Kiper'in birçok olumlu projelerini ve en önemlisi de yurtdışındaki devlet tiyatrolarıyla kurduğu iş birliği anlaşmalarını iptal etti.

Mazlum Kiper, baba tarafından İstanbul Şehir Tiyatrolu. Babası Müfit Kiper, tam 75 yıl önce, 1931'den başlayarak İstanbul Şehir Tiyatrosu'nda, *Mucize* oyunuyla sahneye çıkmaya başlamış ve sanat yaşamı boyunca, 1974 yılında, bir trafik kazasında ölünceye kadar devamlı İstanbul Şehir Tiyatrosu'nda 100'ü aşkın oyunda oynamış.

Mazlum Kiper'le Berlin'deki Berliner Ensemble'de sergilenen *Danton'un Ölümü*'nden sonra sahnede ve kuliste sohbet ettik. Kendisini son zamanlarda her cuma günü Kanal D'de severek izlediğim *Yabancı Damat* dizisindeki başarılı "Stavros" rolünden dolayı tebrik ederek başladık sohbetimize:

Yunanlılarla Türkleri birbirine daha da yaklaştıran bir dizi...

Yabancı Damat bir fenomen. Böyle çok ilgi göreceğini hiç düşünmemiştik. Yunanlılarla Türkleri bu anlamda bir araya getirebilecek daha güzel bir şey olmadı. Bu sadece benim görüşüm değil; Yunanlıların ünlü besteci ve şarkıcısı Mikis Theodorakis bile doğum günü için davet ettiği *Yabancı Damat* dizisinin gençlerini yanına çağırıp onlara

"Yıllardır ben Türklerle Yunanlılar arasında dostluk kurmayı başaramadım. Ancak Yabancı Damat bunu bir senede başardı!" dedi.

Türkiye'ye gelen Yunanlı bir televizyon muhabiri ise bana, *"Biliyor musunuz, siz Yunanistan'a unuttuğu bir şeyi hatırlattınız; babalığı! Çünkü Yunanistan, böyle bir baba olduğunu unutmuştu. Babalık, sizin sayenizde yeniden konuşulmaya ve hatırlanmaya başlandı!" dedi.*

İstanbul Büyükşehir Belediyesi Şehir Tiyatroları'nın yurtdışına açılması...

Ben, İstanbul Şehir Tıyatroları'na Nurullah Tuncer'in yerine Genel Sanat Yönetmeni olarak atanalı 11 ay oldu. Bu kısa sürede istediklerimi yapma gayreti içindeyim. En önemlilerinden birini de, Almanya'nın beş şehrine yaptığımız turne ile gerçekleştirdik. Hayalimde her zaman Berliner Ensemble'de bir gün ya kendimin ya da tiyatromun sahne almasıydı. O da bugün Berlin'de gerçekleşti. Çok hoş ve onurlandırıcı bir şey. Ayrıca bunu *Danton'un Ölümü* gibi çok değerli bir Alman yazarının eseriyle yapmış olmamız da çok önemli.

Danton'un Ölümü'nün önemi...

Fransız Devrimi'ne ait bu eser, aynı zamanda Türkiye Cumhuriyeti'nin kuruluşunda da çok önemli rol oynamıştır. Özgürlük, eşitlik, kardeşlik belgileri bizim için de çok önem taşıyor. Bence bugün Avrupa için daha da büyük önem taşıyor. 1789'dan bu yana ne kadar gerçekleşti? Şu anda Paris'te olan olaylar neyi simgeliyor? Almanya'da da kuşkusuz birçok olaylar oldu. Bir taraftan Avrupa Birliği diyoruz, diğer taraftan hem din, hem dil, hem de ırk ayrımı yapılıyor! Ondan sonra da Türkiye Cumhuriyeti, ırk ayrımı yapmakla suçlanıyor. İnsanlar ilk önce kendileri aynaya bakmalılar ve "biz ne kadarını gerçekleştiriyoruz" diye sormalılar.

75 yıldır ailece İstanbul Şehir Tiyatroları'nın içindeyiz...

Babam, Müfit Kiper, 1931 yılında İstanbul Şehir Tiyatrosu'nda başladı, 1974 yılında ölünceye kadar da hep sahnedeydi. Ben, Şehir Tiyatroları'nın bahçesinde büyüdüm. 1964 yılında Shakespear'in 400. doğum yıldönümü dolayısıyla birkaç oyun sahnelenecekti. Oyuncuya ihtiyaç olmuştu. Bana da sordular, kabul ettim. Yani 1964 yılında "alaylı" olarak tiyatroya başlamış oldum. İlk oynadığım Romeo Jüliet'te Burçin Oralaoğlu, Sibel Göksel, Yalçın Boratap, Kamuran Usluer, Samiye Hün gibi değerli sanatçılarımızla oynadım.

Tiyatro eğitimimi İsveç'te aldım...

1969 yılında tiyatro bilgimi artırmak için Şehir Tiyatrosu'ndan izin alıp İsveç'e gittim. İsveç'te oyunculuk ve reji eğitimi aldım. Orada tiyatro grupları kurdum. Tiyatro, televizyon, sinema ve reklam çalışmaları yaptım. 1986 yılında o zamanın Genel Sanat Yönetmeni Gencay Gürün, "Gelebilirsen Türkiye'ye gel, sevinirim, ihtiyacımız var" diyerek, beni Türkiye'ye davet etti. Ancak 1988–89'da Berliner Ensemble'daki çalışmamı tamamladıktan sonra Türkiye'ye dönebildim.

Engellilerle tiyatro çalışma projem...

İsveç Devlet Tiyatrosu'nda engellilerle tiyatro çalışmalarım olmuştu. Neden onlarla da bildiğimiz tiyatro oyunlarını işaret diliyle oynamayalım? Bunu Türkiye'de de niçin başlatmayalım?

Tiyatromuzun içinde bu çalışmayla ilgili bir bölüm –tabii başta sağır ve dilsizler olmak üzere– kurmak istiyorum. Çok yakın arkadaşlarımla birlikte ön çalışmalara başladık. Sadece istemekle olmuyor; bu dili bilen uzman elemanlara ihtiyacımız var.

Sahneyi ve oynamayı özledim...

Günün birinde tekrar sahneye dönmek istiyorum, sahneyi ve oynamayı özledim. Ancak şimdilik Genel Sanat Yönetmeniyim. Bu işlerimi kolayladıktan sonra sahneye çıkmak istiyorum. Çünkü oyunculuk benim ilk göz ağrım, onu bırakamam...

**Babasından tiyatro oyuncusu olduğunu gizleyen;
Tiyatro, sinema ve dizi oyuncusu, yönetmen, folklorcu,
koreograf ve yazar**

MEHMET AKAN

9 Temmuz 2006'da, midesindeki bir rahatsızlığından dolayı ameliyat olan, ameliyat sonrası geçirdiği kanama sonucu kaybettiğimiz sanatçımız Mehmet Akan'ı rahmetle anıyorum.

Yaklaşık on beş yıldır Türkiye'de çoğalan televizyon kanalları arasında bir "dizi"ler yarışı sürüyor. Bunların kimi bir iki senede kaybolup giderken, kimi diziler de yaşantımızın bir parçası haline geldi. Başka zaman bir araya gelemeyen aile fertlerini ekran karşısında bir araya getirir oldu. Hatta dizinin yayınlanma saatinde sokakların tenhalaştığı görüldü. Bu dizilerdeki tiplemeleri öyle benimsedik ki, onlar gibi hareket etmeye, onlar gibi konuşmaya başladık. Peki neydi bu dizilerin sırrı ki biz o dizilerdeki kahramanları bu kadar benimseyip sevdik, evlerimizin baş köşelerine onları oturttuk. İşte bu dizilerden bir tanesi de on dört senedir izlenen *Bizim-*

kiler ve kahramanları Cemil, Katil, Alamancı Aile, işini bilen Kapıcı ve hepsiyle uğraşan Apartman Yöneticisi sert mizaçlı Sabri Bey. İki haftalığına Berlin'e gelen Sabri Bey'le, yani Sabri Bey rolünü oynayan Mehmet Akan'la sohbet ettim. Mehmet Akan, *Bizimkiler* dizisinin on dört yıllık apartman yöneticisi Sabri Bey rolünü büyük bir başarıyla oynuyor. Kendisine Türk tiyatrosu ve diziler, dizi kahramanlarının niçin halk tarafından bu kadar benimsendikleri üzerine sorular sordum.

Berlin'e geliş sebebiniz?

Aşmen tiyatro topluluğu benim yazdığım *Analık Davası* oyunumu sahnelemek istiyor. Onların daveti üzerine Berlin'e geldim. Oyun Kasım ayında sahnelenecek. Oyunu 1971 yılında Brecht'in yazdığı bir Çin efsanesinden esinlenerek yazdım. Osmanlı devrindeki Celali İsyanları zamanında Diyarbakır'da geçen tarihsel bir olayı anlatıyor. Oyun daha önce Genco Erkal ve Zeliha Berksoy'la oynandı.

Tiyatroya nasıl başladınız?

1939 Urfa–Bilecik doğumluyum. Ortaokulu Bilecik'te, liseyi Haydarpaşa Lisesi'nde okudum. Çocukluğumdan beri tiyatroya meraklıydım. Ailemin bazı üyeleri benim tiyatrocu olmamı istememişlerdi. Hâlâ da yadırgarlar. Babam ölene kadar profesyonel olduğum halde 3–4 sene tiyatrocu olduğumu saklamışımdır. Teknik Üniversitesi Sanat Bölümü'nde tiyatroya başladım. O sırada Genç Oyuncular'la tanıştım. İlk oyunları olan *Ayyar Hamza*'yı görür görmez çarpıldım. Ergun Köknar'ı buldum ve beni de aralarına almalarını söyledim.

Genç Oyuncular'ın Türk tiyatrosuna katkıları?

Genç Oyuncular, 1960 sonrası Türk tiyatrosunu etkilemiş, yeni bir ekol başlatmıştır. Geleneksel Türk Tiyatrosu'ndan çıkarak çağdaş bir tiyatro yazmak konusunda çalışmalar yapmışlardır. Ortaoyunu, Karagöz ve Seyirlik oyunlarını inceleyip ürünler verdik. Bir ulusal Türk tiyatrosu oluşumu konusunda Genç Oyuncular'ın inkar edilmez bir katkısı vardır.

Son senelerde Türk tiyatrosunun durumu iyi değil. Sebep olarakta televizyon gösteriliyor. Ancak diğer taraftan da televizyona geçen tiyatro oyuncuları para kazanmaya başladılar. Zararlı çıkan Türk tiyatrosu oldu...
Evet. Televizyon gerçekten sürünen tiyatro oyuncularına ekmek kapısı oldu. Tabiki bir çelişki olarak ta Türk tiyatrosuna çok zararlı oldu. Çünkü artık insanlar tiyatro yapmamaya başladılar. Hatta televizyon yazarlığı para getirmeye başlayınca tiyatro oyunu yazılmamaya başlandı. Tiyatro yazarları oyun yazma yeteneklerini diziler için senaryo yazmaya kullandılar. Bu durum tiyatro ve sinema sanatçıları açısından olumluydu. Çünkü hepsi sürünüyordu. 60'lı 70'li yıllarda 30–40 tiyatro haftada en az dokuz oyun oynarlardı ve geniş bir oyun yelpazesi vardı. Bulvar tiyatrosundan Brecht tiyatrosuna kadar türlü oyunlar sergilenirdi. Şimdi ise özel tiyatrolar hemen hemen bitti. Daha Nisan ayında Haldun Dormen perdelerini kapattı.

Televizyon dizilerindeki tiplemelerin –Perihan Abla, Sabri Bey, Katil, İkinci Bahar'daki Abbas gibi...– tutulmasını neye bağlıyorsunuz?
Genelinde bu dizilerdeki kahramanlarda halk kendini buluyor, görüyor. Oyuncu da oynadığı tiplemeyi inandırarak oynuyorsa o tip birden fırlıyor. Örneğin benim Sabri Bey tiplemem; herkesin bir Sabri Bey'i var. En çok duyduğum laf: "Ya bizim apartmanda senin gibi bir Sabri Bey var" oluyor. Katil'in benimsenmesi de aynı; herkesin bir Katil'i var. Keza Perihan Abla da aynı durum. Her mahallenin şefkatli, insan-

cıl ve her işe koşan bir ablası yok mudur? Yoksa bile o kişiye bir özlem vardır. Çünkü eski insan ilişkileri kayboldu.

Sahnede izleyici karşısında oynamakla, televizyon dizilerinde oynamak arasındaki fark? Aynı heyecanı duyuyor musunuz?

Arada çok fark var. Sahnede oynarken seyircinin nefesini hissediyorsunuz. Oyun her gece değişik oynanır, seyirci oynatır. Canlı seyirci karşısında oynamanın keyfi ve heyecanı bambaşka. Ben otuz yıl her gün oynadım. Tatil bile yapmadım. O bunaltıcı ve yorucu sahne çalışmasını çok özlüyorum.

En son ne zaman sahnedeydiniz?

Geçen yıl *Oğlum Adam Olacak* diye bir oyun sahneledim. Orada küçük bir rol oynadım. Ben oyun sahnelerken büyük rol oynayamam. Artık üç senede bir tiyatro çalışması yapabiliyorum.

Bizimkiler dizisini kaç yıldır oynuyorsunuz?

14 yıldır. Toplam 400 dizi oldu. Önümüzdeki Eylül ayında yeni çekimlere başlayacağız.

Devlet tiyatrolarının durumu nasıl?

Devlet tiyatroları büyük bir kavganın içinde. Birtakım yolsuzluklar söz konusu. Genel müdürler sık sık değişiyor. On yıl sahneye çıkmayan ancak maaşını alanlar var. Devlet malı deniz hikâyesi sürüp gidiyor.

Eski tiyatro seyircisine ulaşma ümidi var mı? Yoksa Türkiye'de halkımız kolay şeylere mi alıştırıldı?

1980 darbesinden sonra bilinçli bir devlet politikası yürütüldü ve halk, özellikle gençler apolitize edildi. Eskiden gençlerin hayatı sadece politikaydı. Şimdi tam tersi, hiç politika yok. Gençler sadece köşeyi dönmek için yetiştiriliyor. O yüzden gençleri kaybettik. Bir tiyatro gençleri kaybettiği vakit, bu tiyatronun ölümü demektir. 80 sonrası uygulanan devlet politikası duyarsız bir gençlik yetiştirdi. Köşe dönmecilik ve ucuz eğlence empoze edildi. Kültür yozlaşması ve kültür çölleşmesi oluştu. Bu da tiyatroyu etkiledi. Çünkü tiyatro yoz bir sanat değil!

Türklerin Almanya'ya göçünün 40. yıl kutlamalarında *Yedi Kocalı Hürmüz* sergilendi. Türk müzikalleri üzerine düşünceleriniz?

Ben müzikallere karşı değilim. Müzikalci tanınan bir kişiyim. Birçok müzikalde oynadım. Ama müzikal var "müzikal" var. 60'lardan sonra birçok müzikal oynandı. Örneğin *Keşanlı Ali Destanı*. Bunlar çok ciddi tiyatro olaylarıydı. Fakat Egemen Bostancı'dan sonra Broadway tarzı müzikaller ortaya çıktı. Bunlar pahalı gazinoların yerini tutan, çok hafif konulu, daha çok müziğe dayanan Nükhet Duru'lu, Emel Sayın'lı müzikallerdi.

Sabri Bey'e yakın bir kişiliğiniz var mı?

Tam tersi. Sabri Bey çok saldırgan bir tiptir. Ben çok sakinimdir. İçine kapanık bir insanım. Evde yalnız kalmayı çok severim. 48 saat evden çıkmayıp, evde kitap okuyabilir, müzik dinleyebilirim. Gece hayatım yoktur. Çiçek Bar'a ayda bir ancak giderim. Bir kızım var. O da tiyatrocu olma yolunda. Ne yaptıysam vazgeçiremedim. Armut dibine düştü.

Oynadığım tiyatro oyunlarından örnekler:

Histeri, Buruk Ezgi, Galileo Galilei, Ezenler Ezilenler, Kafkaz Tebeşir Dairesi, Bitmeyen Kavga, Alpagut Olayı, Düşmanlar, Azizname, Keşanlı Ali Destanı, Soruşturma, Havana Duruşması, Rosenbergler Ölmemeli...

Televizyon dizileri:
Bizimkiler, Yazlıkçılar, Yeter Anne, Yıldızların Altında, Bir İstanbul Masalı, Büyük Umutlar, Kurşun Yarası, Aşk Oyunu...

Sinema Filmleri:
Teyzem, Asiye Nasıl Kurtulur, Ah Belinda, Kadının Adı Yok, Elif Ana, Duruşma, Kurt Kanunu, Melodram, Yansıma, Keşanlı Ali Destanı ve Bez Bebek gibi...

Yaptıklarıyla konuşan,
çok yönlü sessiz bir sanatçımız

MERAL ÇETİNKAYA

Söyleşiye başlarken, kayıt cihazımın düğmesine bastığımı görünce;

"Ben hiç dersime çalışmadan geldim, şimdi size ne anlatacağım..." diyerek, hakikaten dersine hiç çalışmayan bir öğrencinin, öğretmeni karşısında takındığı tavır ile kızarıp bozaran, mahçup bir öğrenci görüntüsü sergilemişti Meral Çetinkaya...

Hani yazılı imtihanlarda hep iyi not alan, ancak iş sözlüye gelince heyacanlanıp ağzından fazla laf çıkmayan öğrencinin yaşadığı zorluk gibi...

O anda aklıma ilk gelen tiyatro sanatçımız Müşfik Kenter oldu.

O da pek konuşmamıştı, cümleleri cımbızla almıştım ağzından...

Ancak bu sanatçılarımız, konuşmalarıyla değil de, yaptıkları işlerle senelerdir konuşanlar katagorisine girdiler.

1945 yılında Bursa'da doğan Meral Çetinkaya, liseden sonra kazandığı bursla Amerika'da Sanat Tarihi okumuş. Tiyatroya başlaması ise tamamen bir tesadüf:

Kenterler Tiyatrosu'nda sergilenecek *Hamlet* oyunu için İrlandalı bir yönetmene tercümanlık yapması için Yıldız Kenter tarafından tiyatroya çağırılmış. İşte o günlerde tiyatro mikrobu (!) kanına karışmış.

50'li yıllarda Türkiye'deki tiyatro ve opera manzaraları...

Annem ev hanımıydı, arada resim yapardı. Babam radiyolog idi. Annem de ona her konuda yardım ederdi. Laborotuvar işleri dahil bütün işleri annem yapardı. Babam pek sanatla ilgilenmezdi. Ben ve annem babamdan gizli sinemaya giderdik. Sinemaya gitmek babamdan gizli olarak yaptığımız tek şeydi. Kafkasya göçmeni olan eniştemin opera alışkanlığı vardı. Darülbedayi Dram Tiyatrosu yanmadan önce ilk defa beni oraya opera seyretmeye götürdüğünde ben ilkokul öğrencisi idim. O zamanlar tiyatro ve operaların önlerinde kuyruklar oluşurdu. Eniştemle opera kuyruğunda beklediğim günleri hep hatırlarım. Rahmetli Ferhan Onat'ı dinlemek şansına erişmiştim o zamanlar.

Bale çalışmaları...

Bana tiyatroyu sevdiren, teşvik eden resim hocamdı. Ortaokulu bitirdiğimde bale kursuna gidip, vücudumu kullanmaya başladım. Macaristan göçmeni Madam Olga ile bale çalışmaları yaptım. Konservatuarın bale sınavlarına beni o sokmuştu. Lise eğitimim bitince kazandığım bursla Amerika Birleşik Devletleri'nde Sanat Tarihi okudum.

Kenterler'de tercümanlığım...

Amerika'daki sanat tarihi eğitimimi tamamladıktan sonra Türkiye'ye geri döndüm. O ara Kenterler Tiyatrosu'nda sergilenecek *Hamlet* oyunu için İrlandalı bir yönetmen gelecekmiş. Beni de ona tercümanlık yapmam için Yıldız Hanım tiyatroya çağırdı. Bu işim sırasında tiyatro iyice kanıma girdi. Ankara'dan tercümanlık için diplomamı istemişlerdi. Bu işlemler sırasında bir süre boş kalmıştım. Ben de tiyatro sanatını sevdiğim için LCD kurslarına başladım. Beklan Algan tarafından yönetiliyordu. Dönem arkadaşlarım arasında Macit Koper, Rutkay Aziz, İsmet Üstekin, Sevim Üstekin, Sevgi Özdamar ve Cezmi Baskın gibi oyuncular vardı.

Ancak o ara LCD kursları kapandı. Çalışmalarımızı Beklan Algan'ın evinde sürdürdük. Hepimiz heyacanlı ve inançlı, tiyatro sanatına çok bağlı idik. Biz sadece kurs öğrencisi değildik, tüm çalışmaları beraber yapardık. Büyük bir imece içinde yürütüyorduk çalışmalarımızı.

TV ve film çalışmalarım... *Bizimkiler*...

1969 yılında itibaren Dostlar Tiyatrosu'nda yıllarca çeşitli oyunlarda oynadım. Daha sonra Bakırköy Belediye Tiyatroları'nda 2007 yılına kadar oynadım.

Tiyatronun dışında sinema filmi ve televizyon çalışmalarım oldu. 1979'da Ali Özgentürk'ün yönettiği *Hazal* ile başladı sinema çalışmalarım. Sırasıyla, *Bir Yudum Sevgi* (Atıf Yılmaz), *Uçurtmayı Vurmasınlar* (Tunç Başaran), *Eylül Fırtınası* (Atıf Yılmaz), *Kaç Para Kaç, Vizontele, Sızı, Firar, Su Da Yanar, Suyun Öte Yanı, Maruf, Çıplak, Vizontele, Vizontele Tuuba* gibi...

Televizyon dizi çalışmalarım 1989 yılında *Bizimkiler* adlı dizi ile başladı. *Yazlıkçılar, Gülbeyaz, Binbir Gece*...

Oynadığım oyunlar ve ödüller...

Son oynadığım oyun *Sivas '93*. Ondan önce de yine Genco Erkal ile *Oyun Sonu*'nda oynadım. Sırasıyla: *Şili'de Av, Alpagut Olayı, Bitmeyen Kavga, Gün Doğarken, İkili Oyun, Yalınayak Sokrates, Bir Yaz Evi, Hadi Öldürsene Canikom, İlk Gençlik, İvan İvanoviç Var mıydı,Yok muydu?, Sezuan'ın İyi İnsanı. Hazal* filmi ile 18. Antalya Altın Portakal Film Festivali'nde "En İyi Yardımcı Kadın Oyuncu Ödülü" (1981), *Suyun Öte Yanı* ile 4. Ankara Film Festivali'nde "En İyi Kadın Oyuncu Ödülü" (1992), *Solgun Bir Sarı Gül* ile de 34. Antalya Film Şenliği'nde "En İyi Kadın Oyuncu Ödülü" (1997), 11. Uluslararası Uçan Süpürge Kadın Filmleri Festivali'nde *Binbir Gece* adlı dizideki rolüm için "Bilge Olgaç Başarı Ödülü" (2008), *Sezuan'ın İyi İnsanı* ile "En İyi Kadın Oyuncu", *Oyun Sonu* ile de "Vasıf Öngören Ödülü" (2007), *İvan İvanoviç Var mıydı, Yok muydu?* adlı oyun için "Avni Dilligil Ödülü En Başarılı Yardımcı Kadın Oyuncu Ödülü" ve "İsmet Küntay En İyi Kadın Oyuncu Ödülü".

Türkiye'ye kabare türünü tanıtan
DEVEKUŞU KABARE
ve...

METİN AKPINAR

Yönetmenliğini 11 yıl aradan sonra tekrar sinemaseverlerin karşısına geçen Zeki Ökten'in yaptığı *Güle Güle* filminin galası için Berlin'e gelen yılların tiyatrocusu Metin Akpınar'la gala öncesi bir sohbetim oldu. Çocuklukları aynı adada geçmiş ve hâlâ bir arada yaşayan beş arkadaşın sıkı dostlukları üzerine kurulu filmde, Galip'in (Metin Akpınar) hayatı boyunca bir kez gördüğü ve büyük aşk yaşadığı Kübalı sevgilisi Rosa'ya kavuşması için arkadaşlarının gösterdiği çabalar anlatılıyor. Film, sinema ve tiyatroya yıllarını vermiş Zeki Alasya, Metin Akpınar, Yıldız Kenter, Şükran Güngör, Eşref Kolçak'ın yanı sıra Haluk Bilginer, Güler Ökten, Ayşegül Aldinç, Nülifer Açıkalın, Serra Yılmaz ve Sevda Ferdağ gibi geniş bir oyuncu kadrosunu buluşturuyor. Zeki Alasya'nın da bir söyleşide söylediği gibi:

"Güle Güle, aşkın, sevginin, dostluğun, paylaşmanın, hoşgörünün, özverinin kısaca özlediğimiz ve yükselmesini istediğimiz değerlerin filmi..." Evet, duygu yüklü bu filmi seyrederken, ben de gözyaşlarımı tutamadım. Filmi seyrederken de kaybolan eski arkadaşlık, dostluk, komşuluk kısacası zayıflayan insan ilişkilerini düşündüm, özeleştiri yaptım. Böyle kaybolmaya yüz tutmuş duygu ve ilişkileri sorgulayan filmler sık sık yapılmalı ve bizler tarafından seyredilmeli diye düşünüyor ve değerli sanatçı Metin Akpınar'ın Berlin'de sadece Merhaba dergisiyle yapmış olduğu söyleşiye geçiyorum:

Sanat yaşamınızı özetler misiniz?
2 Kasım 1941 İstanbul Aksaray doğumluyum. Babam Mustafa Bey, annem Nadide Hanım'dı. Liseyi Pertevniyal Lisesi'nde okudum. 1957'de Yeşil Sahne'de sanat yaşamım başladı. Daha sonra ise 1962 yılında Milli Türk Talebe Birliği Tiyatrosu'na başladım. 1964 yılında da Ulvi Uraz tiyatrosunda *Gözlerimi Kaparım Vazifemi Yaparım* oyunuyla profesyonel oyunculuğa ilk adımımı attım. Aynı tiyatroda *Hababam Sınıfı* oyunundan sonra Gen–ar tiyatrosu kurucuları arasında yer aldım. Ülkemizin ilk kabare tiyatrosu olan Devekuşu Kabare'de kurucu, ortak, oyuncu ve yönetici olarak yer aldım.

Oynadığım oyunlar, filmler ve tv dizilerinden bazıları:
Vatan Kurtaran Şaban, Haneler, Yalan Dünya, Beyoğlu Beyoğlu, Yasaklar, Deliler, Şuna Buna Dokunduk, Büyük Kabare, Reklamlar. Oynadığım filmlerden bazıları: *Nereye Bakıyor Bu Adamlar, Davetsiz Misafir, Patron Duymasın, Köyden İndim Şehire, Petrol Kıralları, Propaganda, Güle Güle* ve *Abuzer Kadayıf.* Televizyon dizileri ise: *Mirasyediler, Dünya Hali, Zeki Metince, Hastane* ve *Yerim Seni.*

Devekuşu Kabare Tiyatrosu denilince, biraz durmadan olmaz:

"Altmışlı yıllar tiyatromuza kabare türünü tanıtan ve sevdiren Devekuşu Kabare Tiyatrosu'nun açıldığı ve en parlak dönemini yaşadığı yıllar olmuştur. Haldun Taner, Zeki Alasya, Metin Akpınar, Ahmet Gülhan'ın birlikte kurdukları Devekuşu Kabare Tiyatrosu'nun yazarı ve yönlendiricisi, kabare türü üzerinde bilgisi olan, yazıları ve konuşmalarıyla bu türü ülkemizde tanıtan Haldun Taner'dir. Zeki Alasya, Metin Akpınar, Ahmet Gülhan İstanbul Milli Türk Talebe Birliği'nin 1959'da kurduğu amatör Birlik Tiyatrosu'ndan yetişmiş, başka sahnelerde profesyonel olmuş sanatçılardır. Funda Postacı, Orhan Aydınbaş, Halit Akçatepe, Oya Mella'nın (Alasya) daha sonra Cihat Tamer, Bilge Şen, Perran Kanat (Kutman), Meral Aral'ın da yer aldığı topluluk; Haldun Taner'in yazdığı, Vatan Kurtaran Şaban, Bu Şehr–i İstanbul ki, Astronot Niyazi, Ha Bu Diyar adlı kabare oyunları ile önce aydın kesimin ilgisini çekmiş, sonra büyük seyirci kitlesinin sevgisini kazanmıştır. Seyirciyle sıcak ilişki kuran, şaka yollu da olsa, acıtıcı gerçekleri su yüzüne çıkarmaktan çekinmeyen, güncel sorunları zekice düzenlenmiş durumlar ve konuşmalarla tartışmaya açan bu oyunlar tiyatromuza taze bir soluk getirmiştir. Yetmişli yıllarda kendine özgü mekânının dışına taşan, halk tiyatrosu niteliği kazandıkça kabare türüne özgü özelliklerini yitirmeye başlayan Devekuşu Kabare Tiyatrosu, yazarı ve akıl hocası Haldun Taner'in topluluktan ayrılmasından sonra güç yitirmiştir." (Türk Tiyatrosu, Sevda Şener, s. 178)

Güle Güle filmi neyi anlatıyor?

Kader birliğinin, dostluğun, arkadaşlığın ve demokratlığın getirdiği özverinin anlatıldığı ve sorgulandığı bir film. Hatta o yaşta insanların yapmaması gereken şeyleri bile dostluk uğruna, sevgi uğruna, sevilen arkadaş uğruna yapılmanın öyküsü. Türkiye'de biraz unutulmaya başlandı diye üzüldüğümüz olgular bunlar. Demek ki bu olgular hafızaların derinliklerine itilmemişler, çabuk hatırlandılar. Tepki olumlu oldu; çok mutluyuz.

Güle Güle filmi dargın olan Zeki–Metin ikilisini buluşturan film olarak nitelendiriliyor. "Barıştıran" kelimesini de ekleyebilir miyiz?
Hayır, sadece dargın olan bizleri bir araya getiren bir film *Güle Güle*. Şimdi yeniden bir film çekilse barıştırıcı olması gerekir.

Dargınlığınızın sebebi?
Biz en son Hastane ve Yerim Seni adlı iki dizi yaptık. Hastane dizisini severek ve isteyerek çektik. Ancak bu dizi giderek Kayserili bir hastabakıcıyla salak bir hemşirenin maceraları boyutuna düşmesi hiç hoşuma gitmiyordu. Buna rağmen 127 bölüme kadar çektik. Bu diziden sonra bir şey yapmama kararındaydık. Ancak hem arkadaşların ekonomik durumları hem de tiyatromuzda olmayınca bir şeyler yapma gereği duyduk ve Yerim Seni diye bir dizi yapmaya başladık. Ancak bu dizi kimseyi yemezken bizi yedi! Çünkü benim prensibim dışında bir yazara angaje olmuştuk. Yazarlarımız tipleme bilmiyorlar, bir işi bitirmeyi bilmiyorlar. Dolayısıyla diziyi götüremedik. Bir de şu var: Biz, Zeki ile beraber iş yaptığımızda paranın hakimiyeti bendeydi. Son zamanlarda gelirden fazla para harcanınca bütçemizde açıklar oldu, sıkıntılar başladı. Bunun üzerine Zeki, bir şeyler yapmak istiyordu, ben istemedim. Sanıyorum olay buradan başladı. Beni medyada halka şikâyet ederek bir şey yapmaya zorladı. Fakat dozunu kaçırdı. Ben bir sene sustum. Dükkân açtığında *"ortağım dükkânıma gelmedi!"* dedi. Yalan! Kaç defa gittim, ustalarla ilgilendim. Sonunda ben de suskunluğumu bozdum. Ne dedim, *"İşini ihmal ediyor!"* dedim. *"Ortaklığımız devam ediyor"* dedim. Bu sefer ortalık iyice karıştı. Ben zengin ve gad-

dar bir ortak, Zeki ise haksızlığa uğramış fakir ve mutsuz bir ortak durumuna düştü.

Ne kadar sürecek?

Ortaklığımız hâlâ devam ediyor. Zeki ile Metin, Devekuşu Kabare Limited Şirketi adı altında olan şirkette ortaktır. Şirketin masraflarını Metin Akpınar karşılar, ileride bir proje olursa değerlendirilir. Ya da bu dargınlık devam eder. Ancak biri hasta olursa öteki koşar veya biri ölürse diğeri üzülür. Zeki ile yaşamak bir keyiftir. Çok mutlu anlarımız oldu. Ama biz de insanız. Keyiflerimiz başka, zevklerimiz başka, siyasal görüşlerimiz başka, ayrı takımları tutarız; ben Galatasaraylıyım o ise koyu Fenerbahçelidir. Bizdeki sanat tüketicisi sanatçıyı ürünüyle sevdiği için üründe gördüğünü özel yaşamda da görmek istiyor. Bu hiç de doğru değil.

Yeni filminiz *Abuzer Kadayıf*'ın konusu ve galasında sizi öfkelendiren sorular?

Bu film, *Güle Güle*'nin tam aksine, zariflik ve zerafet yerine çirkinliği avaz avaz haykıran, mafya, sanat, ticaret–emniyet ilişkisini feryat figan anlatan, çürümüş bir kültürü ki buna kültür bile denemez, insanların yüzüne vuran, onları yaşatanlara kendilerini gözden geçirmelerini söyleyen, hatırlatan bir film. İbrahim Tatlıses, "Benim hayatım" diye bir iddiada bulunmuş ve ihbarname çektirmiş. Medyanın filmi daha izlemeden, filmde neler olduğunu bilmeden, İbrahim Tatlıses'in hayatıyla olan örtüşmesi üzerinde ısrarla durması sabrımı taşırdı. Sanatçıyı, ki bu ülkede sanatçı az, kutlamak yerine sanatçıyı zor duruma düşürme çabası görüyorum. İşte bu olumsuzluklar beni öfkelendiriyor! Medya çalışanları zamansızlıktan ne kitap okuyorlar, ne felsefe, ne politika, ne sosyoloji, ne de sosyal psikoloji biliyorlar! Sadece bildikleri olumsuzluk, yanlışlık, yüzeysellik ve mesuliyetsizlik! Sorulan sualler iyi niyetli değil!

Size son olarak 'iyi niyetli' bir soru sormak istiyorum: Kilolarınız?

Şişmanladığımı uzun ayakkabı çekeceği kullanmaya başladığım zaman anladım. Çünkü eğilemiyorum. Kilo almamın nedeni de tiyatroyu bırakmak oldu. Tiyatroda oyundan sonra saat yarımla bir arası sofralar kurulur, yenilir içilirdi. Haftada 7–8 oyun oynardık. Bunlar çok aktif ve dinamik çalışmalardı. Tiyatro çalışmalarını bıraktıktan sonra akşamları saat dokuzda sofraya oturmaya başladık, sabaha kadar... Dolayısıyla içki ve yemek iki misline çıktı. Buna karşın aktivite yarıya düştü, tam yirmi kilo aldım. Şimdi 125 kiloyum. 110 kiloya düşebilirsem yeterli benim için. Yirmi senedir iki rakamlı kiloya zaten düşemedim.

Efendim, size yapmış olduğum bu keyifli sohbet için teşekkür eder, iki rakamlı kilolar ve sıhhat dolu nice yıllar dilerim.

Fenerbahçe Futbol Kulübü'nden
Türk Tiyatrosu'na transfer olmuş,
yaşamını Türk Tiyatrosu'na adamış bir sanatçımız.

METİN SEREZLİ

3–9 Mart (2008) tarihleri arasında İstanbul'da yapmış olduğum söyleşi turumun üçüncü günü (5 Mart), durağım Kadıköy Halk Eğitim Merkezi idi. Seyrettiğim oyun ise *Kim O?*.

Yönetmeni Nedim Saban, oynayanlar Metin Serezli ve Özlem Tekin. ·

Keyifle izlediğim bu komediden önce, her iki oyuncuyla da kuliste söyleşi yaptım.

Bu oyunuyla 77. oyununu oynayan usta oyuncu Metin Serezli'yi daha seneler öncesinden, Çevre Tiyatrosu'ndan tanıyorum.

Özlem Tekin'e gelince,

Gençler onu pop rock sanatçısı olarak tanıyorlar. Ayrıca, Cem Yılmaz ile oynadığı *Hokkabaz* filminin dışında Şener Şen ile oynadığı *Mucizeler Komedisi'*nden. Oradaki gösterdiği oyun performansından kendisine hayran olmuştum. Ve onu Şener Şen ile beraber seyrederken "işte Türk Tiyatrosu'na yeni bir taze kan" diye düşünmüştüm. Oynarken Şener Şen ile adeta yarışıyordu. Bu yeni oyunda ise yine yılların usta tiyatrocusu Metin Serezli ile de yarışır gibi oynadı. Tek kelimeyle Bravo!

Kim O?

Tiyatrokare prodüksiyonu olan, Nedim Saban'ın yönettiği bu oyun, kendi halinde yalnız yaşayan devlet memuru ile (Metin Serezli) üst katta oturan hamile bir genç kızın (Özlem Tekin) aralarındaki kültür çatışmasını yansıtıyor. Erkek arkadaşı (Harun Öngören) ile kavga eden hamile genç kız, alt kattaki komşusunun zilini çalar ve içeri girer. Bu içeri girişle, kendi halinde yalnız yaşayan, geleneklerine bağlı olan memurun hayatı da yavaş yavaş değişir, hareketlenir. Aralarındaki kültür çatışmasına rağmen, her ikisinin de özlemi aslında birdir: Sevgi dolu sıcak bir aile yaşantısı...

Ne memurun gönlü genç kızın evinden gitmesine razı olur, ne de genç kızın evden gitmeye niyeti yoktur.

Zaman zaman gülmekten gözyaşlarımı tutamadığım oyunun bitmesinden korktum.

Sanatının 50. yılında olan usta oyuncu Metin Serezli'nin yanında, oyunun yüksek performansına büyük katkısı olan Özlem Tekin, yukarıda da yazdığım gibi, adeta Metin Serezli ile sahnede yarış edercesine oynuyor..

Yeşil futbol sahalarından tiyatro sahnelerine transfer...

Lise yıllarında okulun futbol takımının yanı sıra, Fenerbahçe Kulübü'nde de oynayacak kadar iyi bir futbolcu olan, ancak daha sonra yeşil futbol sahalarından tiyatro sahnelerine transfer olan Metin Serezli'nin, 50 yıllık sanat yaşam hikâyesiyle sizleri başbaşa bırakıyorum:

Top oynamayı çok iyi beceriyordum...

1934 İstanbul doğumluyum. Ailenin içinde sanatçı yoktu. Ancak sanatla çok yakından ilgilenen aydın bir ailenin içinde büyüdüm. Babam Vakıflar Müdürü idi. Büyük ağırlığını avukatlar, ilk, orta ve lise öğretmenleri ile dolu bir aile yuvasının içinde, Teşvikiye semtinde geçti çocukluğum. Taksim Atatürk Lisesi'nde okudum. Sporu, bilhassa futbolu çok iyi beceriyordum. Okulun takımında ve Fenerbahçe Kulübü'nde oynuyordum. Futbolcu olmak istiyordum. Liseden sonraki Hukuk öğrenimine başladığımda hemen okulun takımına girmiştim. Benim Fenerbahçe'de oynadığım senelerde, profesyonellik diye bir şey yoktu. İnsan Fenerbahçeli doğar, Fenerbahçeli ölürdü. Ya da Galatasaray veya Beşiktaşlı doğar–ölürdü. Oyuncular takım değiştirmezlerdi. Kulüp değiştiren oyuncular ayıplanırdı. Şimdi profesyonellikte böyle bir şey söz konusu bile değil.

Kendime tiyatro oyunculuğunu yakıştıramıyordum...

Dediğim gibi, sanatla yakından ilgilenen ailenin çocuğu olarak, 8 yaşından sonra ben de onların yanında tiyatrolara giderdim. Her hafta hemen hemen hep aynı koltukta seyrederdik oyunları. Tabii ben, o zamanlar da tiyatroya ilgi duyar, beğenirdim, fakat oyuncu kabiliyetimin olup olmadığı üzerine hiç düşünmemiştim. Belki de kendime oyunculuğu yakıştıramıyordum. Ya da cesaretim yoktu.

Hukuk Fakültesi... Futbola devam...

Liseden sonra İstanbul Üniversitesi Hukuk Fakültesi'ne girdim. Fenerbahçe Kulübü'nde futbol oynadığım için, Fakülte'nin de futbol takımına alınmıştım. Hukuk Fakültesi'ne girerken, bir üniversiteli gencin sadece sporla değil de, sosyal bir faaliyetle de uğraşması gerektiğini düşünüyordum. Ancak, ne gibi bir sosyal faaliyete girebilirim? diye karar vermeye çalışırken, fakültenin kantinindeki bir ilanda İstanbul

Üniversitesi Talebe Birliği'nin Gençlik Tiyatrosu'nun tiyatro çalışmalarına katılacak öğrenciler aradığını öğrendim ve müracaat ettim. Benim bu gruba katılmaktaki maksadım oyuncu olmaktan ziyade, daha çok bu çalışmalarda onlara yardımcı olabilmek, perdecilik, aksesuarları taşımak, dekorları değiştirmek gibi yan işleri yapıp, o atmosfere girmekti niyetim. Benden üst sınıflardaki abla ve abilerimin tiyatro konusundaki görüşlerinden, bilgilerinden yararlanmak istiyordum. Fakat onların hepsi mezun oldular, bizler, iki üç kişi, tiyatro sanatçısı olduk. Oyuncu olmak aklıma bile gelmemişti.Yönetmenimiz rejisör ve oyuncu Avni Dilligil idi.

Birinci Erlangen Tiyatro Festivali...

İlk zamanlar hukuk öğrenimim yanında tiyatro çalışmalarını sürdürürüyorum. Sene 1954–55, Almanya Erlangen Üniversitesi Tiyatro Festivali'ne katılacağız. Orada sergilenecek oyun için tiyatro hocamız Avni Dilligil, oyuncu seçimini yaparken bana "sen de oynayacaksın" dedi. Ufak bir rolüm vardı oyunda. Erlangen Üniversiteler Arası Tiyatro Festivali'nde sergilediğimiz oyun *Yarın Başka Olacaktır* idi. Brezilyalı Pascal Carlos'un bir oyunuydu. Biz grup olarak üçüncü seçildik. Sebebi de yabancı bir yazarın oyunuyla katılmamızdı. Jürideki rejisörler bunu daha sonra şöyle belirttiler: "Oyunculuk konusu üzerinde Türk gençlerinin diğer bütün üniversite tiyatrolarından (20–21 oyun katılmıştı festivale) çok üstün olduğunu gördük. Ancak size birincilik vermeyişimizin sebebi bir yabancı eseri seçmiş olmanızdı. Kendi ülkenizden, kendi lokal renklerinizden bir oyun getirmiş olsaydınız, bu oyunculukla çok daha büyük başarı kazanırdınız."

İkinci Erlangen Tiyatro Festivali ve birincilik...

Ertesi yıl yine Erlangen Tiyatro Festivali'ne katılmamız için davet geldi. Hocamız Avni Dilligil, Necati Cumalı'nın

Boş Beşik oyunuyla katılmaya karar verdi. Ve o sene birinci olduk. İkinci gittiğimizde grubumuzda benden başka Erol Keskin, Nejdet Aybek ve Nisa Ersan (Serezli) gibi oyuncular vardı. İlk zamanlar hukuk öğrenimim yanında tiyatro çalışmaları devam ediyor, fakat tiyatro çalışmalarıyla dersler çakışıyordu. Üçüncü sınıfa geçmem için iki sınav vermem gerekiyordu. Tabii öyle bir niyet bende yoktu. Ben aktör olunca, bir tiyatro sanatçısının, ya bir konservatuar eğitimi ya da yüksek eğitimde bir takım altyapı kültürüne sahip olması gerektiğini düşünüyordum. Ve aynı dersleri gördüğümüz, aynı hocaların geldiği bölüm, bugünkü Basın Yayın Yüksek Okulu olan İktisat Fakültesi'nin Gazetecilik Bölümü'ne geçiş yaptım. Niyetim gazeteci olmak değil, tiyatro için bir altyapı olsun diye başladım. Basın Yayın'da okurken Vatan, Tan gibi gazete ve dergilerde yazılar yazmaya, hatta bir ara tiyatro kritikleri yazmaya da başlamıştım. Fakat profesyonel oyunculuğa geçince bunların hepsini bıraktım.

Profesyonelliğe geçiş... Dormen Tiyatrosu...
Üniversitenin Gençlik Tiyatrosu'nda iki sene oynadım. Gençlik Tiyatrosu'nun gayesi şuydu: Okul süresince, yani yüksek tahsil sırasında öğrenciler bu tiyatronun oyunlarında oynayabilirler, ama mezun olduktan sonra bu hakları ellerinden alınır. Çünkü yeni gelen gençler de aynı haklardan yararlansınlar diye. Çok güzel bir sistemdi. İkinci Erlangen Tiyatro Festivali'nden döndükten sonra, Amerika'daki tiyatro eğitimini tamamlayıp, Türkiye'ye yeni dönmüş olan Haldun Dormen'den teklif aldım. O da, o ara, Türk Tiyatrosu'ndaki havayı tanımak için kadro kurup, seçtiği *Papaz Kaçtı* oyunu için kadro tamamlamaya çalışıyordu. Beni *Boş Beşik*'te seyretmiş olan Hamit Belli, Haldun'e tavsiye etmiş. Bu kadroyla bir aylık bir deneme yapmak istiyordu. Fakat bu arada ben

yine Gençlik Tiyatrosu ile ilişiğimi koparmıyorum. İki oyun sahneliyorum. Bu iki oyunda da biri Tuncel Kurtiz diğeri ise Tunca Yönder oynuyorlar. 1954 yılında Amerika'dan dönen Haldun Dormen, Muhsin Ertuğrul ile beraber Küçük Sahne'de çalışmış, görev almıştı.

Haldun Dormen, Muhsin Ertuğrul ve Kazım Taşkent'in kurduğu Küçük Sahne'de Dormen Tiyatrosu'nu açmak istiyordu. Ancak bundan önce ikimiz de askere gittik. Dormen Tiyatrosu ilk defa Süreyya Sineması'nda 1955 yılında *Papaz Kaçtı*'yı sergilemiş, çok tutulmuş, 7–8 ay oynanmıştı. Resmen de 1957'de Küçük Sahne'de Dormen Tiyatrosu kuruldu. 1971'den ilk kapanmasına kadar Dormen Tiyatrosu'nda beraber 15 yıl çalıştık.

Çevre Tiyatrosu ve Altan Erbulak...

Dormen Tiyatrosu 1971 yılında kapandı. Altan Erbulak'la beraber Çevre Tiyatrosu'nu kurduk. 1971–78 yılları arasında başarılı bir tiyatro çalışması içinde 8 oyun hep kapalı gişe oynadık. Biletlerimiz bir ay öncesinden satılırdı. Ancak 70'li yıllarda Türkiye'de terör vardı; anarşik olaylar çoğalmıştı. Kapalı salonlara bombalar atılıyordu. Bizler de çok politik oyunlar oynuyorduk. Kendimizden değil de, seyircilerimize bir şey olur diye korkuyorduk. Biz de olaylar biraz yatışsın diye tiyatromuzu maalesef kapatmak zorunda kalmıştık. Zaten iki sene sonra ortalık duruldu. Fakat biz de o ara başka işlere dalmıştık. Tekrar tiyatroyu kurmak zordu. Haldun Dormen, tekrar tiyatrosunu açınca 1984 yılında ben tekrar Dormen Tiyatrosu'na geçtim. Altan Erbulak benim ilk ve son ortağım oldu. O, Türk Tiyatrosu'nun gelmiş geçmiş en büyük aktörlerinden bir tanesidir. Gerek sempatisi, gerek çalışkanlığıyla, gerekse de komedi oyunundaki üstün maharetleriyle inanılmaz bir oyuncuydu. Çok erken vefat etmesi Türk Tiyatrosu için büyük kayıp oldu. Benim hayatımdaki ilk ve son ortağım oldu. Ondan başkası ile de ortak iş yapmadım. Altan'ın oyunculuğu tartışılmaz.

Oynadığım ve yönettiğim oyunlar...

Toplam 77 oyunda oynadım. *Kim O?* oyunu benim 77. oyunumdur.

Yönettiğim 37 oyun var. Bunların 5'i müzikaldir. Yerli ve yabancı önemli yazarların oyunlarında oynadım. Ben çok talihli bir oyuncuyum. Bana gelen roller daima sevilecek rollerdi. Hepsini çok sevdim. 77 oyunun içinde, size itiraf edeyim, sadece iki oyunu sevmeden ve hoşlanmadan ama vazifemi yerine getirmek için oynadım. Yerli yazarlar oldukları için isimlerini söylemeyeyim, gücenirler.

Benim en son oynadığım oyun, en çok sevdiğim oyundur. Geçen sene oynadığım oyun en sevdiğim oyundu. Bu sene en sevdiğim oyun *Kim O?*'dur.

Oyunlardan örnekler:

Ayı Masalı, Beş Parmak, Müfettiş, Ben Bir Fotoğraf Makinasıyım, Cengiz Han'ın Bisikleti, Sokak Kızı İrma, İkinci Baskı, Komik Para, Zafer Madalyası, Hangisi Karısı, Papaz Kaçtı, İkisinin Biri, Çılgın Sonbahar, Bu Filmi Görmüştüm, Sylvia, Kaç Baba Kaç, Tepe Taklak, Pembe Pırlantalar, Çılgın Hafta Sonu.

Film çalışmalarım...

1957'de tiyatro çalışmalarımla birlikte film çalışmalarım da başladı. İlk filmim 1957'de *Son Saadet* filmi idi. Fikret Hakan'la beraberdik. Tam sayısını bilmiyorum. Fakat sanıyorum 50 civarında. 1969–70 yılları arasında Haldun Dormen'den film çalışmaları için iki yıl izin almıştım. Her ay bir film çalışmam oluyordu. 1972'den sonra ise hiç film çalışması yapmadım. 1975–76'dan sonra da televizyon çalışmalarına ağırlık verdim. Hele özel televizyon şirketleri çoğalınca film çevirmek aklıma gelmedi. Örneğin *Olacak O Kadar*'la on senem geçti. Fakat tiyatroyu hiç ihmal etmedim. Bu çok zor. Düşünün, sabah saat 9:30–10'da çalışmaya başlayacaksınız, akşam saat 20:00'de de tiyatroda olacaksınız. Bu çalışmalarımı on yıl hiç ara vermeden ve gocunmadan yaptım. 25–30 ödülüm var. Bunların içinde En İyi Oyuncu Ödülüm 7 adet. Bir tane de En İyi Yönetmen Ödülü'ne sahibim.

Film çalışmalarımdan örnekler...

1958– *Ayşe'nin Çilesi, Son Saadet*
1960– *Sensiz Yıllar*
1965– *Bozuk Düzen, Güzel Bir Gün İçin*
1966– *Damgalı Kadın*
1967– *Kuduz Recep*
1969– *Dağlar Kızı Reyhan, Yaralı Kalp, Ayşecik'le Ömercik,*
1970– *Yavrum Ali, Seven Ne Yapmaz, Şoför Nebahat, Ayşecik Sana Tapıyorum*
1971– *Ayşecik ve Sihirli Cüceler Rüyalar Ülkesinde, Sürgünden Geliyorum, Ömrümce Unutamadım, Ömrümce Aradım, On Küçük Şeytan, Aşk Uğruna, Hayat Sevince Güzel, Bütün Anneler Melektir, Melek mi Şeytan mı?, Asrın Kadını, Unutulan Kadın, Senede Bir Gün, Son Hıçkırık*
1972– *Sisli Hatıralar, Gümüş Gerdanlık, Kopuk*
1973– *Beddua, Günahsız Kadın, Falcı*
1974– *Ceza*
1977– *Özgürlüğün Bedeli*
1980– *Sarışın Tehlike, Zübük, Talihli Amele*
1983– *Metres, Gecelerin Kadını*
1984– *Nefret*
1987– *Kavanozdaki Adam*
1988– *Necip Fazıl Kısakürek*

1990– *Darbe*
1995– *Palavra Aşklar*
1996– *Yüzleşme*
2001– *Son*
2003– *Sihirli Annem*

Unutamadığım iki anım...

Unutamadığım ilk anım ilk sahneye adım attığım gündür: Çünkü gömleğimin üstünden kalbimin atışları gözüküyormuş. İlk amatör Gençlik Tiyatrosu'ndaki Erlangen Tiyatro Festivali'nde üçüncü olduğumuz *Yarın Başka Olacak* oyunu idi.

Diğeri Bergama'daki eski üç bin yıllık Antik Tiyatro'da 10 bin seyirci karşısında oynamamızdır. Kuşadası'ndaki bir festivalde 3 bin seyirciye de oynamıştık. Fakat Bergama'daki Antik Tiyatro'da 10 bin seyirciye oynamak beni çok heyecanlandırmıştı.

İstanbul, Ankara, Londra, Berlin ve Van arasında
Türk tiyatrosuna 54 yıldır hizmet eden tiyatro emekçisi...

METİN TEKİN

Berlin gibi kültür ve sanat şehrinde yaşıyor olmaktan her zaman kıvanç duymuş, kendimi şanslı ve ayrıcalıklı saymışımdır. Hangi sanat dalında olursa olsun, sanatçıların ilk uğrayacakları bir duraktır Berlin. Sanatçılarımızla yaptığım sohbetlerde de bunu zaman zaman saptadım. Onlar için de Berlin şehrinin özel bir yeri, başka bir ayrıcalığı var. Berlin, sadece Almanya'nın başkenti olmayıp, sanat ve kültürün de başkentidir, metropolüdür.

İşte bu sanat ve kültürlerin buluşma yeri ve metropolü olan Berlin'e, zaman zaman bir veya birkaç günlüğüne gelen sanatçıların dışında, seneler önce gelmiş ve demir atmış sanatçılar da var. Tiyatro oyuncusu ve yönetmeni Metin Tekin de bunlardan biri. 1960'lı yılların başında Ankara'da başladığı tiyatro eğitimini, 1970'li yılların sonlarında Londra'da devam ettirmiş, oradan da 1979 yılında Alman tiyatrosunu da incelemek için geldiği Berlin'e demir atmış. Yaklaşık 25 yıldır, gerek oyuncu olarak, gerekse yönetmen olarak, birçok değerli oyunlara imza atmış, televizyon ve sinema filmlerinde oynamış. Berlin'deki HDK'da seminarlar vermiş, çeşitli tiyatro grupları –Cep Tiyatrosu, Bizim Tiyatro gibi– kurarak, tiyatrocu gençlerin yetişmesine yardımcı olmuş. Kendisinin oynadığı veya yönetmiş olduğu oyunlardan *Şişedeki Şeytan, Kurtuluş Savaşı, Zararsız Hırsız, Üç Evladım Üç, Almanya Defteri, Eski Fotoğraflar, Kanlı Nigar, Pir Sultan, Suç Ortakları* gibi oyunları seyrettim.

8 Mayıs 1991 tarihli *Berliner Morgenpost, Volksblatt* ve *Der Tagesspiegel* gazeteleri şöyle yazmışlar Metin Tekin hakkında:

"Başarılı Türk tiyatro oyuncusu ve yönetmeni Metin Tekin'in öğrencileri, büyük Alman edebiyatçısı Goethe'nin Suç Ortakları *adlı oyununu sahneliyorlar. Goethe'nin henüz 17 yaşındayken yazdığı bir aşk hikâyesini konu alan* Suç Ortakları*'nda rol alan Sascha Kleye, Susanne Werner, Virene Dubberstein, Helmut Schmicler ve Goethe'yi canlandıran Kezban Kalın oldukça iddialılar. Kreuzberg'teki Theater Manufaktur'da çalışmalarını sürdüren Metin Tekin'in başarılı öğrencileri, Senato'nun yardım etmemesine rağmen, kendi ceplerinden finanse ettikleri kostüm ve dekorlarla* Suç Ortakları*'nı profesyonelce sahneliyorlar..."*

"İyi ki Doğdun Goethe

İkinci kuşak Türk ve Alman gençlerinin oluşturduğu Cep Tiyatrosu, önümüzdeki aylarda doğum günü kutlanacak olan ünlü Alman edebiyatçısı Goethe'nin henüz 17 yaşındayken yazdığı bir aşk hikâyesini anlatan Suç Ortakları*'yla 'iyi ki doğdun Goethe' diyecekler..."*

Yaklaşık 20 yıldır tanıdığım, zaman zaman sohbet ettiğim Metin Tekin'le nihayet uzun bir söyleşi yapabilme fırsatını yakaladım. Kendisiyle yaptığım söyleşinin dört durağı var: Ankara, İstanbul, Londra ve Berlin.

Sanat yaşamının bu dört durağından önce, gençliği ve tiyatro ile tanıştığı ön duraktan başlıyoruz:

8 yaşında tiyatro ile tanıştım...
1943 yılında, babamın şark hizmeti yaptığı Kars şehrinde doğdum. Babam subaydı. Daha sonra çalıştığı Orman Genel Müdürlüğü'ndeki vazifesinden istifa edip iş hayatına atılınca Ankara'ya taşındık. İlkokulu Sarıkamış'ta bitirdim. Lise dönemimin yarısını Erzurum, yarısını da Ankara'da tamamladım. İlkokulun üçüncü sınıfında, 8 yaşında iken, Kızılay'a ilişkin bir müzikalde oynadım. *Mazlum Çocuk* adlı Kızılay'a övgü yapan müzikal bir oyundu. Daha sonra okul müsamerelerinde tiyatro ile ilişkim hep devam etti. Ailem hep destekledi beni tiyatro konusunda. Sadece beni değil diğer her iki kardeşim de sahne sanatçısı oldular. Onlar bale, ben ise tiyatroda filizlendik.

İlk profesyonel oyunum...
Ankara'da eğitim yaparken, konservatuvar öncesi, 16 yaşından itibaren, abimin devlet balesinde çalışmasından dolayı yaklaşık 4–5 oyun operada ufak rollerle başladı profesyonelliğim. Ünlü sopranolarımızdan Ayhan Aydan, Sevda Aydan gibi ünlü sanatçıların yanında figüranlık gibi rollerle sahnede idim. Bunlardan sonra ilk profesyonel oyunumu 20 yaşlarında, Lale Oraloğlu Tiyatrosu'nda oynadım.

Tiyatro yaşamımın ilk durakları Ankara ve İstanbul...
Liseden sonra, 1962 yılında Ankara Devlet Konservatuvarı Tiyatro Bölümü'ne girdim. Ancak bir buçuk yıl sonra İstanbul Belediye Konservatuvarı'na geçtim. O dönemde Yıldız Kenter ve Lale Oraloğlu okullardan stajyer oyuncu arıyorlardı. Lale Oraloğlu o dönemlerde Türkiye'nin en popüler oyuncusuydu. 1966–67 yıllarında onun tiyatrosunda *Gul-*

yabani, Kralın Kısrağı ve *Altona Mahpusları* oyunlarında stajyer oyuncu ve stajyer reji asistanlığı yaptım.

Tekrar Ankara ve Ankara Halk Oyuncuları...

İstanbul Lale Oraloğlu Tiyatrosu'ndan sonra tekrar Ankara'ya döndüm. Ankara Halk Oyuncuları'nın kurucuları arasında yer aldım. Ankara Halk Oyuncuları o dönemde 53 kişilik bir kadroydu. Bu kadro arasında Tuncer Necmioğlu, Uğur Bugay, Nevzat Şenol, Alev Yamaç gibi yönetim kadromuz vardı. 1969–71 yılları arasında *Devri Süleyman, Komisyon, Teneke* ve *Pir Sultan* gibi oyunlarda reji asistanı ve oyuncu olarak görev yaptım. İki buçuk yıl devam ettikten sonra Ankara Halk Oyuncuları ikiye ayrıldı. Vasıf Öngören'le beraber İstanbul Birliği olarak İstanbul'a geçtik. Ve Genco Erkal'la Beyoğlu'ndaki Küçük Sahne'yi bölüştük.

Ankara ve İstanbul Konservatuvar hocalarım..

Türk tiyatro eğitim tarihindeki en büyük hocalarla çalışma şansına sahip biri olarak kendimi çok farklı hissederim. Fonotik uzmanımız Nurettin Sevin, çevirileriyle de çok ünlüdür. Ruşen Kam halk müziği, Hikmet Kıvılcımlı solfej, Seyit Mısırlı ise eskrim dersleri verirdi. Kendisi eskrim dalında dünya ikicisiydi. Salih Caner sahne dersleri. Bunların dışında Mahir Canova ve Cüneyt Gökçer gibi değerli hocalarımla Ankara Konservatuvarı'nda çalıştım. İstanbul Konservatuvarı'nda ise Yıldız Kenter, Müşfik Kenter, Lütfi Ay gibi hocalarım oldu.

Aynı dönemi paylaştığım arkadaşlarım...

Hasan Levendoğlu, Can Gürzap, Altay İzbırak, Muammer Çıpa, Macide Tanır gibi değerli tiyatro oyuncusu arkadaşlarla aynı dönemi paylaştım.

Arena Tiyatrosu...

1967–68 yıllarında *Kanlı Nigar, Sasafra Dallarındaki Rüzgâr* oyunlarında Münir Özkul ile beraber oynadım. Zeki Müren'le *Çay ve Sempatik* adlı oyunda beraber çalışmamız oldu. Bunların dışında Mahir Canova'nın yönetmenliğinde *Anastasya* oyununda stajyer oyuncu olarak görev yaptım.

Dostlar Tiyatrosu ve Genco Erkal'la çalışmalarım...

İstanbul Birliği'nde Vasıf Öngören'le beraber iki buçuk yıl çalıştım. Ancak Vasıf Öngören'in hapise girmesiyle grup dağıldı ve ben Genco Erkal ile Dostlar Tiyatrosu'nda tiyatro çalışmalarımı sürdürdüm. *Havana Duruşması* ve *Nekrasov* gibi oyunlarda Genco Erkal ile beraber aynı sahneyi paylaştım.

İlk yönetmenlik denemem...

60'lı yılların sonlarında, İzmit Yarımca'da Halk Oyuncuları'nın bir şubesini kurmuştum. Rahmetli Orhan Asena'nın *Karagöz Politikacı* adlı oyununu sahneledim ve Karagöz'ü oynadım. Çok beğenildi, bayağı seyirci toplamıştı. Ancak ekonomik zorluklardan dolayı Ankara'dan ve İstanbul'dan ayrılamıyordum.

Ve Londra...

Tiyatro sanatında daha üst düzeyde eğitim alma zorunluluğunu hissettim. 1973 sonlarında Milli Eğitim Bakanlığı'nın izniyle yüksek ihtisas yapmak için Londra'ya gittim. O dönem konservatuvarlarda "müktesep haklar" diye bir hakkımız vardı. Yani bir öğrenci konservatuvara giriş imtihanını kazandığında okula devam etme zorunluluğu yoktu. Üç yıl geçtikten sonra eğer bu üç yılı oyuncu olarak profesyonel sahnelerde oynamışsa diplomasını otomatikman alıyordu. 5 yılı geçmişse yüksek eğitim diploması alıyordu ve Devlet Tiyatroları kadrolarına hemen girebiliyordu. Londra'daki yüksek ihtisasım 6 yıl sürdü. Burada İngiliz dili ve tiyatrosu üzerine araştırma ve incelemelerde bulundum. Bu arada kardeşim Altan Tekin Theatre Royale Akademisi'nin Bale Bölümü'nde okuyordu. Onun sayesinde Royale Shakespear düzeyinde tiyatrolarla tanışma imkanını buldum. Bunların içinde Glope Tiyatrosu'nda izleyici ve kulis yardımcılığı yaptım. Buraya dünyanın her tarafından müraacat olduğu için, kolay kolay böyle fırsatlar ele geçmiyordu. *Bordel* ve *Saturday–Sunday* adlarında iki sergilemede yardımcı reji asistanlığı yaptım. Bunların dışında sahnede oyun olanağı Londra'da bulamadım. Ancak İngiliz tiyatrosunu yakından inceledim diyebilirim.

Berlin ve Alman tiyatrosu...

Londra'dan sonra da 1980 yılında Alman tiyatrosunu incelemek üzere, özellikle Berliner Ensamble'de Brecht'in tiyatrosunu incelemek için Berlin'e geldim. Çeşitli tiyatrolardaki çalışmaları incelemeye başladım. Theater Manufaktur grubuyla tanıştım ve bana olanak tanımalarını rica ettim. Bana önce pandomim daha sonra da tekstli oynama fırsatı verdiler. *1848, Murieta* ve *Henry Ford* oyunlarını pandomim olarak sergiledim. Benim oyun tarzımı çok ilginç buldular. 4 yıl içinde Tiyatro Manufaktur'un çekirdek kadrosuna girdim. Oyuncu olarak devam ederken bazı oyunlarda başrol oynama şansını yakaladım. *Plato, Yuvarlak Kafalılar, Sivri Kafalılar*'da Hitler rolünü oynadım. *Turandot*'da Sen bilge rolünü oynadım. Bu arada Türk ve Almanlarda oluşan Cep Tiyatrosu'nu ve Bizim Tiyatro'yu kurdum. Bu çalışmalarımın dışında televizyon, film ve radyo çalışmalarım oldu, ödüller aldım: 1980 Adolf Grimme Preis in Gold. Çeşitli tiyatro yüksek okullarında dersler verdim, kültür haftaları düzenledim, organzasyonunu yaptım.

Berlin'de yönettiğim ve oynadığım oyunlardan örnekler...

Theater Manufaktur: 1848 (Pandomim Oyuncu), *Murieta* (Pandomim oyuncu), *Henry Ford* (Pandomim oyuncu), *Nebenschaden* (oyuncu), *Der Gute M.v. Sezuan* (oyuncu), *Die Mutter* (oyuncu), *Rundköpfe* (oyuncu), *Nekrasov* (oyuncu), *Der Talisman* (oyuncu), *Happy End* (Koreograf, oyuncu), *Pauken* (oyuncu), *Turandot* (oyuncu), *Der Drache* (oyuncu), *Die Schatten* (oyuncu), *Babylon* (oyuncu), *6 Verrückte* (oyuncu).

Cep Tiyatrosu: *Berlin'de Bugün, Mesele Burada, Uç Evladım Uç, 6 Çılgın 1 Şarkı, Suç Ortakları.*

Bizim Tiyatro–Berlin: *Kurtuluş Savaşı Destanı* (reji), *Ateşli Sabır* (reji, koreog, oyuncu), *Jakob oder der Dieb* (reji) ve Vasıf Öngören'den *Göç* (reji ve oyuncu).

SFB, ZDF, ARD televizyon programları: Çok sayıda televizyon ve film çalışmaları ve Deutsches Theater'da *Suziki* adlı oyunda oyuncu olarak görev aldım.

Van'da sergilediğim oyun...

2002 yılında Türkiye'den Devlet Tiyatrosu'nun isteği üzerine Goldone'nin *İki Efendili Uşak* oyununu Van'da sahneledim. Önümüzdeki yıl (2005) içinde Devlet ve Şehir Tiyatroları'nda bir dizi oyunlar yapma projem var. Sanıyorum Brecht'ten olacak seçeceğim oyunlar.

En son oynadığım oyun...

2004'ün Haziran'ında Viyana'da *Nussbaum Sonate* adlı üç kişilik bir müzikalde oynadım. Oyun 200 kereden fazla sahnelendi.

Unutamadığım iki anım...

Arena Tiyatrosu'nda *Sasafra Dallarındaki Rüzgâr*'ı oynuyoruz. Rol icabı şişedeki viskiyi alıp kafaya dikip içmem gerekiyor. Tokatlı bir dekorcumuz vardı. Oyunun arasında şişeye viski yerine gazyağı koymuş. Ben tabii viski şişesini bir güzel dikip, birkaç yudum gazyağı içtim. O şekilde rolümü oynamak zorunda kaldım. Bir de Lale Oraloğlu ile Almanya turnesindeyiz. 1964–65 olmalı. Köln'deyiz. Polyanna oyunu sırasında bir Türk işçi, ayağındaki kovboy çizmeleriyle gürültü yaparak sahne önüne geldi ve *"Bu oyun hep böyle mi devam edecek?"* diye sordu biz oyunculara. Lale Oraloğlu da, *"Evet, siz ne bekliyordunuz?"* dedi. Türk vatandaşımız da *"Hani, şöyle zilli, milli, danslı bir şey..."* diye cevap verdi.

Tabii o yıllarda Almanya'daki işçilerimiz tiyatroya biraz daha yabancı idiler.

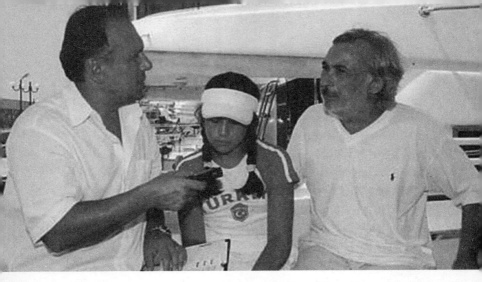

10 yaşında dayakla sahneye itilen
Müjdat Gezen'in
50 yıllık sanat serüveni...

MÜJDAT GEZEN

Rahmetli Aziz Nesin, Müjdat Gezen'in yazdığı *Komikler Ağlamaz* kitabının önsözünde şunları yazmış:

"Müjdat Gezen'in iki elinde neden on parmak var diye hep şaşmışımdır. Bana sanki Müjdat'ın her elinde en az on parmak olması gerekliymiş de eksik parmaklı doğmuş gibi gelir. Çok hüneri olan insanlara 'on parmağında on marifet var' derler ya, ondaki hünerlere, marifetlere on parmak da yetmez, yirmi parmak da... Müjdat tiyatro oyuncusudur, Müjdat sinema artistidir, Müjdat showmendir, Müjdat öğretmendir, Müjdat örgütçüdür, Müjdat yazardır, Müjdat ne değildir ki... Bütün bunlar yetmezmiş gibi, üstüne üstlük Müjdat hastadır. Hastalık da meslek mi, meslekten mi sayılıyor, demeyin. Çünkü hastalık, Müjdat'ta meslek olmuştur ve Müjdat profesyonel hastadır... Müjdat, söylediğini kolaylıkla anla-

tan, konuştuğunu kolaylıkla dinleten, oynadığını kolaylıkla seyrettiren, yazdığını kolaylıkla okutan bir yazardır."

Sanıyorum Müjdat Gezen'i Aziz Nesin'den başka kimse bu kadar doğru ve güzel anlatamazdı. Rahmetli Aziz Nesin, yukarıda Müjdat Gezen'i tarif ederken bir marifetini unutmuş: Kaptanlık... Müjdat Gezen, hem Kalamış Yat Limani'ndaki "Kalamış" adlı teknesinin ehliyetli kaptanı hem de dünyanın en büyük aktör okulu olan Actor Studio'nun dünyadaki ilk şubesi ve dünyanın tek ücretsiz okulu olan Müjdat Gezen Sanat Merkezi'nin (MSM) başarılı kaptanı.

Şimdiye kadar birçok kişilerle sayısız röportajlar yaptım. Ancak sanatçılarla yaptığım röportajların bendeki yerleri bambaşka. İşte Müjdat Gezen'le yaptığım röportaj da bunlardan biri. Çünkü çalışır çabalar işadamı veya mühendis, doktor, politikaci olabilirsiniz fakat sanatçı olabilmek bir ayrıcalık. Atatürk'ün de söyledigi gibi...

Kızım Duygu ile Bakırköy'den Kadıköy'e deniz otobüsü ile gittik. Oradan MSM'e kısa bir taksi yolculuğundan sonra vardık. MSM dışarıdan bakıldığında okuldan çok bir ev görünümünde. İçeri girildiğinde de aynı aile evi sıcaklığının yüzünüze çarptığını hissediyorsunuz. Okulun bahçesine girerken Türk tiyatrosunun Muhsin Ertuğrul, İsmail Dümbüllü, Münir Özkul gibi ustaların büstleri sizi karşılıyor ancak onları selamlayıp MSM'in kapısından içeri girebiliyorsunuz.

MSM ziyaretinden sonra Müjdat Gezen'le buluşmak üzere Kanlıca Yat Limanı'na götürülüyoruz. Müjdat Gezen, Duygu ile beni Kanlıca'nın meşhur yoğurdundan yapılmış buz gibi ayranla karşılıyor. Teknede kendisinden başka eşi Leyla Hanım, köpeği Dino ve iki arkadaşı daha var. Biraz soluklandıktan sonra, ses alma cihazımın kırmızı düğmesine basıyorum.

Sanat yaşamınızı kısaca özetler misiniz?

29 Ekim 1943 yılında İstanbul'un en alaturka ve gelenek-sel semti olan Fatih'in (eski güzel Fatih'ten söz ediyorum) bir sokağında doğmuşum. Babam TRT müzisyenlerinden Ahmet Necdet, annem ev hanımı Macide Hanım, halam folklör sanatçısı Seha Okuş, dedem şarkı sözü yazarı, amcam gazelhandı.

Sahneye ilk kez 1953 yılında 10 yaşında *Küçük Çiftçiler* adlı bir ilkokul piyesinde çıktım. Öğretmenimin zoruyla ve kafama vurduğu cetvel sonucunda sahneye arkamdan itilerek çıkmaya zorlandım ve bir daha da o sahneden inemedim.

O zorla sahneye çıkarılışınızı anlatır mısınız?

Sahne yüzünden o koca cetvelin kafamda "taaak" diye çıkardığı ses bugün hâlâ kulaklarımda çınlar...

Yıl 1953. On yaşındayım ve Hırkaişerif İlkokulu'nun üçüncü sınıfında öğrenciyim. Öğretmenim iki yıldır beni okutuyor ve çok seviyor. Daha birinci sınıfta ezbere Türkiye haritasını çizmeme pek şaşar, beni sınıf sınıf gezdirirdi. Okulda oynanacak *Küçük Çiftçiler* adlı piyeste illaki benim başrolü oynamamı istedi. Bense istemiyordum.

"Ben tiyatroda falan oynamam!" dedim.

Sen misin diyen, "taaak..." Nasıl öfkeyle indirdi kafama cetveli öğretmenim anlatamam.

Alnım o anda şişti. Öğretmenim telaşlandı. Mümessil Bayram'ı bakkala gönderip ekmek aldırıp içini bana çiğnettirdi ve alnıma yapıştırdı. Daha sonra araya annemi sokup beni razı etti. İlk sahneye adım atışımdı bu benim ve ilk başarımdı. Oynadığım oyunla herkesi ağlatmıştım. Bilinçaltımı yokladığımda, komedyen olmama neden olan sebeplerin başında şu gelir: İlk oyunumda herkesi ağlıyor görmem, beni dramdan uzaklaştırıp komedyenliğe itti, diye düşünürüm.

Yediğiniz cetvelden sonraki sanat yaşamınız?

Aynı yıl Doğan Kardeş çocuk dergisinde şiirlerim yayımlandı. Yine bu yıllarda İstanbul Radyosu Çocuk Kulübü'nde mikrofonla tanıştım. 1956–57 yıllarında çeşitli amatör tiyatro topluluklarında roller oynadım. 1960 yılında da İstanbul Belediyesi Şehir Tiyatroları'nda profesyonel oldum. 1961 yılında İstanbul Belediyesi Konservatuvarı Tiyatro Bölümü'ne girdim. 1962'de ilk filmim *Yedi Kocalı Hürmüz*'ü çevirdim. 1963 yılında ilk özel tiyatro çalışmalarına başladım. Münir Özkul ve Muammer Karaca ile sahne paylaştım. 1964–66 askerlik yılları ve bu yıllarda oyun yazma denemelerim oldu. 1966 yılında Ulvi Uraz Tiyatrosu'na girdim. 1967'de Halk Oyuncuları'nı kurdum. 1968 yılında da ilk kendi özel tiyatromu açtım. 1970 yılında sahne ve film çalışmaları, Uğur Dündar ve Perran Kutman'la birlikte TV çalışmalarım oldu. 1975 yılında ilk kitabım *Kuzucuk* yayımlandı. Toplam 28 yayımlanmış kitabım var. *Ustalarım, Salak Oğlum, Çizgilerle Nazım Hikmet, Komikler Ağlamaz, Arkadaşım Aziz Nesin, Türk Tiyatrosu Kitabı, Oyuncunun El Kitabı, Gırgıriye, Meddah* bunlardan bazıları. 1982'den itibaren İ. Ü. Devlet Konservatuvarı'nda Türk Tiyatrosu öğretmenliği yaptım. Kandemir Konduk'la Güldürü Üretim Merkezi'ni kurduk. 1991 yılında da MSM'yi kurdum. 1995'de *Hamlet Efendi*, 1997'de de *Babam* adlı oyunlarım ödül aldı. Yüz civarında filmde, elli civarında oyunda, binden fazla radyo ve TV Skecinde rol aldım, bunların bir bölümünü yazdım ve yönettim.

MSM'yi açmanızdaki gayeniz? Biraz tanıtır mısınız?

Konservatuvarda hocalık yaptığım yıllarda öğrenci harçları yüksekti, ödeyemeyen öğrenciler vardı. O zamanlar böyle parasız eğitim veren bir okul açma düşüncem vardı. 270

öğrencimiz var. Okulumuz parasız, vakıf konservatuarıdır. Giriş şarti ise lise mezunu ve yetenekli olmak. Öğretmenlerim, eski dostlarım, yeniler de en az onlar kadar özverili. Aldıkları maaşlar ancak yol paraları. Bazıları onu da almıyor. Hedefimiz profesyonel sanatçı yetiştirmek değil. Buradan mezun olacakların hepsi oyuncu olacak diye bir garanti yok. Okulumuzda Tiyatro, Opera–Şan, Türk Sanat Müziği, Türk Halk Müziği, Türk Hafif Müziği, Yaratıcılık–Yazarlık ve Klasik Gitar dallarında eğitim veriliyor.

Siz de Aziz Nesin gibi okulun bahçesine gömülmek istiyorsunuz... Niçin?

Öğrencilerimden ayrı kalmamak için Aralık 2000'de Bakanlar Kurulu'na başvurup, öldüğümde okulun bahçesine gömülmek istediğimi bildirdim. Fakat ölmeye henüz niyetim yok. 2050 yılında buraya gömülmek ve öğrencilerime yakın olmak istiyorum. Çünkü burası benim ikinci evim. Tek şartım, kabir görünümünde bir mezar istemiyorum.

Sizin Aziz Nesin'le çok beraberliğiniz var... Size "hastalık hastası" diyordu.

Onsuzluğa alışamadım. Bu gidişle alışacağım da yok gibi.

Gene bir sabah telefon çalacak ve Aziz Ağabey: "Bu gün ne hastalığın var?" diyecek...

Ben sık sık hastalanırım. Aziz Ağabey'e göre bu: "Hastalandığımı sanmaktır."

Ne zaman sağlığımdan şikâyet etsem, o bir yolunu bulup bana takılırdı. Bir sabah telefonum çaldı ve ben hiçbir şey söylemeden: "Parmak kanserin nasıl?" dedi.

Çok ilginçtir, onun kalp krizi geçirip öldüğünü ben rüyamda gördüm. Sabah uyandığımda televizyondaki spiker Aziz Nesin'in kalp yetmezliğinden yoğun bakımda olduğu haberini verdi. Hemen hastaneyi aradım. Aziz Ağabey, telefonda iyi olduğunu söyledi.

"Geliyorum" deyince "Gelme benim hastalarla uğraşacak halim yok" diye espri yaptı.

Bizlere ayırdığınız zaman için tesekkür eder, tekneniz Kanlıca'da ve okulunuz MSM'de eşiniz Leyla Hanım'la 2050'ye kadar "hastalıksız" günler dileriz.

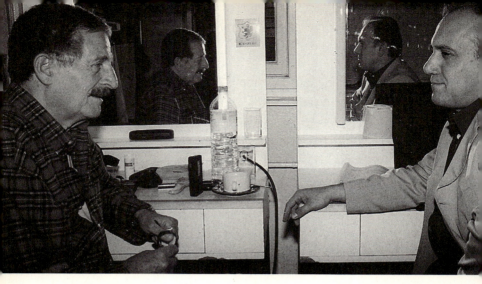

Huysuz İhtiyar
Oğuz Aral'ı oynayan

MÜŞFİK KENTER

6. Diyalog Tiyatro Festivali çerçevesi içinde Türkiye'den gelen Müşfik Kenter, Oğuz Aral'ın yazmış olduğu *Huysuz İhtiyar* isimli tek kişilik oyunu iki gece kapalı gişe oynadı. Oğuz Aral'ın kendi hayatını konu alan *Huysuz İhtiyar*'ı, mizahi bir uslupla oynayan yetmişine merdiven dayayan usta oyuncu Müşfik Kenter'le kuliste sohbet ettim, kendisine sorular yönelttim.

Sanat yaşamınızı kısaca özetler misiniz?
1932 İstanbul doğumluyum. 1947 ve 48 yıllarında çocuk tiyatrosunda başladı tiyatro hayatım. 1950 yılında da Ankara Devlet Konservatuarı'na girdim. İlk olarak Yıldız'la *Karmen Operası*'nda beraber aynı sahneyi paylaşmıştık. Bu operada çocuk korosunda beraber sahnedeydik. 1955 yılında Ankara Devlet Konservatuarı Tiyatro Yüksek Bölümü'nü bitirdikten sonra Devlet Tiyatrosu'nda çalışmaya başladım.

Devlet Tiyatrosu'nda ilk rolüm Selahattin Batu'nun *Oğuzata* oyunundaki "Altunhan" idi. Mahir Canova yönetmişti. Dört yıl boyunca *Yağmurcu, Çöl Faresi, İki Başlı Kartal, Öfke, Dünkü Çocuk, Çemberler, Günah Gecesi, Çöpçatan, Onikinci Gece* gibi oyunlarda oynadım. Ancak 1959 yılına kadar sürdü, ablam Yıldız Kenter'le birlikte istifa ederek İstanbul'a geldik. Bir süre Karaca, Site ve Dormen tiyatrolarında bağımsız olarak çalışmalarımızı sürdürdük. 1959 yılında İstanbul seyircisi beni *Salıncakta İki Kişi* ile tanıdı. Karaca Tiyatrosu'nda oynamıştık. Çok büyük ilgi görmüştü.

Ablanız Yıldız Kenter'le Kent Oyuncuları'nı kurdunuz...

Evet, 1962 yılında ablam Yıldız Kenter ve Şükran Güngör'le birlikte Kent Oyuncuları'nı kurduk. Ancak çalışmalarımızı Site, Karaca ve Dormen tiyatrolarında sürdürdük. 1968 yılının sonlarına doğru, Harbiye'de yaptırılan Kenter Tiyatrosu'na geçtik. Açılışta oynadığım *Hamlet* rolü unutamadığım rolümdür.

Ablanız Yıldız Kenter ve Şükran Güngör'ün dışında kimlerle çalıştınız?

Kamran Yüce, Gül Onat, Mehmet Birkiye, Çolpan İlhan, zaman zaman Tuncel Kurtiz, Güler Kıpçak gibi sanatçılarla beraber Türk ve yabancı yazarların piyeslerinden oluşan repertuvar tiyatrosu niteliğindeki Kent Oyuncuları, yurtdışına da başarılı turneler gerçekleştirdik.

Huysuz İhtiyar oyununda ağzınızdan çıkan her cümle sahneye bir karikatür olarak dökülüyordu. Bunun Oğuz Aral'la mı bir ilişkisi var? Yoksa sizin yorumunuz mu?

Şimdiye kadar izleyenlerden böyle bir yorum almadım. Siz böyle bir izlenim aldıysanız güzel bir şey. Hem benim açımdan hem de Oğuz Aral açısından. Teşekkür ederim. Sanıyorum birlikte çalışıp ortaya çıkardığımız oyundan kaynaklanıyor.

Siz şimdiye kadar Van Gogh, Bir Garip Orhan Veli gibi tek kişilik oyunlar oynadınız...
Evet, saydıklarınızın dışında Aziz Nesin'in *Çiçu'*sunu, *Savunma*, Nazım Hikmet'in *Kuvayı Milliye'*sini Atatürk'ün *Nutuk'*unu oynadım. Tek kişilik oyunlar zor. Fakat keyifli.

Bu saydıklarınızın dışında *"Eleğinizi eleyip duvara asmadan"* oynamak istediğiniz bir kişilik var mı?
Ben o kadar çok oyun oynadım ki, şunu da muhakkak oynayayım diye bir arzum veya isteğim yok. Ben zaten o kadar hırslı bir insan değilim. Ben bana verilen oyunu en iyi şekilde oynamayı isterim. Şunu da oynasaydım diye bir isteğim olmadı. Oyuncu olmak, konservatuara gitmek gibi düşüncem olmamıştı. Futbol ve basketbol oynardım gençken. O sırada Amerika'daki ağabeyim benim konservatuara girmemi önerdi. Yıldız zaten girmişti. Onun Halkevi tecrübesi de vardı zaten.

Son günlerin tartışılan konusu olan stand–up konusunda düşünceleriniz?
Stand–up bir tiyatro değil! Başka türlü bir gösteri çeşitidir.

Meddah ile stand–up'ın benzerliği?
Tek kişilik oyun olduğundan dolayı bir çağrışım yapıyor. Herkes bir tarafa çekiyor. Doğrusu nedir kimse bilmiyor. Meddah çok daha sade yapılan bir tiyatro türüdür. Halbuki stand–up olunca fazla karışık olmaya başladı her şey!

Stand–up yapan kişiler *"Ben stand–up'çı değilim"* diyorlar; Yılmaz Erdoğan, M. Ali Erbil gibi...
Kendileri değilim diyorlarsa stand–up'çı değillerdir. Ben stand–up üzerine Ege Üniversitesi'nde bir söyleşide *"Stand–up tiyatro değildir, yapanlar da tiyatrocu değildir"* dedim, bazıları üstlerine alındı ve *"Ben stand–up'çı değilim"* dediler. *"Stand–up başka bir gösteri çeşitidir"* dedim.

Türkiye'deki tiyatro seyircisi ne durumda?
Seyirci gittikçe azalıyor. Türkiye'de tiyatro sanatı tam yerleşmeden başka şeyler çıktı ortaya. Zaten bir kökü olmayan tiyatro seyircisi kolayca televizyona kayıverdi. Milletimiz hep kolay şeylere yöneliyor. Seyirci gelmiyor değil, geliyor. Ancak tiyatroyu yaşatacak seyirci yok! Seyirci gelmeyince de tiyatrocular azalıyor. Çünkü çalışacak tiyatro da bulamıyorlar. Konservatuvarı bitirip oyuncu adayı olan gençler çalışacak tiyatro bulamıyorlar. Çok acıklı bir durum.

Türk tiyatrosu içinde yaşadığı toplumla gerçek ilişkiler içinde mi?
Türkiye'de tiyatro aslında geri değil, seyirci tiyatronun gerisinde! Birçok tiyatrolar çok iyi şeyler yapıyorlar. Türkiye'de tiyatro peynir–ekmek gibi bir gereksinme değil. Avrupa'da olduğu gibi değil. Avrupa'daki seyirci bir ay evvelinden alır biletini, o gün ne olursa olsun gider tiyatrosuna. Oysa biz yağmur yağar gitmeyiz, kar yağar gitmeyiz, hava güzel olur hiç gitmeyiz!

Size göre iyi oyuncu nedir?
İyi oyuncu oynadığı oyunda insanı ortaya koyan oyuncudur. Oyuncunun yüzeyde kalmaması gerekir.

Son günlerde Türk sinemasında yapılan filmleri nasıl buluyorsunuz?
Hepsini seyredemedim. Bu ortamda güzel ve cesurca filmler yapılıyor. Eleştirmeye hakkım yok. Para ile yapılanla-

rı kastedmiyorum. Ucuz para ile iyi şeyler yapanları kastediyorum. Bir film fazla paraya mal oldu diye illaki o film iyidir demek değildir. İyi şeyler parayla ölçülüyor. Yanlış! Oysa daha az paraya daha değerli filmler yapanlar da var. Ancak izleyici sıkıntıları var.

Oynadığı Bazı Tiyatro Oyunları

Nasrettin Hoca Birgün, Çözüm, Kuvayi Milliye, Huysuz İhtiyar, Anlat Şehrazat (Binbir Gece Hikâyeleri), Martı, Helen Helen, Lütfen Kızımla Evlenir misin?, İvanov, Nükte, Ramiz İle Jülide, Ver Elini Brodvey, Konken Partisi, Görünmez Dostlar, Van Gogh, Kim Kimi Kiminle, Kökler, Kahramanlar ve Soytarılar, Arzu Tramvayı, Vanya Dayı, Çöl Fresi, Buzlar Çözülmeden, Ders, İnsan Denen Garip Hayvan, Ayak Takımı Arasında, Sanalyeler, İçerdekiler, Salıncakta İki Kişi, Bedel, Üç Kız Kardeş, Bir Garip Orhan Veli, Üç Kuruşluk Opera, Kapıcı, Yarın Cumartesi, Öfke, Nalınlar, Mary– Mary, Antigone, Mikadonun Çöpleri, Cyrano De Berjerak, Hamlet, On İkici Gece ve Deli İbrahim.

Oynadığı televizyon dizileri

Avrupa Yakası (2009), Mevlana Aşkı Dansı, Sessiz Gemiler, Elveda Yabancı, Çöl Faresi (1977), Emekli Başkan (1979), Geçmiş Bahar Mimozaları (1989), Ateşten Günler (1988), Gecenin Öteki Yüzü (1987), Kurtuluş (1994), Hayat Bazen Tatlıdır (1996), Şapkadan Babam Çıktı (2003), Zümrüt (2004), Kapıları Açmak (2005)

Sinema filmleri

Dişi Kurt (1960), Sessiz Harp (1961), Dişi Örümcek (1064), Murtaza (1965), Şeytanın Kurbanları (1965), Sevmek Zamanı (1965), Bozuk Düzen (1966), O Kadın (1966), Üç Arkadaş (1971), Seni Kalbime Gömdüm (1982), Hayallerim Aşkım ve Sen (1987), Rumuz Goncagül (1987), Lebewohl, Fremde (1991), Moon Time (1994), Dar Alanda Kısa Paslaşmalar (2000), Amerikalılar Karadeniz'de 2 (2007)

Aldığı ödüller

1966– Antalya Altın Portakal Film Festivali, "En İyi Yardımcı Erkek Oyuncu Ödülü", *Bozuk Düzen.*

1997– "1. Afife Tiyatro Ödülleri" – "Muhsin Ertuğrul Özel Ödülü".

**Türk Tiyatrosu'nun
Beyaz Güvercin'i
ve gerçek "Sahne sanatçısı"**

NEDRET GÜVENÇ

"Bir Yaz Gecesi Rüyası adlı oyunun son günlerinde bir akşam Max Meinecke yanıma geldi ve bana Jean Anouilh'nin Colombe isimli oyunundan bahsetti. Sezonu onunla açmak istediğini söyledi. Oyunun ismi *Beyaz Güvercin* olacakmış. *Beyaz Güvercin* ben olacaktım, çok heyacan vericiydi, sabırsızlıkla sezon başını bekliyordum. Sonunda rol bölümü asıldı; evet, ben *Beyaz Güvercin*'i oynuyordum. Karşımda Muzaffer Arslan vardı. Zaten o yıllarda hep Muzaffer'le karşılıklı oynardık, sahnede çok iyi bir çift olmuştuk. Şükriye Atav, Muhip Arcıman, Raşit Rıza, Necdet Mahfi, Kadri Ögelman, Ertuğrul Bilda, İsmet Ay ve Fatma Andaç; kadromuz çok iyiydi, çalışmalar başladı. Oyun dört perdeydi, dördüncü perdenin sonunda bir de şarkı söylüyordum. Oyunun konusu tamamıyla benim üzerimeydi ve harika bir kadroyla oynadığım için de kendimi çok talihli buluyordum. *Beyaz Gü-*

vercin büyük bir olay oldu. *Eski Şarkı'*da olduğu gibi hakkımda çok güzel kritikler çıktı, dahası adım *Beyaz Güvercin* oldu. Basında çıkan, hakkımdaki herhangi bir haberde, artık benden *Beyaz Güvercin* diye bahsediyorlardı... Dram tiyatrosu altın çağını yaşıyordu; oynadıkça doluyor, doldukça oynuyorduk, dört ay kapalı gişe oynadık... O oyun benim Şehir Tiyatroları'nda ikinci büyük başarım olarak kabul edilebilir. O sene beni hemen birinci sınıf kadroya terfi ettirdiler." (*Bir Zamanlar İzmir'de*, s. 144)

Ben, Türk Tiyatrosu'nun *Beyaz Güvercin'*i olan Nedret Güvenç'i daha çok siyah beyaz ve daha sonraki renkli filmlerden tanıyorum. Örneğin Orhon Murat Arıburnu ile oynadığı *Yüzbaşı Tahsin* filmi, Ayhan Işık'la *Kanlı Para*, arkasından yine Orhon Murat Arıburnu ve Ayhan Işık'la Yavuz Sultan Selim ve Karabulut Hasan, Sürgün gibi filmlerde başroller. Daha sonra ise renkli filmlerde anne rolleri. Son olarak Tiyatrom'un 20. yıl kutlamalarında Toron Karacaoğlu ile beraber oynadığı *Aşk Mektupları* adlı oyun.

Tiyatro ile tanışmanız ne zaman oldu?

1931 İzmir Çeşme doğumluyum. Müzik ve tiyatroyla Bornova Ortaokulunda okurken tanıştım. O günü unutamam. Okulun bahçesinde voleybol oynarken piyano ve keman sesini duyunca topu bıraktım ve müzik sesine koştum. Piyanoyu çalan okulumuzun müdür muavini ve bizim de müzik hocamızdı. Daha sonra bana piyano dersleri verdi. Beethoven'ı, Wagner'i, Schubert'i ve Adnan Saygun'u öğrendim. Buna paralel olarak ta İngiliz Kültür Derneğinin yönetiminde İngilizce temsiller veriyorduk. *Hansel ve Gratel, Bir Yaz Gecesi Rüyası* oyunlarını İngilizce oynadık. Günlerim tiyatro ve müzikle doluydu. Şan dersleri de almaya başlamıştım. Her sene sonu okulda bir komedi, bir dram ve konser verilirdi. Ben Karel Çapek'in *Yaşadığımız Devir* adlı savaş karşıtı bir oyunda başrol oynadım. Çok ağır bir oyundu ve ben 14 yaşında idim. Bu oyunla benim tiyatroya olan sevgim daha da biliçlendi ve ben tiyatroya karar verdim. Tiyatronun şan bölümünde idim. "Tiyatro bölümüne geçemezsin" dediler. Her ne kadar tiyatrocu olmak istediğimi söylediysem de fayda etmedi. 1947'de konsevatuvarımız tatile girdiğinde, İzmir'e döndüm ve İzmir Şehir Tiyatrosu'nda Avni Dilligil ile tanıştım. Kendisiyle sohbet ettik. Bana o gün *Herakles* oyunu verip, "Herakles'in karısı Megara'dan bir tirad ezberleyip gel" dedi. 17 Şubat 1948 yılında, önce *Portakal Kabukları* adlı çocuk oyunuyla ve *Hanımlar Terzihanesi* oyunuyla 18 yaşımda İzmir Şehir Tiyatrosu'nda profesyonel oldum.

Sinema ile tanışmanız...

Beni Alcestis oyununda seyreden Necati Cumalı, benim için bir oyun yazmıştı: *Boş Beşik*. Bu oyun çok yankı yaptı. Duru Film'in sahibi Naci Duru'ya *Yüzbaşı Tahsin* filmindeki başrol için beni tavsiye etmişler. O zamanın parasıyla 750 liraya anlaştık. *Yüzbaşı Tahsin*'de, Belkıs Öğretmen rolünü Orhon Murat Arıburnu ile oynadım. Arkasından *Kanlı Para*, *Sürgün*, *Lale Devri* ve *Yavuz Sultan Selim* ve *Karabulut Hasan* filmlerinde başroller oynadım. Lale Devri'nin senaristi Nazım Hikmet'le her gün stüdyoda beraberdik. Filmin kadrosunda Orhon Murat Arıburnu, Cahit Irgat, Ruhi Su, Cüneyt Gökçer ve Münir Nurettin Selçuk vardı. O dönemlerde Türk filmciliği daha çok, konu ve sanat ağırlıklı oluyordu. Naci Duru, İhsan İpekçi, Turgut Demirağ, Memduh Ün ve Ertem Eğilmez gibi yapımcılar gerçek sinemacılardı. Daha sonra 70'li yıllarda Türk film piyasası işletmecilerin eline geçti ve star sistemi başladı. İlk ödülüm de *Kanlı Para* filmi ile Türk Film Dostları Derneği tarafından "Yılın En Başarılı Film Oyuncusu" ödülüne layık görüldüm. *Hıçkırık* filmi sayesinde de yurtiçinde ve yurtdışında ünlendim. 1959 yılında Cüneyt Gökçer konuk oyuncu olarak beni Ankara Devlet Tiyatroları'na çağırdı. 3 sezon çok güzel oyunlar oynadım; *İh-*

tiras Tramvayı gibi... Ancak maddi sorunlarım vardı. Çünkü Ankara'da olduğum süre içinde film ve dublaj çalışmaları yapamıyordum. Tekrar İstanbul'a döndüm. Kemal Film'den sıradan bir film olan *Ayşecik* filmi için teklif aldım. Bu arada Türkan Şoray, Fatma Girik, Selda Alkor ve Filiz Akın gibi genç film starları çıkmıştı. 1962 yılında anne gibi karakter rollerini oynamaya başlamıştım. Bu bir hataydı. 30 yaşında anne rolü oynamak erken bir yaştı. Ancak geçimim için kabul etmek zorunda idim.

Tiyatroda aldığınız ilk ödül?

Kanlı Değirmen adlı filmin çekimleri için Gönen'de bulunduğumuz sırada, aldığım bir haberle *Cyrano de Bergerac* oyunundaki Roxanne rolümle "İlhan İskender Ödülü"nü aldığımı öğrendim. Bu ödül Dormen Tiyatrosu'nun, o yıl kaybettiğimiz genç oyuncu İlhan İskender adına konulan bir başarı ödülü idi. İlhan İskender Ödülü ülkemizin ilk tiyatro ödülüdür ve benim de tiyatrodan aldığım ilk ödüldür. Bir de ilk "Afife Jale Ödülü" bana nasip olmuştur. Bunların dışında aldığım ödüller: "Kültür Bakanlığı Onur Ödülü", "Avni Dilligil En Başarılı Kadın Oyuncu Ödülü", *Günden Geceye* ve *Aşk Mektupları*'ndaki rolleriyle iki kez; Schiller Madalyası, *Hile ve Sevgi*; "Afife Jale En Başarılı Kadın Sanatçı Ödülü", *Eskimeyen Oyun* (1996–1997).

Oynadığınız oyunlardan örnekler verir misiniz?

150'den fazla oyunda oynadım. Bunlardan bazıları: *Boş Beşik, Alcectis, Beyaz Güvercin, Cyrano de Bergerac, Rüya Gibi, Taruffe, Therese Raquin, İhtiras Tramvayı, Hile ve Sevgi, Macbeth, Eski Şarkı, Suların Altındaki Yol, Evcilik Oyunu, Kuru Gürültü, Yarış Bitti, Bozuk Düzen, Bir Kış Masalı, Vişne Bahçesi, Genç Osman, Masum Irene, Kanlı Düğün, Kralın Kısrağı, Ya Devlet Başa Ya Kuzgun Leşe, Hırçın Kız, Günden Geceye, Aşk Mektupları.*

Yönetmenliğiniz de var...

1974 yılında oyunculuğumun yanı sıra *En Büyük Kumar* oyununu sahneye koyarak yönetmenliğe de başlamış oldum. Bunu *Bernarda Alba'nın Evi, Seher Vakti* ve *Erkek Satı* gibi oyunlar takip etti. 15 kadar oyun sahneye koydum. Yeni bir çalışmam var: *Kim Korkar Kurttan.* Zor bir oyun. Ancak ben hep zorları seçmeye çalışıyorum. İnsan zorları seçerse kendini aşar diye düşünüyorum.

Ya radyo çalışmalarınız?

Radyo çalışmalarına 1950'li yıllarında başladım. Çok radyo piyeslerinde oynadım. Şimdilerde bile İstanbul Radyosu'nda çalışmalarım oluyor. Hele gece yayınlarında uyumayan insanlara yaptığım programlar çok zevkli oluyor. Örneğin, uzun yol şoförü kamyonun içinde sizi dinliyor.

Hiç "şu rolü de oynasam" diye düşündüğünüz oldu mu? Unutamadığınız roller?

Ben çok güzel rollerde oynadım. Bu yönden kendimi talihli sayıyorum. Bana verilen rolleri en iyi şekilde değerlendirdim. Önemli olan rolleri kabullenip, onları en iyi şekilde oynamaktır. Prototipleri –Elektra, Juliet gibi– oynamak çok zordur. Çünkü herkesin kafasının içinde bir prototip vardır. Siz o rolleri çok iyi oynasanız da, seyirciyi memnun edemeyebilirsiniz. Oysa hiç bilinmeyen bir *Beyaz Güvercin* gibi rol benim için çok önemliydi. *Bir Kralın Kısrağı* gibi rolleri çok güzel sergiledim. Ben kıskanç değilim. Mesleğimle haklı olarak övünüyorum. Çünkü çok çalıştım, dişimle, tırnağımla. En küçük rolü bile en güzel rol haline getirmek için hırsla çalıştım. Fakat zaman geçtikçe arzu ettiğim, arkadaşlarımın oynadığı rolleri kıskandığım oldu. Ancak "o benden iyi oynadı, ben ondan kötü oynadım" gibi kıskançlığa kapılmadım. Yakın geçmişte çok güzel roller oynadım. *Mesela Eskimeyen Oyun* isimli iki kişilik oyunu Haluk Kurtoğlu ile oynamıştım.

Bu oyun bana "Afife Jale Ödülü"nü kazandırdı. Unutamadığım bu oyunu tekrarlamak isterim. Bu oyunda çok zevkle çalıştım ve seyirciyi yakaladım. *Altın Gölü* yine Haluk Kurtoğlu ile oynadım. Arkasından *Aşk Mektupları*'nı 95–96 sezonunda Toron Karacaoğlu ile oynamaya başladım; üç sezon oynadım. 2000 yılında Hakan Altıner *Bakış* diye bir tiyatro kurmuştu. Orada da *Aşk Mektupları*'nı tekrarladık. Ve şimdi yine Hakan Altıner'in kurduğu Tiyatro Kedi de yine Toron Karacaoğlu ile *Aşk Mektupları*'nı oynuyoruz. Oyunlar çocuklar gibidir, emek verdiğiniz zaman seviyorsunuz.

Yeni projeleriniz var mı?

Hayatta ve ayakta kaldıkça mesleğe devam edeceğim. Önümüzdeki sezonda *Aşk Mektupları* ile tekrar seyircimle buluşacağım. Dizilerden korkuyorum. Çünkü çok vaktimi alıyor. Ve de diziler eskisi kadar kaliteli olmuyor. Televizyon dizilerinde de seçici davranıyorum. Daha az yorucu fakat beni seyircimden uzaklaştırmayacak her çalışmaya açığım. Bir de *Yalandan Kim Ölmüş* oyunu var. Bu her ikisini de önümüzdeki sezon sürdüreceğim.

Tiyatro sanatçılarının emekliliği konusunda düşünceleriniz?

Emekli olduktan sonra Gencay Gürün'ün kurduğu Tiyatro İstanbul'a geçip, *Eskimeyen Oyun*'u, arkasından *Altın Göl'*ü oynadım. *Seher Vakti'*ni sahneledim. Bunu takiben de *Yalandan Kim Ölmüş* oyun çalışmasını yaptım. Bu arada Osman Seden'le *Gurur* adlı bir dizi yaptım. Ben tiyatroda 47 sezon çalıştım. Tiyatrodan çok şey aldım, çok şey de vermek isterim. Zaten bir tiyatro sanatçısının emeklisi olamaz; olmuyor da! Ancak öldükten sonra tiyatroyu bırakmak zorunda kalır. Bakın Necdet Mahfi Aryal, Semiha Berksoy 90 yaşının üstündeler fakat hâlâ tiyatro ile haşir neşirler... (söyleşi yaptığımızda her ikisi de yaşıyorlardı, A.D.)

Tiyatro seyircisi ne durumda?

Eski yıllarda seyircimiz daha fazlaydı. Ancak son yıllarda, bilhassa anarşi yıllarından sonra azaldı. Bir de televizyonun çok etkisi oldu. Ekonomi bozuldu; halkın bütçesinden sanata ayıracak parası kalmadı. Abone gibi tiyatrolara gitmesi çok zor. Daha hafif, daha zarif, Metin Akpınar gibi tiyatrocuların sergilediği müzikli kabare oyunlarını seçer oldular. Ciddi oyunlar seyirci çekmiyor. Fakat gençler geliyorlar. Onlar bizleri hiç yalnız bırakmıyorlar. Onlara da indirim uyguluyoruz. Öyle sanıyorum ki, Türk tiyatrosunu içinde olduğu bunalımdan gene gençlerimiz kurtaracak. Devlet yardımı da çok az!

Ve *Aşk Mektupları* Berlin'de...

Tüm dünya tiyatrolarında usta oyuncular tarafından sahnelenmiş *Aşk Mektupları* Türk tiyatrosunun iki dev oyuncusu Nedret Güvenç ve Toron Karacaoğlu tarafından Berlin Tiyatrom'da sergilendi. Çok farklı karakterde iki insan, Andy ile Melisa hep çok iyi dost olmuştur. Aslında birbirlerine âşık olduklarını bir türlü fark edememiş, ettiyseler de ilk adımı hep birbirinden beklemiş ama adını koymadan 40 yıl boyunca sevgiyle mektuplaşmışlardır. Farklı hayatlara savrulan bu iki insanın mektupları iki kişilik bir dünya oluşturmuş ve şartsız, yargısız bir sevgiye tanıklık etmiştir. İki tiyatro duayeni Nedret Güvenç ve Toron Karacaoğlu tempo, ritm ve oyunculuklarıyla seyirciye yıllanmış bir tiyatro lezzeti yaşattılar. Oyunu yazan A. R. Gurney, yöneten Hakan Altıner, çeviren Armağan Ersin ve müzik Esin Engin'e ait.

Kavanoz Dipli Dünya'*nın sahnesinde*
yarım asırdır genç kalan
bir tiyatrocu:

NEJAT UYGUR

"Ben ölmedim, yaşıyorum!"
Birkaç gün önce (Ocak 2010), Nejat Uygur'un iki oğlu da; Behzat ve Süheyl Uygur, televizyonda, basından ve internet haberlerinden şikâyet ettiler. Babasının ölmediği halde, yalan yanlış haberler yapıldığını, öldüğü yazıldığını söylediler. Aynı günlerde, bana da telefon edip, Nejat Uygur'un ölüp ölmediğini soranlar oldu. Bu telefon edenler arasında Nejat Uygur'un çok sevdiği başarılı boksörlerimizden Oktay Urkal'da vardı. 31 Ocak 2010 günü Oktay'a *"Bana inanmıyorsan gel evine telefon açalım; duyduğun haberin yalan olduğunu sen de gör!"* dedim. Nejat Uygur'un İstanbul'daki evine telefon ettik. Telefona Nejat Bey'in eşi Nejla Hanım çıktı. Eşinin durumunu sorduğumuzda;
"Şu anda Nejat yanımda, sizi soruyor. Basında çıkan yalan yanlış haberler hepimizi üzdü. Niçin böyle haberler yaparlar, anla-

mıyoruz. *Ellerine ne geçiyor, ölmeyen bir sanatçıyı "öldü" diyerek yazmakla? Sadece bizi üzmekle kalmayıp, yüzlerce hayranınıda üzüyorlar. Hem sonra Nejat Uygur'da bir insan, Allah korusun, ölmüş olsa niçin saklayalım! Telefona sizi istiyor"* dedi ve telofonu Nejat Uygur'a uzattı:

"Merhaba Komutanım, nasılsınız? Sıhhatınız nasıl? Sizinle ilgili bazı haberler bizleri üzdü."

"Merhaba Komutan. Ben iyiyim. Haberlere inanmayın! Duyduğun gibi yaşıyorum."

"Komutanım, en son İstanbul'da sizi evinizde ziyaret ettiğimde, bana 'Berlin'de organize et, yer ayarla da seyircimle buluşayım. Yeni bir oyunum var' demiştiniz. Unutmayın sözverdiniz."

"Evet, unutmadım, hele biraz daha iyileşeyim."

Kendisine Berlin'den acil şifalar dilerken, onun yaşadığının ispatı olarak yukarıdaki yaptığım telefon konuşmasından bir alıntıyı sizlerle paylaştım.

Kısa bir süre önce, İstanbul'da, onu evinde ziyaret ettim...

Beraber çaylaştık, tiyatro üzerine sohbet ettik. Sizlere hem o ziyaretimi, hem de çeşitli tarihlerde yaptığım sohbetlerimi aktarmak istiyorum:

Hem gazeteci hem de bir aile dostu olarak senelerdir görüştüğüm Nejat Uygur'un, bir kaç aydır rahatsız olduğu için Berlin'den telefonla da olsa sağlık haberlerini alıyordum. Hazır İstanbul'a gelmişken kendisini ziyaret ettim. Cam kenarında beni bekliyordu. İçeri girdiğimde *"Komutanım nerede kaldın? Sabahtan beri camdayım, yolunu gözlüyorum"* diyerek sitem etti.

Değerli eşi Nejla Uygur'un yaptığı lezzetli pastayı demlediği çay eşliğinde hem yedik hem de eski günleri hatırladık. Nejat Uygur'un rol aldığı *Beyaz Melek* filminin Diyarbakır'ın sıcağındaki çekimlerinde biraz hırpalandığını ve yorgun düştüğünü anlattı Nejla Uygur. Ancak o zorluklara rağmen çekimlerde çok mutlu olduğunu da söyledi. Kendisine "Komutanım" diye hitap ettiğim yılların oyuncusu Nejat Uygur ise yeni projeleri olduğunu ve Berlin de dahil olmak üzere Avrupa turnesine çıkmak arzusunda olduğunu belirtti. Arada eşine ve yardımcılarına takılmadan da edemeyen Nejat Uygur'un yaptığı esprilere hep beraber gülüştük. Komutanım 82 yaşında, hâlâ hayat dolu. Gülüyor, güldürüyor.

Hep genç kalan bir sanatçımız:
Nejat Uygur'la birkaç sene önce yapmış olduğum söyleşi: Hani bazı kişiler vardır, ellisini biraz aştı mı, yerinden kalkmaya üşenirler; yaşlandıklarını "ununu eleyip, eleğini astığını" söylerler.

Bir de bazı kişiler vardır ki, onlar son nefeslerini verinceye kadar genç kalırlar. Hele o kişi bir sanatçıysa, yılmadan, yorulmadan yaratıyor, topluma hizmet veriyorsa; o'nun ne eleyecek unu, ne de duvara asacak bir eleği olur.

Ne mutlu böyle bir insana, ne mutlu böyle bir sanatçıya sahip olan topluma!

Sanat yaşamında "yarım asır"ı devirmiş olmasına rağmen, hâlâ sahneye yeni çıkmış bir genç dinamikliğine sahip; ununu eleyip eleğini duvara asmayanlardan biri de Nejat Uygur.

75 yaşında genç bir sanatçı Türkiye'yi karış karış gezip, kendi yazdığı oyunları sergiliyor; oynadıkça seyircilerinin karşısında gençleşiyor. Türkiye'nin dışında Avrupa turnelerine çıkıyor. İşte yılların eskitemediği, bir türlü eleğini asmayı bilmeyen bu "genç" tiyatro sanatçısı Nejat Uygur'la hem Berlin hem de Hamburg'ta buluştum. Kendisinin boksa düşkünlüğünü ve başarılı Türk boksörlerinden 1996 Olimpiyat İkincisi ve Avrupa Şampiyonu Oktay Urkal'a olan sevgisini

bildiğimden, ikisini Hamburg'ta buluşturdum. Kaldığı otel-
deki sohbetimize Universum tesislerinde Oktay'ın antren-
manı sırasında devam etti. Gençliğinde üç dört sene amatör
boks yapan ünlü tiyatrocu Nejat Uygur, sadece boks değil,
spor dallarının hemen hemen hepsini yaptığını, 75 yaşında
hâlâ sahneye çıkabiliyorsa bunu spora olan düşkünlüğüne
borçlu olduğunu söyledi. Nejat Uygur, Universum'un tüm
ünlü şampiyonlarıyla tanıştı. Bir ara yanımıza gelen Oktay'la
sohbet ettikten sonra boks eldivenlerini giymeye başladı.
Derken Oktay'la birlikte ringe çıktı ve Oktay'ın şubat ayında
kazanmış olduğu Avrupa şampiyonluk kemerine talip oldu-
ğunu ilan etti. İlerlemiş yaşına rağmen bir boksörün sahip ol-
ması gereken boks stillerini kendisine mahsus esprili hare-
ketleriyle Oktay'a gösterdi. Oktay'a "Haftaya zorlu karşılaş-
man var. Seni fazla yormayayım Oktay!" diyen Nejat Uygur,
bir raundla yetinerek ringten galip indi ve Avrupa şampi-
yonluk kemerini beline taktırdı. Hamburg'ta yaklaşık 800 se-
yirciye sergilediği *Sizinki Can da Bizimki Patlıcan mı?* oyunu-
nun sonunda yaptığı konuşmada Oktay'ı seyircilere överek
sahneye davet etti. Sahnelerin şampiyonu Nejat Uygur, ring-
lerin şampiyonu Oktay Urkal'a sarılarak, karşılaşmalarını
her zaman takip ettiğini, kendisiyle gurur duyduğunu söyle-
di ve başarılarının devamını diledi. Oktay Urkal ise imzala-
dığı boks eldivenlerini sahnelerin şampiyonu Nejat Uygur'a
sundu. Hamburg'ta ve Berlin'de sergilediği oyunu iki kez
seyretme şansına eriştiğim Nejat Uygur'la yaptığım sohbet-
lerin bir özetini sizlerle paylaşmak istiyorum:

Kısaca özgeçmişiniz?
Gaziantep'in Kilis'inde 1927 yılının 9 Ağustos'unda şu
kavanoz dipli dünyaya hoşbulduk dedik. Öğretmen bir ana-
nın ve subay bir babanın üç oğlundan ortancasıyım. İlkokul,
ortaokul, Güzel Sanatlar Akademisi, çocuk tiyatrosu, amatör

tiyatro ve 1949'da profesyonel Nejat Uygur Tiyatrosu acısıyla tatlısıyla 53 buçuk yıl tiyatro, tiyatro, tiyatro. Eşim Nejla Uygur ve çocuklarımla adım adım değil, ayak ayak, karış karış Anadolu'yu arşınladık.

Çocuklarınızda tiyatrocu oldular... Tiyatrocu olmalarını siz mi istediniz?

Çocuklarımdan sadece Süheyl ve Behzat armut ağacının dibine düştüler. Ama kendi arzularıyla tiyatroya başladılar ve Nejat Uygur okulundan mezun olup, "Genç Uygurlar" tiyatrosunu kurdular.

50 yıldır tiyatro yapıyorsunuz. Hiç konu sıkıntısı çektiniz mi?

50 küsur yıldan bu yana hiç konu sıkıntısı çekmedim. Bizde ve dış ülke politikacılarından çok komik olaylar bulunuyor. Allah razı olsun politikacılardan. Evvelallah konu ve espri kaynağı oluyorlar.

50 yıldır hep güldürüyorsunuz. Peki siz nelere gülersiniz?

Meclisteki parodilere, küfür etmelere, birbirlerine saldırmalarına, su atmalarına, çok mühim oturumlarda kameraların yakaladığı şekerleme yapanlara, uyuyanlara gülüyorum.

Kendinizi eleştiriyor musunuz?

Tabii, "kişi kendi kusurunu da bilmeli" cümlesi benim sanat sloganımdır.

75 yaşındasınız. Daha ne kadar sahne?

Allah'ın "Nejat Uygur, sen artık çok yoruldun, istirahat et" dediği güne kadar sahnedeyim. Benim en büyük arzum seyircime sahnede veda etmek. Ben 75 değilim. İnsan hissettiği yaştadır. Yaşamımla ve giyimimle hep gencim.

Avrupa ve Türkiye turnelerine çıkıyorsunuz. Bu kondisyonu nereden buluyorsunuz?

Bu yorucu ama seyirci ve alkış dolu bir aylık Avrupa turnesinden sonra Anadolu turnemiz başlayacak ki Anadolu'nun her köşesine gideceğiz. Bol bol spor yapıyorum; hareketliyim. Gıdama çok dikkat ederim. Et yemem. Yeşil sebzeleri çok yerim. Ben kolay kolay doktora da gitmem, ilaç ta fazla almam. Bir de beni bu yaşıma kadar sahnede dinç tutan seyircilerimin alkışlarıdır. O alkışlar benim dopingimdir. Alkışları ve kahkahaları duydukça gençleşiyorum.

Neler okursunuz?

Her şeyi okurum. Geçenlerde Türk Denizcilik Tarihi ile ilgili bir kitap geçti elime. Biz padişahlık zamanında ahşap denizaltı yapmışız. Genel kültür çok önemli. Ben bir de çok iyi karikatüristim. Altan Erbulak ve Bedri Koraman çizdiğim karikatürleri çok beğenirlerdi.

Genç tiyatroculara neler tavsiye edersiniz?

Her şeyden önce kültür! Çok okumaları gerekli. Matematiği iyi bileceksin. Konuşmalar, sahnedeki hareketler hep ölçülü ve matematikseldir.

Boks sporuna olan düşkünlüğünüz nereden geliyor?

Boksa 1943 yılında Sarıyer Halkevi'nde başladım. Sarıyer Halkevi Spor Akademisi gibi bir yerdi. Atletizm, yüzme, boks, müzik, tiyatro gibi her dal mevcuttu. Askere gidinceye kadar boks çalışmalarına devam ettim. Atletizm, boks ve tiyatro çalışmalarını bir arada yürüttüğüm için bana "komple atlet" ismini takmışlardı. Ben aynı zamanda kule atlayıcısı idim. Değerli hocam Dr. Mahir Canbakan'ın en sevdiği talebesiydim. 1946'da boksta ordu birinciliğim var. Atletizm 100–200 metre de birinciliklerim var. Yüzme İhtisas Kulübü'nde su topu oynadım. İyi de ata binerim. Bende müsabaka heyacanı var. Bu heyacanımı ömrüm boyunca hiç kaybetmedim. Ben bütün sanatçıların genel kültür yanında sporla uğraşmalarını salık veririm. Benim dolu dolu bir dünyam var. 24 saat bana yetmiyor. Oyunum bitince gece üçe dörde kadar okurum.

Sahnelerin delikanlısı Nejat Uygur, Sakıp Sabancı'nın hayatını oynayacak

Nisan ayında geçirdiği rahatsızlık sonucu ameliyat edilerek kalp pili takılan usta tiyatrocularımızdan (Komutanım) Nejat Uygur, vefat eden ünlü işadamı Sakıp Sabancı'nın hayatını oynayacak. Kalp atışlarını ayarlayan kalp pili takıldıktan sonra 25 yıl gençleştiğini belirten Nejat Uygur yaptığım telefon konuşmasında bana:

"Komutanım, benim cephem sahne. Ben tiyatronun bir neferiyim. Asker hastalıktan ölmez; kurşunla ölür. Ben de cephede yani sahnede alkışlarla ve alkışların arasında ölmek istiyorum!" dedi.

Kendisiyle yaptığım "geçmiş olsun" sohbetinin özeti şöyle:

Adem Dursun: Merhaba Komutanım. Geçmiş olsun. Son zamanlarda sık sık hastaneye yatıyorsunuz. Son olarak kalp pili takıldı.

Nejat Uygur: Evet, kalbimin atışlarını ayarlayan bir pil taktılar. Ben "pili boşverin takmışken, akümülatör takın daha güçlü kuvvetli olurum" dedim. Dinletemedim.

Adem Dursun: Kaç yaş gençleştiniz?

Nejat Uygur: En az 25 yaş gençleştim sanıyorum.

Adem Dursun: En son hangi oyunu oynadınız?

Nejat Uygur: Türkiye'nin Delisi'ni oynuyordum.

Adem Dursun: Daha kaç yıl sahnedesiniz komutanım? Size yapılan takviye pilden sonra performansınız ne durumda?

Nejat Uygur: Tiyatroya devam. Kendimi gayet iyi hissediyorum. Mayıs ayında Türkiye içinde deplasman turnelerim var. *Türkiye'nin Delisi'*ni sergilemeye devam edeceğim. Vatanımda gidemediğim köşeler var.

Adem Dursun: Rahmetli Sakıp Ağa'nın hayatını sahneleyeceğinizi duydum. Doğru mu?

Nejat Uygur: Evet, doğru. Vefatından 6 ay önce kendisini ziyaret etmiştim. Sanıyorum şimdiye değin yaklaşık 20 oyunumu seyretti. Kendisiyle sohbetimiz sırasında kendisine "sizi oynamak istiyorum Sakıp Ağam" dedim. O da "Nejat'çığım, beni en iyi sen oynarsın" dedi. Sakıp Bey, dolu dolu bir insandı. Erciyes Dağları'nın rüzgârları ile palazlanan, pastırma çemeniyle beslenen bir "Kayseri Aslanı"ydı o. Hayatını anlattığı kitapları baştan aşağı mizah dolu. Bunları benim yazdığım yazılarla birleştirip, Sakıp Sabancı yüzüyle değil, Nejat Uygur yüzüyle oynayacağım. Yani kendi yüzümle. Aceleye getirmek istemiyorum. Eylül–ekim gibi oynamayı düşünüyorum. O'nun yaşadığı yerlere gidip, eski arkadaşlarıyla, yaşıtlarıyla konuşmak istiyorum. Oturduğu, büyüdüğü evi görmek istiyorum. Bu ziyaretlerden ve sohbetlerden çok espriler çıkacağına inanıyorum. Oyunun ismini *İnsan SA* koydum.

Adem Dursun: Komutanım, verdiğiniz bir demeçte, "Asker cephede ölür. Ben de sahnede ölmek istiyorum" demişsiniz.

Nejat Uygur: Biz sanatçılar için cephede yani sahnede ölmeği istememiz çok doğal. Ben tiyatronun bir neferiyim. Asker de hastalıktan ölmez, kurşunla ölür. Ben de cephede yani sahnede alkışlarla ve alkışların arasında ölmek istiyorum. Bu sözlerim çok samimi ve içten söylenen sözlerdir, sadece gösteriş için söylenmiş sözler değildir! Allahın izniyle daha çok seneler sahnede kalacağım. Tabiki kaidelere dikkat edersem 30–35 sene sahnedeyim. Bana pil taktılar, ben "akümülatör takın daha kuvvetli olayım" dedim. Dinlemediler.

Adem Dursun: Komutanım, size tekrar geçmiş olsun diyor, daha nice oyunlar diliyorum.

Nejat Uygur'un oynadığı filmelerden bazıları:
2007– *Beyaz Melek*
2004– *Vizontele Tuuba*
1974– *Cafer'in Nargilesi*
1971– *Cafer Bey İyi, Fakir ve Kibar*
1970– *Cafer Bey*

Oynadığı bazı oyunlar:
Zamsalak, Aman Özal Duymasın, Hastane mi? Kestane mi?, Minti Minti, Hanedan, Cibali Karakolu, Benim Annem Evden Neden Kaçtı?, Şeytandan 29 Gün Evvel Doğan Çocuk

Ve ödülleri:
2007– Altın Kelebek TV Yıldızları Yarışması "Tiyatroya Destek Özel Ödülü"
2006– Kemal Sunal Kültür Sanat Ödülü "En İyi Tiyatrocu"
1999– 22. Avni Dilligil Tiyatro Ödülü "Belkıs Dilligil Onur Ödülü"

Yola şöhret için değil,
iyi oyuncu olmak için çıkan,
kulis kahkahaları yasaklanan,
Zelzele Hanım:

NİLGÜN BELGÜN

18 Mart 1953... Merkez üssü Çanakkale–Yenice'de 265 ki-şinin ölümüne, 366 kişinin yaralanmasına ve 6750 binanın yı-kılmasına neden olan 7.2 büyüklüğünde 9 şiddetindeki dep-remin İstanbul'u da dakikalarca salladığı bir günde İstan-bul'da dünyaya gelen tiyatro ve televizyon sanatçımız Nil-gün Belgün'le yapmış olduğum söyleşime geçmeden önce bir şeyin altını ben de çizmek istiyorum:

Tiyatro seyircisi var!

Hani bazen televizyon tartışmalarında veya köşe yazıla-rında ya da sanatçılarla yapılan sohbetlerde sık sık yinelenen cümleleri okur–duyarız:

"Türk tiyatrosu seyirci kaybında!"

"İyi oyunlar, kaliteli oyunlar doluyor!"

Ben ikincisine katılıyorum. Çünkü İstanbul'da yapmış olduğum tiyatro turlarımda bunu yaşadım, gördüm. Bu turlarımda seyretmiş olduğum oyunlar kapalı gişe oynadılar. Seyircinin gişe memuruna yalvararak; "Kenara bir sandalye koyun, orada da seyrederim" dediğini kulaklarımla duydum. İşte kapalı gişe oynayan oyunlara örnekler: *Evlilikte Ufak Tefek Cinayetler, Kim O?, Venedik Taciri, Kibarlık Budalası, Sivas '93* ve *Gönül Hırsızı.*

Nilgün Belgün'ün bu konuda söyledikleri:

İyi oyun + iyi oyuncular = Kapalı gişe

Bizim tiyatromuz ful oynuyor. Devamlı kapalı gişe oynuyoruz. Demek ki, oyun iyi olunca ve de iyi oyuncular tarafından oynanınca seyirci geliyor. Tiyatro da seyirci yok diyemem. Çünkü *Gönül Hırsızı*'nı oynadığımızdan beri kapalı gişe oynuyoruz. Yer bulamayıp geri dönmek zorunda kalan seyircilerimiz oluyor. Bu ne demektir? İyi oyun artı iyi oyuncular her zaman seyirci buluyor...

Usta oyuncu, yönetmen ve yazar Ali Poyrazoğlu'da yaptığım bir söyleşide, tiyatrodaki seyirci konusunda şunları söylemişti:

"Benim böyle bir sıkıntım yok. İşini kötü yaparsan her işte sıkıntın olur. Doğru dürüst tiyatro yapanların seyirci sıkıntısı olmaz. İşini iyi yapan, kendisini yenileyen, seyirciyle iyi diyalog kuran tiyatrocuların her zaman seyircisi olur. Bazı insanlar kendi becerisizliklerini ve yeteneksizliklerini sanki bir tiyatro krizi varmış, sanki bu kriz herkes için geçerliymiş gibi anlatıyorlar. Hayır, onların kendi becerisizlikleri ve yeteneksizlikleri krizleridir tiyatrolarını etkileyen! Dolan tiyatrolar nasıl doluyor? Bu farkı seyirci gördüğü için onların seyirci krizleri oluyor!"

Gönül Hırsızı

Tiyatro İstanbul'un sergilediği bu oyunu Gencay Gürün Türkçe'ye çevirmiş. Yöneten ise Can Gürzap. Her on yılda başka bir kadınla evlenmenin dışında da arada sevgili değiştiren çapkın bir adamın başından geçen karmaşık maceraların sergilendiği bir komedi *Gönül Hırsızı.*

Oynayanlar: Can Gürzap, Nilgün Belgün, İlkay Saran, Melda Gür, Levent Ulukut, Ahsen Ever ve Tuğçe Doras.

Evet, şimdi yavaş yavaş söyleşimize geçebiliriz.

Yukarıda da belirttiğim gibi, 1953 yılında İstanbul'da bir deprem günü doğmuş sanatçımız Nilgün Belgün.

Anne–baba Heybeli–Büyükada vapurunda tanışmışlar. Anne ev kadını, baba ise Deniz Harp Okullu. Nilgün Belgün'ün çocukluğu Büyükada'da geçmiş. İlkokulu Büyükada'da okumuş. Babaanne bir Rum kadını. Dedesiyle evlenince Müslüman olmuş. Büyükada'daki çocukluğu Rum, Ermeni ve Museviler arasında geçmiş. Anneannesi ud çalıp şarkı söylermiş. 3 yaşında iken yaptığı topal taklidiyle (topal olan) bakıcısını ve evdekileri bayağı telaşlandırmış. Çocukluğunda İzzet Günay hayranı olan anneannesiyle beraber yazlık sinemalarda Türk filmlerine gitmiş. Annesi ile de sık sık tiyatroya gitmişler. Okul müsamerelerinde oyunlarda oynamış. Ne olursa olsun tiyatro oyuncusu olmayı hedeflemiş. Annesinden bu konuda destek görürken, babası karşı çıkmış. Özel Şişli Lisesi'ni bitirdikten sonra da İstanbul Belediye Konservatuarı giriş imtihanlarına Moliere'in *Cimri*'sinden bir komedi, Yunan tragedyasından *Antigone*'den bir pasaj ve Karacaoğlan'dan bir şiir ezberleyerek girmiş. Şan ve tiyatro bölümünü birincilikle de kazanmış. Ancak tiyatro bölümü ağır basınca şan bölümünü bırakıp oyunculukta kalmış. İlk evliliğini de konservatuarda okurken Abdullah Şahin'le yapmış. 1973 yılında konservatuarı bitiren Nilgün Belgün, tiyatro sahnesine çıkmadan önce eşi Abdullah Şahin'le beraber İzmir ve İstanbul gazinolarında *Nilgün–Apo Komik Şov* adıyla gazino sahnelerinde şov yapmış.

Ve tiyatro sahnesi... Devekuşu Kabare...

1974 yılında, o senelerin çok tutulan Devekuşu Kabare'den teklif geldi. Oynadıkları oyunlarla olay yaratan bir topluluktu Devekuşu Kabare. Oyunda hem şarkı söyleyip hem de dans edecektim. Ben de o ara Metin Akpınar hayranı idim. Oyunculuğuna ve kendisine hayrandım. Oynayacağım oyun *Haneler* idi. Oyunda oynayan diğer oyuncular: Metin Akpınar, Zeki Alasya, Ahmet Gülhan, Ayşen Gruda ve Oya Başar. Ve böylece *Haneler* oyunuyla profesyonelliğe adım atmış oldum. Oyun çok tuttu. Sadece İzmir turnemiz iki ay sürmüştü. Seyirciler kapıları kırıyorlardı girebilmek için. Üç yıl Devekuşu Kabare'de oynadım.

Platonik aşkım...

"Platonik ilk aşkım Metin Akpınar olmuştu benim. Ben tabii o hayranlıkla tiyatroya girdikten sonra, o hayranlığım giderek aşka dönüştü. Ve ben platonik bir şekilde Metin Akpınar'a âşık oldum. Kendi sahnelerimizin dışında genelde kuliste otururuz, ama ben âşık olduğum için, ne zaman Metin Akpınar sahneye çıksa ben asla kulise gelmeyip kendi sahnem olmasa bile her perde arkasından onu seyrederdim. Oyunda, herkes resitatif bir laf söyleyip oyun gereği birbirinin elini tutuyordu. Derken herkes laflarını söylediler, el ele tutuştular, sıra bana geldi, Metin'in lafını söyleyip elimi tutmasıyla, ben hiçbir şeyi hatırlayamaz hale geldim. Çünkü ne laf umurumdaydı, ne de hiçbir şey. Platonik aşkım Metin'in birdenbire elimi tutmasıyla bir anda dumura uğramış bir şekilde kala kalmıştım, lafımı söyleyememiştim. Metin de ne olduğunu anlayamadan ben unutunca benim lafımı da kendisi söyleyip profesyonel oyuncu olarak oyunu toparlamıştı..." Nilgün Belgün–İçimdeki Kadın

Ali Poyrazoğlu...

Devekuşu Kabare'den Ali Poyrazoğlu Tiyatrosu'na geçtim. Ali Poyrazoğlu ile tanışmam Türkiye'nin tek televizyon kanalı olan TRT'de oldu. Beraber "Tele Pazar" adlı pazar programında parodiler oynuyorduk. Ali, tiplemeler oynuyor ben de sunucuyu oynuyordum. Programda Cenk Koray'da vardı. 80'li yılların sonlarında Ali *Yeşil Kabare* adlı bir gece kulübü açmıştı. Burada Cem Özer'le kabare şov yaptık. *İnsanoğlu Tuhaftır, Dur Konuşma, Sus Söyleme* ve *Oğlum Çiçek Açtı, Orkestra* gibi oyunları beraber oynadık.

Haldun Dormen...

Komedi türünü sevdiğim için genellikle komedilerde oynuyordum. 1987 yılında da Haldun Dormen *İkinin Biri* adlı oyunda oynamam için bana teklifte bulundu. Kabul ettim. Metin Serezli ve Haldun Dormen'le oynayacaktım. Dormen Tiyatrosu'nda 6 yıl oynadım. İlk oyunumuz *İkinin Biri*'ni iki yıl devamlı kapalı gişe oynadık. Daha sonra oynadığım oyunlar: *Papaz Kaçtı, Karmakarışık, Bir Kış Öyküsü.*

Müjdat Gezen...

Müjdat Gezen'le beraber televizyon dizisi olan *Darbükatör Bayram*'da oynadığım cingene tiplemesiyle meşhur oldum. Karısı Gülpembe'yi oynadım. Beni Türker İnanoğlu'na öneren Müjdat olmuş. *Bir Başka Gece* için yapılmıştı bu dizi. Birdenbire yıldızım parlamıştı bu diziyle. Milliyet Gazetesi tarafından 1993 yılında "Yılın En İyi Televizyon Komedi Kadın Oyuncusu" seçilmiştim.

İlk film.. Kemal Sunal...

Rahmetli Kemal Sunal ile başrolünü paylaştığım *Bıçkın* adlı filmde oynadım. Çok ciddi ve çok beyefendi bir insandı Kemal Sunal. Filmin çekimleri sırasında rolünün dışında hiç ciddiyetini bozmamıştı. 2006'da da *Çinliler Geliyor* adlı sinema filminde oynadım.

Tiyatro benim vazgeçilmezimdir...
Öncelikli olarak tiyatro, sonra şov ve televizyon dizileri gelir. Tiyatro hayattaki vazgeçilmezimdir. Televizyonda şöhret olunca bazı tiyatro oyuncu arkadaşlarım gibi tiyatroyu ihmal etmedim. Hep tiyatroya ayıracak zamanım oldu. Her sene mutlaka bir oyun oynadım. Benim için sahne hep kutsal oldu. Ben sahnede çok titizimdir. Benim hayatta en önem verdiğim, iş disiplinidir. Yola şöhret olmak için değil, iyi oyuncu olmak için çıktım.

Sosyal çalışmalarım...
3 yıl Türkiye Menopoz ve Osteoporoz Derneği'nde gönüllü olarak çalıştım. Türkiye genelinde "Menopoz Bilinçlendirme Kampanyası"nı gerçekleştirdik. Diyarbakır, Ankara, İzmir, Malatya, Urfa, Erzurum gibi şehirlerde doktor ve tıp adamlarımızla Türk kadınlarımıza menopozu anlattık. Ayrıca parkinson hastalığıyla ilgili de sağlık çalışmalarına katıldım.

Tiyatro oyuncuları ve TV dizileri...
Televizyon dizileri bence tiyatro oyuncuları için çok iyi oldu. Aynı şekilde televizyon dizilerinde tiyatro oyuncuları oynamaya başladıktan sonra daha kaliteli diziler yapılmaya başlandı. Fakat son zamanlarda –diğer arkadaşlarım gibi– ben de televizyon dizilerinden şikâyetçiyim. Çok uzun olmaları. Hem seyirciyi sıkıyor, hem de oyuncuları yoruyor. 90 dakikayı geçince her hafta bir sinema filmi çekilir gibi çalışılıyor. Acele edildiğinde de pek özen gösterilmiyor, kalite düşüyor. Çünkü yayın gününe yetiştirmek zorundalar. Televizyon dizileri çok çabuk tüketiliyor.

Oynadığım oyunlardan bazıları...
Deliler Boşandı, İkinin Biri, Papaz Kaçtı, Karmakarışık, Hoşça Kal İstanbul, Matruşka, Yedi Kocalı Hürmüz, Bir Kış Öyküsü, Ke-

şanlı Ali Destanı, Çılgın Haftasonu, Tepetaklak, Gönül Hırsızı, İyi Günde Kötü Günde...
Tiyatro İstanbul'da oynadığım *Tepetaklak* oyunuyla "En İyi Komedi Kadın Oyuncusu" olarak 8 ödül aldım.

Oynadığım televizyon dizileri...

Bizim Mahalle (1993), *Cümbüş Sokak* (1993), *Çiçek Taksi* (1995), *Köşe Kapmaca* (1996), *Hayvanlara Dokunduk* (1997), *Kadınlar Kulübü* (1999), *Baykuşların Saltanatı* (2000), *Ada'da Bir Sonbahar* (2000), *Bir Demet Kahkaha* (2000), *Güz Gülleri* (2001), *Şen Kahkahalar* (2001), *Bana Şans Dile* (2001), *Şeytan Bunun Neresinde* (2002), *Büyümüş de Küçülmüş* (2003), *Beybaba, Koltuk* (2003), *Mavi Kolye* (2004), *Tatil Aşkları* (2004), *Üçüncü Tür* (2004), *Yabancı Damat* (2004), *Yalancı Yarim* (2006) ve *Benim Annem Melek* (2009)...

İçimdeki Kadın ve *Bir Kadın Bir Erkek, Düet ve Düello* adlı iki kitabım var.

*Atatürk'ün
kültür ve sanat devrimlerinin
ilk ışıklarından olan yaşayan bir tarih:*

SEMİHA BERKSOY

Aylardır Türk işçilerinin Almanya'ya göçünün 40. Yıl Kutlamaları (her ne demekse) yapıldı durdu. Nutuklar atıldı, konuşmalar yapıldı. Oysa daha 1936 yılında bir sanatçımız Atatürk tarafından Berlin Yüksek Müzik Akademisi'ne müzik eğitimi yapması için gönderiliyor. Hiç Almancası olmayan bu genç hanım sanatçımız bu okulu birinci dereceyle bitiriyor. 1939'da da Richard Strauss'un 75. Doğum Yılı Festivali'nde sergilenen bir operada başrol oynuyor. Afişleri ile Berlin sokakları donatılıyor. Yani Berlin halkı 60'lı yıllarda işçi göçü ile tanışacağı Türklerden önce bir sanatçımız ile tanışıyor. Bu sanatçımız dünyanın ender seslerinden birine sahip, yüksek dramatik sopranomuz Semiha Berksoy. Alman sanat eleştirmenleri o'nun için kişiliğinde tüm sanat kollarını (opera, tiyatro, resim, film, edebiyat) toplayan anlamına gelen " Gesamtkunstwerk" diyorlar. 7. Diyalog Tiyatro Festivali'nin en ilginç konuğu olan, Türkiye'nin yaşayan tarihi ile kaldığı lüks otelinde 2 buçuk saat yapmış olduğum bu tarihi sohbetimi sizlere sunmanın gururunu taşıyorum. Bu yazıyı hazırladığım sırada da Almanya'nın ARD televizyon kanalında ünlü sunucu Alfred Biolek'in de konuğu oluyor ve temiz Almancası ile sohbet ediyor, arkasından da yine Almanca bir arya söylüyor. Kendisiyle 100. yaşının ilk söyleşisini de yapmak umuduyla, 93 yaşına girmesine birkaç hafta kalmış olan bu büyük sanatçımızla yapmış olduğum değerli tarihi sohbetime geçiyorum:

Nasıl bir ailede doğdunuz ve büyüdünüz?
1910 yılında İstanbul'un Çengelköy'ünde doğdum. Çok kültürlü bir ailede büyüdüm. Annem heykeltraş ve ressam Fatma Saime Hanım, babam Ziya Cenap Berksoy ise şairdi ve sesi de çok güzeldi. Dört yaşlarımda annemden jestlerle şiir okumasını, şarkı söylemesini ve resim yapmasını öğrendim. Bende sanatla ilgili ne varsa annemle babamdan aldım. Amcam Kemal Cenap Berksoy, fizyoloji dalında Almanya ve Fransa'da incelemeler yapmış, dünya literatürüne girmiş. Büyükbabam Cenap Efendi ise Bektaşi dervişlerinden olup mezarı Karacaahmet'tedir ve halen mezarı ziyaret edilip iplik asılarak dilekte bulunulur.

Sanat yaşamınız nasıl başladı?
Daha ilkokul sıralarında hikâyeler yazar, yazdıklarımı resimlerdim. Şiirler okur, kendi kendime operalar söylerdim. Daha çocuk yaşımda davudi resimle dikkat çekmiştim. Sanat ve bilim aşkı, annem babam dahil tüm aile fertlerinde vardı. Sanatçı ruhu bana onlardan geçti. Kadıköy Ortaokulu'nu birincilikle bitirdim ve liseye Şehsadebaşı'nda İstanbul Kız Lisesi'nde başladım. Çünkü orada bir konservatuar açıldığını duymuştum. Nimet Vahit Hanım sesimi beğendi ve ücretsiz olarak oraya da başlamıştım. Babam her iki okula birden git-

memi istemiyordu. Ona yazdığım bir mektubumda şöyle yazmıştım: "Benim ruhumu sürükleyen, bende alev haline gelen bir şey var; o da sanat aşkıdır." Aynı yıl, yani 1928'de Wagner'in *Lohengrin*'de oynadım. İlk konserimi 1929'da verdim.

Ya ressamlığınız?
Evet, daha ilkokuldayken resim yapmaya başlamıştım. Yazdığım kısa hikâyeleri resimleyerek başladım. Annem heykeltraş ve ressamdı. Küçük yaşımda ilk hocam o oldu; bana çok şeyler öğretti. Ben kişiliğimde ve ruhumda tüm sanat kollarını toplamış bir insanım. Sanat zoraki olmaz, insanın kendisinde, ruhunda vardır. Şimdi zorla sanatkar olun diyorlar, olmaz. 1929'da yapmış olduğum resimleri koltuğumun altına sıkıştırıp Güzel Sanatlar Akademisi'nin kapısını çaldım. Namık İsmail Bey resimlerimi çok beğendi ve yine ücretsiz olarak Güzel Sanatlar Akademisi'ne başladım. Resim yapmadan duramam. Resim yapmak benim için yemek yemek kadar önemlidir. Resimlerim, Avangard dedikleri modern türdendir.

Ve tiyatro yaşamınız?
1930'da gazetede Muhsin Ertuğrul yönetiminde tiyatro okulunun açıldığı haberini okudum. Gittim ve kendisiyle görüştüm. Bana Shakespeare'in *Hırçın Kız*'ından bir bölümü ezberleyip oynamamı söyledi. Beğendi ve böylece İstanbul Belediyesi Konservatuarı'nın Tiyatro Bölümü'ne de başlamış oldum. Yani Şan Bölümü, Tiyatro Bölümü ve Güzel Sanatlar'ın Resim Bölümü. Zaten yaptığım tablolarda da operayı, tiyatroyu ve yaşamı buluşturdum.

Atatürk'ün huzurunda oynadığınız günü anlatır mısınız?
1934 yılında Atatürk'ün emriyle ilk Türk operası *Özsoy*'da başrol karakteri Ayşim'i oynadım. Operalarımızın önüne

Atatürk'ün heykeli dikilmelidir. Harf, Kıyafet ve Şapka Devrimleri'ni yapan Atatürk, sanat devrimi de yapmak istiyordu. Şöyle düşünüyordu: "Operada reform yapmakla bütün sanatlarda reform yapmış olurum." İşte ben, ömrüm boyunca Atatürk'ün yüksek sanat görüşünün temsilcisi olmaya gayret ettim. O'nun önderliğinde yön alan kültür ve sanat evriminin ilk ışığıyım. 1934 yılında ilk Türk operası olan *Özsoy'*u prova ettiğimiz bir gün Atatürk'ün gelip provayı izleyeceği haberini verdiler. Gazi geldi ve locasından provayı seyretti. Hepimiz heyecanlıydık. Oyun bitince bravo diye bağırdı. Gece ise saat bir buçukta Çankaya Köşkü'ne davet etti. Ben 24 yaşında heyecandan korkuyor ve tir tir titriyordum. Köşke gittiğimizde Gazi, İnönü ile bilardo oynuyordu. Sarışın, heybetli çok yakışıklı bir insandı Atatürk. Bana hangi okulda okuduğumu sorup şarkılarımı okumamı istedi. Ben de *Madam Butterfly* Operası'ndan bir arya okumak istediğimi belirttim. Hemen emir verdi, piyanoyu ve ses alma cihazını açtırdı. Sesimi plağa çektiler. Piyanonun yanında benim başımda beni dinledi. Tebrik etti, büfeye gidelim dedi. Masa üzerinde her çeşit içki ve yiyecekler vardı. Gazi bana "Ne içersin?" diye sordu. Utangaç ve titrek bir sesle "şurup efendim" diyebildim. Şurup yoktu. Garsona şurup getirmesini söyledi. Garson pembe bir şurupla döndü. Atatürk garsonun elinden şurubu alıp bana uzattı. Teşekkür ettim. Çok yakışıklı bir insandı. Gözleriyle bana bakıyordu, bense utanıyor, başka yerlere bakmaya çalışıyordum. İşte o arada olan ilginç bir olayı daha aktarmak istiyorum: Atatürk birden "defol! defol!" diye bağırdı. Göbekli bir adam geriye doğru giderek kapıdan dışarı çıktı. Bu Senfonik Orkestra Şefi Zeki Güngör Bey'di. Atatürk, ilk Türk operasını oynatmak istediği için kıskanıyorlar ve oyuna mani olmaya çalışıyorlardı. Zeki Bey de provalara türlü türlü bahanelerle engel oluyordu. Şah Rıza Türkiye'ye gelecekti ve Atatürk de bu Türk operasını hazırlattırıyordu. Zeki Bey'de bunu istemiyordu. Bunun üzerine onu kovup, Adnan Saygun'u şef yapmıştı. 1934 yılında Ulusal operamız olan Özsoy'u İran Şahı ve Atatürk'ün huzurunda oynadım.

Bir de ilk sesli Türk filminde oynadınız...

1931'de Muhsin Ertuğrul'un çektiği, ilk sesli Türk filmi olan *İstanbul Sokaklarında* başrolde hancının kızı Semiha rolünü oynadım. Benden başka Şehir Tiyatrosu sanatçılarından Hazım Körmükçü, Bedia Muvahhit ve Vasfi Rıza Zobu vardı. Bizde sesli film stüdyosu olmadığından, film İpekçi Kardeşler tarafından Paris'te çekildi. Uğraşlarımın içine bir de film oyunculuğu girmiş oldu. Bu film çok büyük yankı yaptı.

1936 yılında Berlin'deki eğitiminiz...

Carl Ebert ve Paul Lohmann gibi uzmanlar tarafından yapılan imtihanı kazanınca burslu olarak Berlin'e, Devlet Yüksek Müzik Akademisi Opera Bölümü'nü okumaya gönderildim. Hiç Almanca bilgim yoktu. Sesimle bu okulda ünlendim. 1939 yılında bu okulu birincilikle bitirdim ve Richard Strauss'un 75. doğum yılı festivallerinde, Berlin Akademisi eski Apollon Operası'nda üstadın *Ariadne auf Naxos* operasında başrol Ariadne'yi oynayarak 60 yıl önce Avrupa'da ilk kez opera sahnesine çıkan ilk Türk Sopranosu ünvanını aldım. Berlin'de kalmam için teklifler geldi. Fakat ben kalamadım Türkiye'ye döndüm.

Yeniden ressamlığınıza dönersek: 1969'da Berlin'de bir sergi açtınız...

Berlin Lutzovhaus'da büyük bir sergim oldu. Resimlerim fenomenal olarak değerlendirildi. 1972 yılında da Paris'te, 1974 yılında ise Türkiye'de ilk resim sergim oldu. En son 1997 yılında Kunst Museum Bonn'da yüzyılın en önemli sanatçılarını bir araya getiren "Zeitwenden 2000" sergisine katılan tek Türk oldum ve birinci seçildim.

Birkaç sene önce bir kalp ameliyatı oldunuz...
1997'de yani 87 yaşında iken İstanbul'da açık kalp ameliyatı oldum. 93'e gireceğim. Fakat ben kendimi 25 yaşında gibi hissediyorum. Doktorum Deniz Şeker'in de dediği gibi; 87 yıl sanat aşkı ile çarpan kalbim, by–pass ameliyatı ile alevlendi ve ve genç ruhumu da alevlendirdi. Ve bu yenilenmiş yürek bana New York'da Wagner söyletti.

Siz bir söyleşi de "Do sesini verdim, ölümü yendim" diyorsunuz...
Müziğin ilk ve esas sesi "Do"dur. Aynı zamanda "Do" sesi en yüksek sestir. Bu sesi vermek çok zordur. Ben bunu başardım. Bağırarak verdiklerini sananlar da vardır... Bunu doğru verebilmek için zekâ ve duygu gereklidir. Ben bunu buldum; dolayısıyla da bütün sesleri doğru veriyorum. "Ölümü yendim" demekle de: insan bir şey de muvaffak olunca ölümsüzleşir, ölümden korkmaz. Ölsem de gam yemem, beni ölüm korkutmuyor artık!

Nazım Hikmet'le yakınlığınız üzerine neler söyleyebilirsiniz?
Nazım Hikmet'le aramızdaki aşk çok derin, platonik bir aşktı. Bana, sesime ve kabiliyetime tutkundu; hayrandı bana... Bana olan hayranlığını bana yazdığı sayfalar dolusu mektuplarda belirtmiştir. Realist ve humanist bir şairdi. O'nun büyük şairliği hep kıskanılmıştır. Şiirlerinin dışında güzelliği ve yakışıklılığını da kıskandılar. Benim de sesim hep kıskanılmıştır. Kıskanan insanlar aptaldırlar. Nazım ve ben zeki olduğumuz için onları hep yenmişizdir. Nazım'ın şiirleri, zekâsı, benimse sesim ve zekâm onları hep alt etmiş-

tir. Nasıl ki Nazım'ın şiirleri yıllardır hep okunuyorsa, ben de 92 yaşımda hâlâ sahnedeyim ve opera söylüyorum.

2002 Diyalog Tiyatro Festivali'nde Nazım Hikmet'in *Bu Bir Rüyadır* operetinde 92 yaşında Tosca'yı yorumladınız. Yeni projeniz var mı? Nazım'ın 100. yıldönümü nedeniyle onun Çankırı hapishanesinde benim için Türkçe'ye çevirdiği profesyonel anlamda ilk opera gösterisi olan Tosca'yı, Türkçe olarak Berlin'de okumak istiyorum. Büyükelçimiz ile görüştüm; uygun gördüler. Sanıyorum Nazım'a layık bir anı olur düşüncesindeyim. 2002 kış sezonuna yetiştirmek istiyorum, tabii ölmez sağ kalırsam.

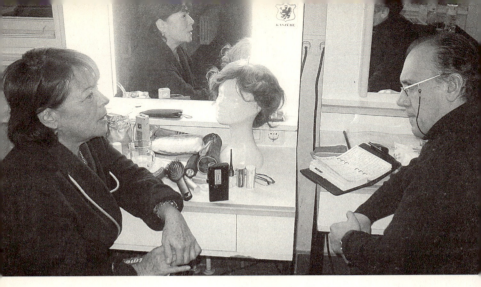

*"Bir başka insanın duygularını,
bedenini, ruhunu ödünç alıp,
onları kendininmiş gibi kullanan
bir usta sanatçı*

SUNA KESKİN

Tiyatrokare onsekizinci yaşına basıyor...

Tiyatrokare, 2009 tiyatro sezonunda, Nedim Saban'ın Sandberg/Firner'den uyarlayıp, sahneye koyduğu, Hale Kuntay'ın Türkçeleştirdiği, Metin Serezli, Suna Keskin, Oya İnci, Sinemis Candemir, Hülya Karakaş, Soydan Soydaş'ın oynadıkları *Bu Da Benim Ailem* adlı komediyle giriyor.

Oyun, otuzüç yıllık evliliğinde son görevinin oğullarını evlendirmek olduğunu sanan bir çiftin hayatlarına süpriz biçimde sızan bir başka kadınla birlikte evliliklerini tekrar soluklanmasını anlatıyor. Oyunda Suna Keskin, titiz ve kuralcı bir ev kadınını, Metin Serezli bezgin bir evli erkeği, Oya İnci ise fettan ve baştan çıkarıcı bir kadını oynuyor.

"Tiyatroyu çok özlediğimi bilmiyor değildim. Ama pazar günü Tiyatrokare'de, Bu da Benim Ailem adlı oyunu seyrederken anladım, ona ne denli hasret kaldığımı. Sinemaya da gidemiyorum gönlümce. Bunlar bizim, Gülseren Hanım arkadaşımla altmış yıllık ortak zevklerimizdi. Sahil boyu yürüyüşleri gibi, tiyatroyla da helalleşiyor muyum, diye dertleniyordum. Suna Keskin ile Metin Serezli nasıl iyi geldi, anlatamam. Bir tür eski dostlara, sevgililere kavuşmaktı bu. Tanımadığım yazarların kaleminden çıkma. Hale Kuntay'ın çevirisi lezzetli. Evin hanımı ve beyi, dostlarım olmak dışında, "tatlı, geçimsiz" karı–koca olarak da öylesine tanıdık ki. Oya İnci ile Hülya Karakuş'u ilk defa seyrettim. İki de gencecik oyuncu vardı (Çok genç demek istedim hanımlar, bağışlayın!); Sinemis Candemir ile Soydan Soydaş. Bana göre bu üçüncü neslin çocukları harika. Bir de güzeller ki! Yöneten Nedim Saban'ı da kutlarım." Hakkı Devrim, Radikal, 15.10.2009

2009 tiyatro sezonundan biraz gerilere, 2004 yılına, Berlin'e 8. Diyalog Tiyatro Festivali'ne dönelim. Ballhaus'un kulisinde Suna Keskin'le beraberim.

Berlinli tiyatroseverler olarak, Hadi Çaman–Yeditepe Oyuncuları'nı 'Tıpkı Sen Tıpkı Ben' oyunuyla iki sefer ağırladık. İlki 2003'ün ekim'inde yapılan 8. Diyalog Tiyatro Festivali'nde, ikincisi ise; 2004 mayısında Tiyatrom'un kuruluşunun 20. yılı nedeniyle yapılan etkinliklerde.

Kendileriyle iki defa, hem kuliste hem de oyun sonrası yemekte sohbet etme fırsatını buldum.

Ancak bu söyleşiye geçmeden önce, Suna Keskin üzerine basında çıkan yazılardan alıntı yapmak ve 1964 yılında Haldun Dormen Okulu'nda beraber çalışmaya başladığı Hadi Çaman'ın Suna Keskin için söylediklerini sizlere aktarmak istiyorum.

"Suna Keskin, komedide olayları ciddiyetle algılayıp, ciddi yönlere mizahi açıdan eğilebilen, eğilmesini bilen bir usta. Ulaştırmaya çalıştığı ciddiyeti, seyircinin bilinçaltında olayın komik unsur-

larıyla geliştirmesini bu kere de sağlıyor. Bu oyun öncelikle üç ustanın sahne üzerindeki sergiledikleri uyum açısından seyredilmeli. Komediyi komik unsur niteliklerinden hiçbir şey kaybettirmeden aktarmaları alkışlanmalı. Aktarma aşamasında, zorlayıcı etkenleri ortadan kaldırmayı nasıl başardıklarına şaşırmalı...", Üstün Akmen.

"Gerek Suna Keskin, gerekse Hadi Çaman, kendilerini hayal ormanlarının gece düşlerinden kurtarıp yere sağlam basan ve sanatsal gerçeği çoktan yakalayan yaratıcı kimliklerimizdir..." Haluk Şevket Ataseven

Hadi Çaman Suna Keskin'i anlatıyor:

"Ben, Dormen'e 1962 yılında kursiyer olarak katılmıştım. Suna Keskin ise 1964 yılında bize katıldı. Eşi Erol Keskin bizimle beraberdi. Suna, o kadar zarif, o kadar güzel bir insandı ki, Türk tiyatrosunun böyle güzel bir insana ihtiyacı vardı. Suna'nın kalbinin bu kadar güzel olduğunu, bu mesleğe bu kadar âşık olacağını ve bu mesleği bu kadar bileğinden yakalayacağını o günden hissetmemize olanak yoktu. 42 senedir Türk özel tiyatrosunun en büyük emektarlarından biri haline geldi. Kendisi akademi grafik mezunudur. Akademide tiyatro ile ilgili çalışmalarda bulunmuş. Tabii bunu o zaman hobi olarak yapmış. Profesyonel anlamda tiyatroya soyununca bu kadar yüreğiyle sahip çıkan bir insanı ben çok az gördüm. Suna'nın ve benim içinde bulunduğumuz jenerasyonun en büyük şansı büyük ustalarla bir arada olmamızdı. Artık ne yazık ki, bugün yeni yetişen genç arkadaşlarımızın böyle olanakları yok. Çünkü hiçbir özel tiyatro 7–8–10 tane usta tiyatrocuyu barındıracak güçte değil. Bizler Dormen Tiyatrosu'nda iken 5–10 usta bir araya gelebiliyordu. Suna ve ben bu ustaların arasında idik. Suna çok iyi gözlemcidir. Manyaklık derecesinde tiyatroyu ciddiye alan bir insandır. Zaten bu meslekte böyle olmazsan hiçbir şey olamazsın. Bu geçtiğimiz sezonda beş ödülü peşpeşe almışsa, alkışlanacak ve saygı görecek bir tiyatrocudur. Suna hiçbir zaman ne gözüyle ne de performansıyla tiyatrodan kopmadı. Hep tiyatronun içinde kal-

dı. Sevgili Suna da, ben de Dormen Okulu'dan, Dormen Aile-si'nden yetiştiğimiz ve yeşerdiğimiz için o duygularımızı hiç yitirmedik. Bizim yanımızda çalışan teknik elemanlarımız da dahil hepsi çocuğumuz hepsi kardeşimizdir. Onlar bizim öğrencimiz filan değil evladımızdır. Suna Keskin, üç yıldır Yeditepe Oyuncuları arasındadır. Yıllarca Enis Fosforoğlu topluluğunda çalıştı. Hisse–i Şayia oyunu için oradan konuk sanatçı olarak bize gelmişti. Böylece ailemize katıldı. O, Yeditepe Oyuncuları'nın anası, ablası; her şeyidir..."

Evet, Suna Keskin, "1940 Biga doğumluyum" diye başlıyor anlatmaya Ballhaus'un kulisinde: Neden, bilmiyorum; ilkönce sinema ile başlıyoruz sohbetimize.

Ölüm Tarlası...

Tiyatronun dışında 8 filmde oynadım. 1960'lı yılların önemli filmlerindendiler. Örneğin senaryosunu Yaşar Kemal'in kaleme aldığı, Atıf Yılmaz'ın çektiği, Fikret Hakan ve Erol Günaydın'ın oynadığı, Güneydoğu'da kaçakçılık sorununun ele alındığı 1966 yılının dram filmlerinden *Ölüm Tarlası*, 5. Antalya Film Şenliği'nde "En Başarılı 3. Film", Gani Turanlı "En Başarılı Kamera", Fikret Hakan ise "En Başarılı Erkek Oyuncu" ödüllerini kazanmışlardı. Yine 1972'de Tarık Akan, Münir Özkul ve Halit Akçatepe ile beraber oynadığım *Üç Sevgili*, Kadir İnanır ve Nubar Terziyan'la *Kopuk* filmi, 1975 yılında Şükran Güngör ve Neriman Köksal ile *Aşk–ı Memnu...* Bunların dışında rahmetli Yılmaz Güney ve Ayhan Işık'la da filmlerde oynadım.

Güzel Sanatlar ve tiyatro...

İstanbul Devlet Güzel Sanatlar Akademisi Grafik Bölümü'nden mezunum. Akademide okurken tiyatroya merak sardım. Amatör olarak Akademi Tiyatrosu'nun çalışmaları vardı. Burada amatör olarak çalışmaya başladım. Daha sonra Haldun Dormen'in teşvikiyle tiyatroya başladım. 1963 yılında Dormen Tiyatrosu'nda *Montserrah* ve *Şahane Züğürtler* adlı oyunlarla profesyonel tiyatro hayatım başladı. Eşim Erol Keskin de akademi mezunuydu. Akademi Tiyatrosu'nda yönetmen olarak görevliydi. Kendisiyle orada tanıştım. Haldun Dormen'le yıllarca beraber çalıştım. Daha sonra Dormen Tiyatrosu kapanınca herkesin yolu ayrıldı. Gruptan Erol Günaydın filan Gen–Ar Tiyatrosu'nu kurduk. İki yıl beraber çalıştık. Birçok oyun sergiledik. *Çorbamdaki Kız* ve *Yolcu* gibi. Gülriz Sururi–Engin Cezzar Tiyatrosu'nda, arkasından Pekcan Koşar'la da tiyatro çalışmalarım oldu. 15 sene Enis Fosforoğlu ile beraber çalıştım. Bu topluluğun tüm oyunlarında oynadım. Yaklaşık 50'ye yakın oyunda oynadım. Son üç yıldır Hadi Çaman Yeditepe Oyuncuları ile beraberim. Son zamanlarda oynadığım oyunlar: *Hisse–i Şayia, Tıpkı Sen–Tıpkı Ben* ve son oynadığımız Cahit Atay'ın yazdığı 2 bölümlük müzikal komedi *Son Perde*.

Ve Türk Sinemasına geçişiniz...

Ben Dormen'lerde oynarken, Müşfik ve Yıldız Kenter'in kurdukları bir film şirketi vardı. Yukarıda anlattığım Yaşar Kemal'in senaryosunu yazdığı *Ölüm Tarlası* filminde oynama teklifini bana yaptılar. Böylece Türk sinemasına geçmiş oldum. Benim Yeşilçam maceram uzun sürmedi. Ben zaten her zaman filmlerden değil de tiyatro çalışmalarından zevk aldım. Bu alanda daha başarılı olduğumu sanıyorum.

Tiyatro deyince, sizin de aklınıza sıkıntılı günler mi geliyor?

Ben de Hadi Çaman gibi pek akıllı işi değil diye düşünüyorum. Tabiki çok yorucu ve yıpratıcı bir meslek. Ancak öyle bir tadı var ki, hiçbir zaman vazgeçemiyorsunuz. Her sene yeni bir oyuna başlarken "bu sene son!" diyoruz. Fakat yine yeni bir oyuna başlıyoruz.

Tıpkı Sen–Tıpkı Ben **oyununda sergilediğiniz gibi, Türk tiyatrosunu kurtarmaya çalışanlar var mı? Umutlu musunuz?**

Ben umutluyum. İşte Hadi Çaman bunlardan biri. Bir özel tiyatroyu öyle bir çaba ile götürüyor ki, takdir etmemek elde değil. Çok zor bir iş ve pek akıllı işi de değil! Bu işi de Türkiye'de yürütmek için biraz çılgın olmak lazım.

Aldığınız ödüller...

Geçen sezon (2003 yılı sezonu) aldığım ödüller:
"Avni Dilligil En İyi Kadın Oyuncu"
"Afife Jale En İyi Komedi Kadın Oyuncu Adayı"
"Altan Erbulak Oyunculuk Ödülü"
"I. Leo Kerem Yılmazer Ödülü"
ve "Altunizade Rotary Onur Ödülü"

Büyük rollerin oyuncusu,
nefis sesi ve harika diksiyonuyla

TORON KARACAOĞLU

1984 yılında kurulan Berlin'deki Tiyatrom'un kuruluşunun 20. yılı nedeniyle, 2004 yılının Mayıs'ında düzenlenen etkinliklere Türkiye'den katılan sanatçılarımız arasında Tiyatrom'un ilk kuruluş çalışmalarında bulunmuş olan Toron Karacaoğlu'da vardı. Yahya Kemal'in hayatından kesitlerin olduğu ve şiirlerini okuduğu *Kendi Gök Kubbemiz* oyununu oynadı. Ayrıca, senelerdir aynı sahneyi paylaştığı Nedret Güvenç'le beraber *Aşk Mektupları*'nı sergilediler. 1980 yılında İstanbul Şehir Tiyatrosu'ndan emekli olan Toron Karacaoğlu, 1985 yılında Berlin'den İstanbul'a dönmüş; 1987 yılında ise Gencay Gürün tarafından emekliliği dondurularak tekrar İstanbul Şehir Tiyatroları'ndaki kadrosuna geri çağrılmış ve Nedret Güvenç'le *Günden Geceye* adlı oyun provalarına başlamıştı. Oyunun ilk prova gününü Nedret Güvenç şöyle anlatıyor:

"Ertesi sabah provaya gittim, karşımda Toron Karacaoğlu'nu buldum. Toron, yaklaşık otuz yıllık arkadaşım ve partnörümdü, sayısız oyunda karşılıklı oynamıştık. Onun hesabına göre tam on dört kez karı koca ya da sevgili olmuştuk, bu on beşinci olacaktı. Toron bana 'Dün akşam Hakan Altıner telefon etti, *Günden Geceye*'de oynamamı istediğini söyledi. Gene birlikte oynuyoruz, bu on beşinci olacak' dedi, 'Çok şükür Allahım, çok şükür' diyerek hemen boynuna sarıldım. Toron'la birlikte olduğumuza göre her şey yoluna girecek ve zevkli bir çalışma olacaktı, öyle de oldu... Toron her zaman büyük rollerin oyuncusu olmuştur, bu rolde de kendini aştı, nefis sesi ve harika diksiyonuyla olağanüstüydü..." (*Bir Zamanlar İzmir'de*, Nedret Güvenç, s. 258.)

İlkokul müsamerelerinden bu yana 54 yılım dolu dolu tiyatro ile geçti...

1930 yılında Mudanya'da doğdum, Bursa'da büyüdüm. 74 yaşındayım. Bunun 54 yılı dolu dolu tiyatroda geçti. İlkokulda mektep müsamereleriyle başladı tiyatro yaşantım. Sınıfta iki kumbaramız vardı. Kızılay kumbarası ve şahsi kumbaramız. Sene sonunda biriken paralarla gezmeye giderdik. Kızılay kumbarasındaki para ise fakir çocuklar içindi. Eğer az para birikti ise, evimizin verandasında kendi yazdığımız veya doğaçlama olarak bir kuruşa mahallenin çocuklarına çadır tiyatrolarındaki gibi temsiller oynardık. Kumbaraya çok para attığımda, öğretmenim babama şikâyet edip "çocuğunuz bu kadar parayı nereden buluyor?" diye sormuş. Babam sorduğunda söylemek zorunda kalmıştım. Babam da "iyi halt ediyorsunuz pis oyuncular!" demişti. Mani de olmadı, müsamerelere devam etmiştik. Lisede ise şiirlerden oluşan tek kişilik oyunlar oynardım. Bursa'daki Şehir Tiyatrosu'nun turne oyunlarını seyrettikten sonra tiyatroya daha da heveslendim ve meslek edinmeye karar verdim.

1947 yılında tiyatrocu olmak için İstanbul'a geldim...

Lise ikinci sınıftan ayrılıp, 1947 yılında tiyatrocu olmak için İstanbul'a geldim. Beşiktaş ve Büyükdere Halkevi'nde tiyatroya başladım. 1949 yılında da Ercüment Behzat Lav'ın Dram Tiyatrosu içinde kurmuş olduğu tiyatro çalışmalarına katıldım. Bu bir çeşit konservatuardı. Çünkü İstanbul Belediyesi'nin Konsevatuarı'nda tiyatro bölümü yoktu. Grubumuz içinde, Lale Oraloğlu, Altan Karındaş, İsmet Ay, Deniz Uyguner gibi tiyatro sanatçılarıyla çalışmalar yaptık. Diksiyon ve oyunculuk tekniğini Ercüment Behzat verirdi. 1949'da verdiğimiz resital çok beğenildi. O zamanki Belediye Başkanı Fahrettin Kerim Gökay çok beğendi ve İstanbul Belediyesi'nin Tiyatro Bölümü'nün kurulması için emir verdi. Bizler böylece yeni açılan Tiyatro Bölümü'ne imtihanla başladık. Melih Cevdet Anday, Ahmet Kutsi Tecer gibi yeni hocalar geldiler. 1951 yılında askere gitmek için mecburen konservatuardan ayrılmak zorunda kaldım. Ancak çok sevdiğim bir yarbayım beni imtihan zamanında Erzurum'dan özel kurye uçağı ile yollardı.

Benim Üç Meleğim ve Dört Albayın Aşkı beni en çok heyacanlandıran oyunlardı...

Oynadığım her rolüm beni heyecanlandırmıştır. Bu güne kadar çocuk oyunları da dahil olmak üzere 150 civarında oyun oynadım. Bunların içinde kimini bir sene, kimini iki sene, kimini ise Yahya Kemal'i örneğin 7 senedir, *Aşk Mektupları*'nı ise 4 senedir oynuyorum. Eskiden böyle değildi. Pazartesi günü hariç bütün hafta oynardık. Beni en çok heyacanlandıran ve zevk veren oyunlara gelince: 1957–1958 sezonunda turnede oynadığım *Benim Üç Meleğim*'dir. Heyacanlandırıyordu, çünkü karşımda Hüseyin Kemal Gürmen, Galip Ercan, Mahmut Moralı, Nejla Sertel, Sami Ayanoğlu, Gülistan Güzey, Ferih Egemen ve Melahat İçli vardı. Bunlarla beraber oynamak beni çok heyacanlandırmıştı. Çok zevk alarak oynamıştım. Hatta bu oyunda Sami Ayanoğlu hastalanınca onun seksen yaşındaki bir ihtiyarı oynayan rolünü de ben üstlenmiştim. İkinci olarak ta, *Dört Albayın Aşkı* oyunu gelir. Muhsin Ertuğrul'un sahneye koyduğu 7 *Hamlet*'teki rolüm Muhsin Bey tarafından çok beyenilmişti. Her seferinde gelir, seyreder ve ağlardı. Aslında her oyun heyacanlandırır oyuncuyu. Heyacan duymazsanız hergün oynayamazsınız. Bu heyacanlar büyük ustalarla oynamanın vermiş olduğu heyacanlardır. Bu oyunlara bir de Şehir Tiyatrosu'nda oynadığım ilk profesyonellik oyunum olan Altan Özer'in *Buzdolabı* adlı oyunudur. Halide Pişkin'le karşılıklı oynadım. Dünyanın sevdiği, taptığı, daha kuliste iken alkışlamaya başladığı Halide Pişkin'le aynı sahneyi paylaştım. Ondan başka Nejdet Mahfi Ayral, Gazanfer Özcan ve Şadıman Ayşın'da vardı oyunda.

54 yılda oynadığım her karakterde başarılı oldum...

Benim bir şansım vardı; tiyatroda 54 yıl içinde her oyunda ayrı bir karakteri oynadım. Jöndüm, Dram Tiyatrosu'ndan çıktığımda etrafım beni sevenlerle dolardı, mektuplar alırdım. Böyle sevildiğim yıllarda dahi karakter rolleri oynadım. Bir oyunda jön –komik oynarken, ikincisinde jön– romantik, arkasından 80 yaşında bir ihtiyar rolünü oynadım. Bu oyunlar tabi ki beni zorladı. Ancak bir oyuncu için çok büyük şanstır bu. Her türlü rolde başarıya ulaşabilmek. Ve bu güne kadar bana yapılan eleştiriler hep iyi eleştirilerdi, ki o zamanın eleştirmenleri çok acımasızdılar.

1980 yılında emekli oldum ve Berlin'e geldim...

Kendi isteğimle 1980 yılında emekli oldum ve Berlin'e geldim. 1973 yılından beri zaten her sene Berlin'e gelir, Halazademi ziyaret ederdim. Berlin'i çok sevmiştim. Bu geliş gidişlerimde SFB radyosunda Erkin Özgüç, Aras Ören ve Güner Yüreklik ile çalışmalarım olmuş, Ramazan ve yılbaşı skeçleri hazırlamış, oynamıştım. Daha o zamanlar "keşke sen de burada olsan" derlerdi. 1979 yılında geldiğimde, Şehir Tiyatrosu'ndan ayrılmış olan Bülent Talay arkadaşımız Berlin Senat'ta görevliydi. Ben de dışa açılmak istiyordum. Senat'tan teklif gelince kabul ettim ve Berlin'e geldim. Gelir gelmez yine SFB'de ve Volkshochschule'de de tiyatro çalışmalarına başladım. Yetiştirdiğim talebelerimle sergilediğimiz oyun çok beyenildi. 30–40 kez sergiledik bu oyunu. Beklan Algan ve Peter Stein seyirciler arasında idiler. Arkasından Schaubühne'den teklif geldi. 2 sene Schaubühne'deki Türk grubunda olan Ayla Algan, Şener Şen, Kerim Afşar ile çalışmalarımız oldu. *Kurnaz Eşek* ve *Karagöz ile Hacıvat'ın Sünnet Düğünü* adlı çocuk oyunlarını sergiledik. Çok tutuldu. Hatta oyundan sonra 30'un üzerinde Alman çocuğu sünnet olmuş. Haldun Taner'le de Berlin'de çalışmalarım oldu. Senat kanalıyla üç ay süren seminerler düzenliyorduk. Üç ayrı amatör tiyatro grubunu bir araya toplayıp Senat'tan daha büyük yardım alıp daha iyi işler yapmak istiyorduk. Ben reji, makyaj ve oyunculuk tekniği dersleri verirken, Haldun Taner'de dünya ve Türk tiyatrosu tarihi dersleri veriyordu. Sonra bu grubun içinden seçtiğim oyuncularla Bekir Büyükkartım'ın *Sis* diye bir oyunun dünya prömiyerini Manifaktur'da yaptık. Bir de daha şenlikli olsun diye Tempodrom çadırında *Köy Düğünü'*nü yaptık. Çok büyük bir yapımdı. 150 talebem ve 8 folklor ekibi ile sergiledik. Daha sonra grup çözüldü. Peter Stein devamlı proje üretmemizi söylüyordu. Fakat geriye kalan beş kişi yetersizdi. Daha sonra Tuncel Kurtiz'in grubu geldi. Ferhat ile Şirin'i sergiledik. Ancak bazı aksiliklerden dolayı bu çalışmaları devam ettiremedim. Bir de o aralar Almanya'da yabancılara karşı Neo Nazi'lerin hoş olmayan hareketleri başlamıştı. Bu olaylar beni üzüyor ve tedirgin ediyordu. Beş sene sonra vatan hasreti de ağır basınca Türkiye'ye geri döndüm.

Berlin'den İstanbul'a dönüş ve emekliliğimin durdurulması...

Berlin'den Türkiye'ye döndükten sonra bir sene kadar boş kaldım. Tiyatro yapmak istemedim, oyunlar yönetmeye başladım. Mete İnsenel'in tiyatrosunda bir oyun sahneledim. O ara İstanbul Şehir Tiyatroları Sanat Yönetmeni Gencay Gürün, tiyatroya dönmem için haber yolladı. Bana haber vermeden emekliliğimi durdurdu. Bana "sizin yaşınız daha emekliliğinizi gerektirmiyor" dedi. Ben de kabul ettim. 1987 yılında *Günden Geceye* oyunuyla tekrar Şehir Tiyatroları'na başladım. 1995 yılına kadar da eski kadromla çalıştım. Tam 102 oyun oynadım.

Tiyatro sanatçısının emeklisi olmaz!

1980 yılında kendi isteğimle emekli olmuş, ancak Berlin'den dönüşümde Gencay Gürün tarafından 1987 yılında tekrar Şehir Tiyatrosundaki kadroma çağrılmıştım. 1995 yılında da yaş haddinden mecburen emekli olmuştum. Tiyatro sanatçısının emeklisi olmaz! Emekli olduğumda Yahya Kemal'i oynuyordum. Gençken makyaj yapıp 80'lik ihtiyarı oynamıştım. 80 yaşına da gelince makyaj yapmadan yine 80'lik ihtiyarı oynarım. Yaş hadinden emekli olalı 9 sene geçti, ben hâlâ oynuyorum.

Zeki Müren Müzikali: *Bir Demet Yasemen*...

Şehir Tiyatroları'nda oynadığım 90'lı yıllarında, emekli olmama yakın bir zamandı. Tiyatro Kare'den Nedim Saban'dan Zeki Müren Müzikali teklifi geldi. Gencay Gürün'de onaylayınca teklifi kabul ettim. Zeki Müren benim çocukluk arkadaşımdır. Aynı mahallenin çocuklarıydık. Ortaokul da aynı okulda idik. Benden bir sınıf üstte idi. Haftanın iki günü ailece mutlaka görüşürdük. Bir araya geldiğimizde konumuz hep müzikaldi. Onu en iyi tanıyanlardan biriydim. Gençliğini oynayacak genç için imtihan açıldı. 150 genç katıldı. Bu müzikal Bodrum'da başladı, Bodrum'da bitti. Anadolu'yu bayağı dolaştık. Bir çok kişi Zeki Müren'in ismini kullanarak ticaret yapıldığını söylediler. Müzikalin ticari yönü düşünülmedi. Ben işin içinde idim, güzel bir müzikaldi. Çok da başarılı olduk. Turne boyunca dakikalarca alkışlandık. Herkes ağlıyordu. Bu kadar sevilen bir sanatçı görmedim.

Aldığım ödüller...

Son aldığım Selim Naşit Ödülü'nde "Usta Erkek Oyuncu Ödülü", ondan önce "Avni Dilligil Ödülü", *İstanbul Gözleri Mahmur*'da "En İyi Yardımcı Oyuncu" ve Dünya Tiyatrolar Günü'nde aldığım "Usta Erkek Oyuncu" gibi ödüllerim var.

Yahya Kemal'i 7 senedir oynuyorum...

7 senedir oynadığım Yahya Kemal (*Kendi Gök Kubbemiz*) oyunu, Yahya Kemal'in 31 Ekim 1958 yılında yattığı hastanedeki son gece geçirdiği halüsinasyonlardan ibarettir. Bir olay başka bir olayı kendisine hatırlatıyor. Doğumundan ölümüne kadar bütün hayatını bir sinema şeridi gibi hatırlıyor. Yer yer de şiirlerini okuyorum.

Fikriye & Latife'yi oynayan Dilruba Saatçi benim elimde doğdu...

Berlin Tiyatrom'da seyrettiğim *Mustafa Kemal'i Sevdim* adlı oyunu başarıyla sergileyen Dilruba Saatçi benim elimde doğdu. Onun ismini ezan okuyarak kulağına ben söyledim. Babası değerli bestecilerimizden İsmet Nedim Saatçi'dir. Levent'te aynı apartmanda oturduk. Dilruba küçükken bana "ben de tiyatrocu olabilir miyim?" diye sorardı. Avusturya'da tiyatro bölümünü okudu. Senelerdir de tiyatro ile meşgul. Sergilediği *Fikriye & Latife* oyunu çok hoşuma gitti. Duygulandım. Oyunculuk gücü çok hoşuma gitti. Hem şarkı söyledi hem oynadı ve de dans etti. Fikriye'yi ve Latife'yi aynı anda oynamak kolay değil; üstesinden geldi. Kendisini tebrik ederim.

O da bir tiyatro delisi;
tıpkı Hadi Çaman ve Haldun Dormen gibi...

ULVİ ALACAKAPTAN;

Tiyatro ile yatıp, tiyatro ile kalkanlardan. Televizyon dizilerinden kazandığını yine tiyatro yolunda harcayanlardan. Son oynadığı ve tam 4 sene süren, yedisinden yetmişine her yaştan izleyicinin tiryakisi olduğu ve benim de severek izlediğim *Hayat Bilgisi* televizyon dizisiydi. Orada edebiyat öğretmeni Cumhur Hoca rolünde seyrettik onu.

Hani "Hoca camide!" diyen Afet Öğretmen rolündeki Perran Kutman'ın ve hep para sayan okul müdürü Tarık Papuççuoğlu'nun oynadıkları *Hayat Bilgisi* dizisinde oynayan Cumhur Hoca karakterini başarıyla oynayan Ulvi Alacakaptan...

"Ben, diziden kazandığım parayı yine tiyatroya yatırıyorum. Hemen hemen her ay Berlin'e gelip, çeşitli devlet tiyatrolarında üç dört oyun seyreder giderim..." diyerek başlıyor Berlin'deki kahvaltı sohbetimiz. Çay ve kahvenin yanında katığımız tiyatro idi. Ertesi gün yine bende tiyatro sohbetine devam ettik. İkinci günün akşamı ise, Tiyatrom'da *Çılgın Yenge*'yi beraber seyrettik.

Ulvi Alacakaptan, 1949 İstanbul doğumlu. İstanbul İktisadi Ticari İlimler Akademisi İşletmecilik Bölümü mezunu. Büyük tiyatrocularımızdan Muammer Karaca onun dayısı oluyor. İşte kendisiyle iki gün boyunca yaptığım tiyatro dolu sohbetim:

Muammer Karaca Tiyatrosu ile 5 yaşında tanıştım... Muammer Karaca, babaannemin öz kardeşi, benim ise büyük dayım olur. Kendisini, onun tiyatrosu Muammer Karaca Tiyatrosu'nda seyrettiğimde beş yaşındaydım. Benim tiyatro maceram ise, 1956 yılında ilkokul ikinci sınıfta, bir skeçle sahneye çıkmamla başladı. 1958 yılında da sınavla İstanbul Radyosu Çocuk Kulübü'ne seçildim. Orta okulda derslerim kötüleşince babam
"Adam olacaksan ol, yoksa seni Muammer Dayı'na veririm, tiyatrocu olursun!" diyerek beni korkuturdu. İşin tuhaf tarafı da, babamın iyi bir tiyatro seyircisi olmasıydı. Tiyatroya âşık bir insandı. Ancak o zamanlar toplumumuzda tiyatroya karşı, dolayısıyla da tiyatro sanatıyla uğraşanlara karşı böyle bir zihniyet vardı.

Dostlar Tiyatrosu...
1960–1967 yıllarında çeşitli okullarda oyunlar yönettim ve oynadım. Tiyatrocu olmaya karar verdiğimde 20 yaşında idim. Beni tiyatroya iten belki de babamın sık sık tiyatro ile tehdit etmesidir. Ancak ben tiyatrocu olmaya karar verdiğimde dayım Muammer Karaca'ya gitmedim. 1969 yılında Dostlar Tiyatrosu'nun sınavlarına girdim ve kazandım. İki yıl burada tiyatro eğitimi aldım. 1971 yılında *Soruşturma* oyunuyla profesyonel oldum.

Dostlar Tiyatrosu, İstanbul'daki işçi kesimi arasında tiyatroyu yaygınlaştırmak ve onların arasından tiyatro oyuncusu yetiştirmek için kurulmuştur. Tıpkı kendilerinin yaptıkları Genç Oyuncular grubunda olduğu gibi. Ben böyle bir şansa sahip oldum. Çok ciddi hocalarımız ve dersler vardı. Müzik, pandomim, sahne sanatları, tiyatro tarihi gibi derslerimizin dışında Marksizim üzerine ders bile veriliyordu. Hocalarımız arasında Arif Erkin, Mehmet Akan, Metin Deniz, Birkan Özdemir, Güney Akarsu, Şevket Altuğ ve Teoman Aktürel gibi önemli isimler vardı. Dönem arkadaşlarımdan tiyatroda kalan pek olmadı. Gülümser Gülhan, Kutay Göktürk bir de Levent Yılmaz kaldılar. 3–4 sene sonra bizler de eğitmenlik görevini üstlendik.

Ustam Genco Erkal...

Benim belli başlı bir hocam ve ustam varsa, o da Genco Erkal'dır. Kendisiyle hem oynadım, hem de onun yönetmen yardımcılığını yaptım. Dostlar Tiyatrosu çok sıkı çalışan bir tiyatro idi. Devamlı toplantılar yapardık. İç işler–dış işler gibi kurullarımız vardı. Her toplantıda söz alır, Genco Erkal'ı zaman zaman *"sen kimseyi yetiştirmiyorsun, arkanda adam bırakmayacaksın!"* diyerek eleştirirdik. O da; *"Ben kimseye sen gel, ben seni yetiştireyim demem... varsa niyeti gelir yanımda durur!"* derdi. Bizler de kızardık kendisine. Seneler sonra fark ettim ki ben öyle yetişmiştim. Genco Erkal, sormazsan hiçbir şey konuşmayan, söylemeyen bir oyuncudur, yönetmendir. Şimdi anlıyorum ki; tiyatroda ne öğrendiysem, hepsini ondan öğrendim.

Genco Erkal bana çok kızıyor...

Kendisini son zamanlarda eleştirdim. Şöyle ki, Dostlar Tiyatrosu'nun biz ayrılıncaya kadar ki dönemi, 1978'e kadarki dönem, hakikaten Türk Tiyatro Tarihi'nde çok önemli bir dönemdir. Özellikle biz iki sezon üst üste Dostlar Tiyatrosu'nda bir abone sistemi yapmıştık. Kiracı olduğumuz bir salonda, hatta iki ayrı tiyatro grubu aynı sahneyi paylaşırken, 10 bin beş yüz abonemiz vardı. 9 bin beş yüzü işçi ve öğrenci, bin'i ise tam bilet abonemiz. Bu abonelere senede 4 oyun, konserler, açık oturumlar, halka açık provalar, resim sergileri gibi, 24 saat kültür hizmeti sunuyorduk. Bugün 37. senesine ulaşan Dostlar Tiyatrosu küçüldü; sanki sadece Genco Erkal'dan ibaret bir tiyatro haline geldi! Son yıllarda daha çok tek kişilik oyunlara yöneldi. Son bir iki senedir bir kaç kişilik oyunlar da yaptı. Bu beni çok rahatsız ediyor. Gönül isterdi ki, Dostlar Tiyatrosu, hep aynı çapta olmasa bile, daha büyük kitlelere hitap eden bir tiyatro kalmaya devam etseydi. Ancak bunda daha çok Türkiye'nin geçirdiği ekonomik ve siyasi krizlerin de etkisi de var. Özellikle 12 Eylül çok büyük bir kırılmaya sebep oldu.

Dayım Muammer Karaca...

Muammer Karaca bizler için bir ilahtı. Türk tiyatrosunun en çok para kazanan bir sanatçısıydı. Çok meşhur bir köşkü vardı ki; Türk filmlerinin çoğu o köşkte çekiliyordu. Yüzme havuzu olan bir köşktü. Şimdi nerede yüzme havuzlu bir köşkü olan tiyatro sanatçımız.

Muammer Dayımla bir anımı aktarayım:

1973 senesinde Almanya'ya gitmeye karar vermiştim. Kendisiyle vedalaşıp, helallık almak için ziyaretine gitmiştim. O sırada İzmir'de, Fuar'daki Açık Hava Tiyatrosu'nda oynuyordu. Bir yandan makyaj yapıyor, bir yandan da benimle konuşuyordu. Dişlerini sıkarak bana aynen şöyle dedi:

"Git, git; bu tiyatroculukta iş yok zaten! Göreceksin bak, Avrupa'daki tiyatro sanatçıları kahve köşelerinde tuvalete yakın yerlerde otururlar; kimse onlarla görüşmez."

İlginç olan da, kendisinin o devrin en ünlü ve tiyatrodan en çok para kazanan bir tiyatro sanatçısı olarak bunları söylemesi idi. Kendisiyle dalga geçmesini seven bir tiyatro sanatçısıydı. Ben böyle insanları severim. İnsan biraz kendisiyle dalga geçmesini bilecek. Muammer Karaca'nın herkesin bilmesi gereken bir özelliği de, o zamanın ilk ciddi özel tiyatro sahibi olmasıydı. Fransız vodvillerinden çevrilen oyunlarıyla, günün politik mesajlarını veya dedikodularını yerleştirip, kendine has bir tarzla oynamış usta oyuncuydu. O zamanlar televizyon yok, radyo ise tek kanallı ve Demokrat Parti yanlı idi. Ankara'da neler olup bitiyor, politika kulislerinde ne gibi dolaplar dönüyor, öğrenmek için onu seyretmek yeterliydi. Bir oyuna 5–6 kez gidenler vardı. Çünkü onun oyunları ana haber bülteni gibiydi.

Muammer Dayım'ın unutamadığım bir yanı da; zaman zaman kendisinin dışındaki tiyatro topluluklarına kucak açmış bir tiyatro insanı olmasıydı. Muhsin Ertuğrul, Devlet Tiyatroları Genel Müdürlüğünden çıkarıldığında, onu tiyatrosuna çağırmış *"Gel buraya, istediğini yap"* demiştir.

O zamanlar 6 ve 9 oyunları vardı. 6 oyunlarında daha yeni ve deneysel tiyatrolar oynardı. Tabii haftanın her günü tiyatro oynandığı günlerden bahsediyorum. Şimdi öyle değil maalesef!

Lale Oraloğlu, Yıldırım Önal gibi dönemin ünlü oyuncuları *Tahta Çanakları* oynuyorlardı. 9 oyunu pek tutmamış, diğeri, yani 6 oyunu tutmuştu. Muammer Bey'in hiç adeti olmadığı halde, 6 oyunu başlamadan bir iki saat önce geliyor, gişenin yanında sandalyeye oturup, bilet almaya gelen seyircilere*"Niye geldiniz, hangi oyuna, Tahta Çanak mı? Ben de o oyunda oynamıyorum zaten!"* diye söylermiş. Oysa o oyunda kendi tiyatrosunun prodüksiyonu; para yine kendi kasasına giriyor.

Tiyatro sahnelerindeki mankenler...

Genco Erkal, *Yarışma* oyununda manken Şebnem Özinel'i oynattı. O, oyununda bir manken kullanarak televizyon dünyasını eleştirmek istemiş ve böyle savunmuştu kendisini. Ancak Şebnem Özinel kendini aşan laflar etti: *"Ben tek başıma boş kalan tiyatro salonunu doldurdum"* dedi. Mankenlerin tiyatroda kullanılmasına karşı değilim. Ancak tiyatroyu kullanan aslında mankenler! Tiyatro oyuna manken katmakla var olmaz! Tiyatro, tiyatro kalarak var olacaksa olur veya olmaz! Tiyatroya, tiyatro dışında ne katarsanız katın, tiyatrodan çalarsınız. Bir panik içersinde "madem insanlar televizyon seyrediyorlar" deyip de, televizyonda oynayanları tiyatroya taşımak, tiyatroya hiçbir şey kazandırmaz. Biz, 2002'de, arkadaşımızı kıramayıp bir oyun yaptık; sonuç olarak oyuna kimse gelmedi. Hiçbir zaman tiyatro seyircisiyle televizyon seyircisi aynı değil. Bu tüm dünyada da böyle; farkı bir şeydir tiyatro seyircisi.

Tiyatro faaliyetleri okullarımızda olmalıdır...

Türkiye'de tiyatronun seyirci kaybetmesinin en önemli nedenlerinden bir tanesi, orta öğretimde tiyatro faaliyetlerinin kaldırılmasıdır. Okullarımızdaki sene sonu müsamereleri kaldırıldı. Hepimiz, okullarda yapılan tiyatro müsamerelerinde sevdalanmıştık tiyatroya. Ben TODER'in Genel Sekreteriyim. Çalışmalarımızdan bir tanesi de, okullarımızdaki bu tiyatro çalışmalarını tekrar başlatmak. TODER olarak Milli Eğitim Müdürlüğü ile görüştük. Oyuncularımız ve yönetmenlerimiz okullarımızda konferanslar verecekler. Lise ve Dengi Okulları Tiyatro Festivalleri düzenleyeceğiz.

Oyun yazarımız çıkmıyor, popüleriteye öykünme var!

12 Eylül'le birlikte, Türk tiyatrosuna damgasını vuran sol düşünce, biraz yenilgiyle, biraz da çağın gereklerinden ötürü, yeni konular üretemez hale geldi. Şu an bile resmi ve özel tiyatrolarda 20–25 sene önce oynadığımız oyunlar tekrar tekrar sahneye getiriliyor; yeni oyun yazılamıyor. Yazılan oyunlar televizyon oyunu seviyesindeler. 1996–98 arasında, iki ti-

yatro sezonu için İstanbul Büyükşehir Belediyesi Repertuar Kurulu'nda bulundum. 100 kadar oyun okudum. Çok kötü oyunlar vardı aralarında. Sadece bir oyuna evet diyebildim. O da ağır esinlenme çıktı, kaldırıldı. Oyun yazarımız çıkmıyor. Tiyatrocularımızda da kabahat var. Günümüz insanının ritmine ve anlayışına uygun oyunlar üretemez hale geldiler. Televizyona ve popülerliğe öykünmeye başladılar. Onlardan da bir şey çıkmadı. Televizyon her şeyi belirlemeye başladı artık!

Oyun yazarlığı zor ve nankör bir iş...

Oyun yazarlığı en zor ve en nankör bir iştir. Çünkü yazdığınız şiiri kimse okumazsa, kendi kızarkadaşınıza okur yine de tatmim olursunuz. Tiyatro oyunu oynanmadığı zaman sıfırdır. Şiirde bile belli bir özgürlüğünüz vardır. Tiyatroda böyle bir özgürlüğünüz yoktur. 1980 öncesinde özel tiyatrolar besliyor ve teşvik ediyorlardı oyun yazarlarını. Resmi tiyatrolar yüzlerine bakmıyorlardı veya çok düşük ücret ödüyorlardı. İyi para ödeyen özel tiyatrolar da sıkıntıya girince, yine resmi tiyatrolara kaldılar oyun yazarları. Ancak resmi tiyatrolara verilen oyunların iyi yazılmış olması yetmiyor, adamını da bulmanız gerekiyor.

Ben Repertuar Üyesi olduğumda, ismini bildiğimiz, senelerce oyunları oynanan yazarlarımızın bile konu bulmakta veya konuyu işlemekte neredeyse acemi davrandıklarını gördüm.

Türk tiyatrosu iyi bir taklit!

Bizim dünya çapında yönetmenlerimiz, oyuncularımız, dekaratörlerimiz var. Fakat kendimizin diyebileceğimiz yerli tiyatromuz yok! Bizim tiyatromuz, Batı tarzı tiyatro kurumları içinde en iyi taklit. İyi bir taklit, ama sonunda taklit. Ne yazık ki Muhsin Ertuğrul'un başlattığı ondan daha ileri götürülemedi. Muhsin Ertuğrul Tiyatrosu bir anlamda Batı tarzı tiyatronun başlangıcı sayıldı. Sadece yabancı oyunları Türkçe'ye çevirmek değil, bazen Türkçe oyunları da bize has bir şekilde oynamazsanız yine o yerli bir oyun olmaz. Ankara Sanat Tiyatrosu'nda Erkan Yücel vardı. Oynadıkları oyun biraz kötü giderse, Erkan Yücel bir orta oyunu koyar, birden tiyatro dolardı. Herkes hayret ederdi; "Yahu, kardeşim, bu adamlar orta oyunun ismini bile bilmezler, hayatlarında seyretmemişler, peki ne getiriyor onlara?" diye birbirlerine sorarlardı. O seyircinin içinde büyükbabasından veya dedesinden hatırladığı bölümler var ki, işte onları o oyunda görüyor.

Meddah mı, stand–up mı?

Meddah veya Karagöz–Hacıvat denilince nedense hep çocuk oyunu akla geliyor. Ortaoyun bir Ramazan eğlencesi olarak görülüyor. Stand–up ise Amerika'da barlarda ve içkili yerlerde gece 24'den sonra herkesin kafası iyi olunca bir adam çıkar, 15 dakika gevezelik eder. Türkiye'de şu an Cem Yılmaz'ın yaptığıdır stand–up. Çok güzel yapıyor, zeki bir insan. Ata Demirer de aynı şekilde zeki ve iyi bir oyuncu. Fakat o "ben meddahım" diyor. Aslında hepsinin yaptıkları meddahlıktır! Meddah demeye korkuyorlar çünkü kimse gelmez. Mehmet Ali Erbil bir fenomendir. Fakat Türk tiyatrosu adına bir kayıptır. Çünkü çok iyi bir tiyatro oyuncusudur.

Yine meddah konusuna dönersek, ben TGRT'de uzun süre, yaklaşık 200 kadar, meddah programı yaptım. Beş on dakika sürüyordu gösterilerim. Beş ayrı tipi oynuyordum. Bir de yine bir televizyon dizisinde 25 dakikalık bir gösteri yaptım. Tüm tipleri ben oynuyordum; çok yorucu bir çalışma idi. *Meddah'*ı *Heybe* ismiyle tiyatroya taşımak istedim; yanaşmadılar. Sebep olarak da yapımcılar, çocuklar için değil de büyükler için program istediklerini söylediler. Yukarıda da söylediğim gibi, meddah denilince nedense hep çocuk eğlencesi geliyor akla. Oysa Osmanlı zamanında bazen çocukların seyretmesi yasaklanan oyunlardı Karagöz–Hacıvat gösterileri. Çocuklar için ayrıca aile karagöz oyunları vardı.

Çalışmalarımdan bazı örnekler...

Çalışmalarımın arasında *Talihli Amale* (1980) Yön: Atıf Yılmaz, *Postacı* (1982) Yön: Memduh Ün, *Sahibini Arayan Madalya* (1987) Yön: Yücel Çakmaklı, *Minyeli Abdullah* (1990) gibi sinema filmleri, *Adadakiler, Üç İstanbul, Mimar Sinan, Kuruluş, Ahmet Hamdi Tanpınar* gibi televizyon filmleri ve *Kaşağı, İşte Hayat, Aşk–ı Muhabbet, Köşe Dönücü, Otel Sizin, İnsanlar Yaşadıkça, Garip Ama Türkiye, Çiçek Taksi, Meddah Heybe, Evimiz Olacak mı?, Paşa Baba Konağı, Dadı, Beşik Kertmesi, Yasemince* gib diziler var. Son oynadığım dizi *Hayat Bilgisi* ve *Çaladaktilo, Ağzınıza Laik, Zehir Zemberek, Ulvi Şeyler* gibi kitaplarım var. Çeşitli gazete ve dergilerde yazılar yazdım. Fotoğraf çalışmalarımın dışında Almanca'dan Brecht'ten şiir ve tiyatro kuramı üzerine çevirilerim var. TODER'in de genel sekreteriyim.

Tiyatro çalışmalarımdan örnekler...

1969–1978 Dostlar Tiyatrosu'nda *Soruşturma, Alpagut Olayı, Abdülcanbaz, Azizname, Şili'de Av, Kerem Gibi, Havana Duruşması, Ortak, Ezilenler, Ezenler, Baş Kaldıranlar, Düşmanlar, Bitmeyen Kavga, Devrik Süleyman...* 1978–80 İstanbul Büyükşehir Belediyesi Şehir Tiyatroları'na konuk oyuncu olarak *Ayak Bacak Fabrikası*'nda başrol, *Beş Para Etmez Oyun*'unda Mahmut Gököz'le kurduğumuz Gönüllü Çocuk Oyunları Kolu için *Sakarca*'yı yönettim ve oynadım. 1980–84 Ferhan Şensoy'la Ortaoyuncular'ın kuruluşunda bulundum. İlk oyun *Şahları'da Vururlar*'da Şah rolünü belirli aralıklarla dört yıl oynadım. Yine Şensoy'un *Fırıncı Şükrü*, *Deli Vahap Nuri* ve *Ötekiler* adlı sahne yazısında görev aldım. Kısa bir süre Tuncay Özinel Tiyatrosu'nda Ferhan Şensoy'un Bizim Sınıfı'nda başrolü üstlendim. 1981–83 Egemen Bostancı'nın Uluslararası Sanat Gösterileri'nde çalıştım. *Gol Kralı Sait Hopsait, Sezen Aksu Aile Gazinosu, Hababam Sınıfı Müzikali, Emel Sayın Neşe–i Muhabbet, Neşeli Kuklalar* gibi gösterilerde yer aldım. *Çatal Matal Kaç Çatal* isimli çocuk şenliğinde Adile Naşit, Altan Erbulak ve Barış Manço gibi isimlerle çalıştım, gösterinin yönetmenliğini yaptım. 1985 yılında Çağrı Sahnesi'ni kurdum ve İbrahim Sadri'nin *İnsanlar ve Soytarılar* adlı oyununu sahneledim. 1986 yılında Sanat Manata Karşı'da oyuncu, yazar ve yönetmen olarak görev yaptım. 1987'de Birlik Sanat Ürünleri A. Ş. Yönetim Kurulu Başkanı oldum. 1987–2000 yılları arasında Birlik Sanat A. Ş.'ye bağlı Birlik Sahnesi'nde *Efendi Hayrettin, Süperstar, Başkasının Ölümü, Dünya Hali, Kara Geceler, Efendim* gibi oyunları yönettim ve oynadım. 2000 yazında Sancak Lines'in Türkiye–İtalya arasında sefer yapan feribotta stand–up gösterileri yaptım. 2000–2001 sezonunda Birlik Sahnesi'nde *Zartazurt* isimli gösteriyi sahneye koydum ve oynadım. Somoyuncular'la *Suç ve Gölge, Tek Gerçek* oyunlarında oyuncu ve yönetmen olarak görev aldım. 2001–2002 tiyatro sezonunda *Köyün Delileri* isimli oyunu yazdım ve sahneledim. Ahmet Yenilmez ile beraber oynadım. Aynı yıl *Oyunun Koyunu* adlı çocuk oyununu yönetip, okullarda oynadım. Oyuncular Kulübü'nde *Tarkan ile Türkan* isimli oyunu yönetip oynadım.

O, Türk Tiyatrosu'nun Tanrıça'sı
O, Türk Tiyatrosu'nun Diva'sı...
O, Türk Tiyatrosu'nun her zaman parlayan
Yıldız'ı...

YILDIZ KENTER

Ayvalık'ta kaldığımız üç haftalık iznimizin programında, bol deniz, güneşlenirken iyotlu rüzgâr eşliğinde kitap okumak, akşamları yemekten sonra sohbet ve de en keyiflisi, bana çocukluğumdaki İstanbul'umun yazlık sinemalarını hatırlatan amfitiyatroda püfür püfür esen rüzgârın eşliğinde seyrettimiz tiyatro oyunu vardı.

Oyuncu ve yönetmen Mehmet Birkiye'nin yönettiği, Kent Oyuncuları'nın sergiledikleri oyunun ismi *Gece Mevsimi*, sizlere sunmak istediğim oyuncu ise,

Türk Tiyatrosu'nun

divası

ve

tanrıçası

Yıldız Kenter...

Kendisini 1988 yılında Berlin'de *Ben Anadolu* oyununda seyretmiştim. Birkaç sene önce de *Güle Güle* filminin galası için Berlin'e gelmişti. Havaalanında rahmetli eşi Şükran Güngör ve Metin Akpınar'la beraber geldiklerinde karşılayanlar arasında ben de vardım. Filmin galasından önce verilen yemekte yanlarında idim. Metin Akpınar'la yaptığım söyleşiden önce kendisiyle kısa bir sohbetim de olmuştu. O zaman da kendisine "hoş geldiniz Berlin'e" derken heyacanlanmış, sesim titremişti. Yemekten önce kendisiyle yaptığım sohbette almış olduğum notlarıma bakıyorum:

Bol kitap okunan ve müzik dinlenen bir evde büyümüş Yıldız Kenter.

Annesi Nadide Hanım'ın annesi ile babasının İngiltere'de Shakespeare oynayan tiyatro grubu varmış. Yani tiyatro kökenli bir aileden geliyor. Yıldız Kenter'in incecik fiziği, annesi manken Nadiden Hanım'dan olsa gerek. 11 yaşında karar vermiş tiyatro oyuncusu olmaya. Annesinden gizlice babası Naci Bey'in yardımıyla konservatuara yazılmış. Hatırladığı ve unutmadığı hocaları arasında Carl Ebert, Nurettin Sevin, Mahir Canova, Cahit Külebi, Sabahattin Ali ve Bedrettin Tuncer var. Ankara Devlet Konservatuarı'nı sınıf atlayarak geçmiş.

1928 yılında İstanbul'da doğmuş olan Yıldız Kenter'in profesyonel tiyatro yaşamı, 1948 yılında, yani 68 yıl önce, Shakespeare'in *Onikinci Gece'*si ile Ankara Devlet Tiyatrosu'nda başlamış. Ankara Devlet Konservatuarı Yüksek Bölümü'nü sınıf atlayarak bitiren ilk öğrenci olma sıfatını kazanan Yıldız Kenter, onbir yıl Ankara Devlet Tiyatrosu'nda çalışmış. Rockefeller bursu kazanarak, American Theatre Winng, Neighbourhood Play Hause ve Actor's Studio'da oyunculuk ve oyunculuk öğretiminde yeni teknikler üzerine çalışmalar yapmış. Ankara Devlet Konservatuarına hoca olarak atanan Yıldız Kenter, 1959'da Devlet Tiyatrosu'nda ayrılıp Muhsin Ertuğrul ile bir yıl çalıştıktan sonra, kardeşi Müşfik Kenter ve eşi Şükran Güngör ile Kent Oyuncuları'nı kurmuş.

İsterseniz gelin, Kent Oyuncuları'nın kuruluşunu ve Türk Tiyatrosu'na yapmış olduğu hizmetleri, benim başucu kitaplarımdan biri olan Sevda Şener'in yazmış olduğu "Cumhuriyet'in 75. yılında Türk Tiyatrosu" adlı kitabından beraber okuyalım:

"Altmışlı yılların başında, amacını nitelikli tiyatro yapmak, sanat düzeyi yüksek oyunlar sergilemek olarak belirleyen ve günümüze dek bu ilkeyi korumayı başarmış olan Kent Oyuncuları tiyatrosu kurulur. 1958'de Devlet Tiyatrosu'ndaki görevine son verilen Muhsin Ertuğrul'un arkasından aynı kurumdaki görevlerinden istifa eden Yıldız ve Müşfik Kenter kardeşler, Muammer Karaca ile birlikte Muhsin Ertuğrul'un yönetiminde bir topluluk kurmak üzere birleşmişlerdir. Amaçları, ideallerinde yaşattıkları sanat değeri yüksek tiyatroyu gerçekleştirmektir. Çekirdek kadrosunda Yıldız ve Müşfik Kenter'den başka, Genco Erkal'ın, Şükran Güngör'ün, Sadri Alışık'ın da bulunduğu bu birliktelik İstanbul seyircisini mutlu eden başarılı sonuçlarını verir. 1959–1960 mevsiminde Karaca Tiyatro'da Salıncakta İki Kişi, Çöl Faresi, Öfke gibi oyunlarıyla yeteneklerini kanıtlayan Müşfik ve Yıldız Kenter, Muhsin Ertuğrul'un ve Muammer Karaca'nın desteyiğle Site Sineması'nın üst katında Site Tiyatrosu'nu açmayı başarırlar. Bu tiyatronun bir özelliği oturma yerlerinin kent, kasaba, sayfiye adlarını taşımasıdır. Bir mevsim, kadrosundaki Çiğdem Selişık, Çolpan İlhan, Ekin Kardam, Tanıl Ergun, Yurdaer Ersan, Ferit Erkal, Saruhan İren gibi yeni elemanlarıyla Site Oyuncuları olarak etkinlik gösteren topluluk, 1961'den başlayarak Kent Oyuncuları adını alır ve temsillerini önce Karaca Tiyatro'da, daha sonra Dormen Tiyatrosu'nun saat 18:00 matine seanslarında verir. Kent Oyuncuları kadrosuna katılanlar arasında Tuncel Kurtiz, Erdal Özyağcılar, Ali Poyrazoğlu, Nisa Serezli, Meral Tayhgun, Çetin İpekkaya, Bülent Koral, Pekcan Koşar, Alev Koral, Erdoğan Akduman, Kemal

Sunal gibi isimleri görürüz. Kenterler, seyircilerinin de katkısıyla Harbiye'de, 1968'den bu yana oyun sahneledikleri tiyatro binasını yapmayı başarırlar. Repertuarlarında yerli yazarların oyunlarına yer vermeleriyle, sahnelenecek oyunların seçiminde ve bu oyunların sahnelenmesinde gösterdikleri özenle dikkati çeken ve saygı gören Kent Oyuncuları, ele aldığımız dönemde Necati Cumalı'nın Nalınlar, Derya Gülü, Cahit Atay'ın Pembe Kadın, Melih Cevdet Anday'ın Mikadonun Çöpleri gibi yerli oyunların, Anton Çehov'un Üç Kızkardeş, Bertolt Brecht'in Üç Kuruşluk Opera, Eugene Ionesco'nun Sandalyeler, Herold Pinter'in Kapıcı gibi yabancı oyunların sahnelenmesinde gösterdikleri başarıyla tiyatro yaşantımız içinde önemli bir yere sahip olmuştur. Başta Yıldız Kenter, Müşfik Kenter, Şükran Güngör olmak üzere oyunlarda rol alan sanatçılar düzeyli tiyatroyu geniş çevreye tanıtıp sevdirmişlerdir. s. 174...

... Yıldız Kenter, Müşfik Kenter, Şükran Güngör beraberliğinin ürünü olan pek çok oyunla eleştirmenlerin övgüsünü kazanmış olan Kent Oyuncuları, yönetmen ve oyuncu Mehmet Birkiye'nin ve Yıldız Kenter'in eğitiminden geçmiş genç ve yetenekli öğrencilerinin katkısıyla Türk Tiyatrosu'nun en başarılı özel topluluklarından biri olmuştur. Devlet Sanatçısı unvanına sahip olan Yıldız Kenter, 1998 yılında sahne yaşamının ellinci yılını Maria Callas adlı oyundaki olağanüstü başarıyla taçlandırarak tamamlamıştır. s. 260."

Kenterler'e ilk katılanlar arasında olan Çetin İpekkaya Berlin'de yaptığımız sohbette o yılları şöyle anlatıyor:

"*Türkiye'de 1950 ortalarından 1970'e kadar olan dönemde çok önemli bir tiyatro sevgisi atılımı yaşandı. Çoğunluğu gençlerden oluşan amatör tiyatrolar, çağdaş tiyatro edebiyatının en yeni oyunlarını ülkemizde tanıtmaya çalışırken, Devlet Şehir Tiyatroları gibi ödenekli kurumlar da sahneleniş ve oynanışta üst düzey seviyeyi korumaya özen gösteriyorlardı. Bu anlayış doğal olarak reji ve oyunculuk kavramlarını ön plana çıkardı. İşte bu dönemde üstün oyunculuk tekniği ve alışılmışın ötesindeki yorumlarıyla Yıldız*

Kenter ve Müşfik Kenter gerek seyircilerin gerekse tiyatro dünyamızın hayranlığını kazandılar. Her ikisi de Ankara'da devlet tiyatrosu sanatçılarıydılar. Ama Muhsin Ertuğrul'un genel müdürlükten ayrılması ve İstanbul'a dönmesi Kenterler'i de bu şehre yöneltti ve özel tiyatro kurma cesaretini de aşıladı:

1960–1961 sezonunda Kent Oyuncuları adlı özel tiyatro, Şişli'de Site Sineması'nın en üst katındaki, daha önceleri İlham Gencer ve Ayten Alpman'ın çalıştıkları 180 kişilik 'Çatı' adıyla tanınan lokalde perdesini açtı. İlk oyun Jean Anouilh'un Antigone' siydi.

Kenterler'le beraber Şükran Güngör de Devlet Tiyatrosu'ndan ayrılıp Kent Oyuncuları'na katılmıştı. Çolpan İlhan, Kamran Yüce, Çiğdem Selışık, Genco Erkal, Ergun Köknar, Yurdaer Ersan ve ben de İstanbul'dan katılanlardık. Ergun Köknar hem dekoru yapıyordu hem de salonun tiyatroya göre düzenlenmesini üstlenmişti. Biz gençler de rollerin dışında çeşitli işlerde görev almaktaydık. 'Çatı'daki oyunlar İstanbul seyircisi tarafından çok sevildi ve Kent Oyuncuları bir sonraki sezon Beyoğlu'ndaki 600 kişilik Karaca Tiyatrosu'na taşındı. Daha sonra Müşfik Kenter ve Yıldız Kenter'in oynadıkları Sandalye ve Ders oyunlarının dekorlarını ben yaptım. Sandalye oyunu ile 'En İyi Dekor Ödülü'nü almıştık."

Karaca Tiyatrosu'ndan sonra Dormen Tiyatrosu'nda 18:00 matinelerinde oyunlarını 6 yıl sergileyen Kent Oyuncuları'nın bu yıllarını Haldun Dormen'in satırlarında okumaya devam edelim:

"Bu arada Karaca Tiyatrosu ile anlaşamayan Kent Oyuncuları ortada kalmışlardı. Kendilerine haber yollayarak, isterlerse pazartesi akşamları saat altı matinelerinde tiyatroyu kendilerine verebileceğimizi söyledik. Başka çareleri olmadığı için Kent Oyuncuları bizimle anlaştılar ve bu beraberliğimiz Harbiye'de kendi tiyatrolarına geçinceye dek tam altı yıl sürdü. Bu altı yıl içinde aramızda en ufak bir tartışma ya da anlaşmazlık çıkmadı ve dünyada ender rastlanabilecek bir şeyi kanıtladık birlikte: İki tiyatronun aynı çatı al-

tında rahatça çalışabileceğini." Haldun Dormen, *Sürç–ü Lisan Ettikse,* s. 338.

Sinema oyuncusu olarak üç kez "Altın Portakal" ödülü almış, Sovyetler Birliği, Amerika Birleşik Devletleri, İngiltere, Almanya, Hollanda, Danimarka, Kanada, Yugoslavya ve Kıbrıs'ta İngilizce ve Türkçe oyunlar oynamış. 1981'de Türkiye'de "Devlet Sanatçısı" olarak ödüllendirilen sanatçımız, 1984'de Roma'daki İtalyan Kültür Birliği'nce "Adalaide Ristori" ödülüne layık görülmüş. 1956'da Ankara Devlet Konservatuarı'nda vermeye başladığı oyunculuk ve sahne tekniği derslerini İstanbul Üniversitesi Devlet Konservatuarı'nda sürdürmüş ve Sahne Sanatları Bölüm Başkanlığı yapmış, kendisine profesör ünvanı verilmiş.

Yıldız Kenter, tiyatronun her türünde; yerli, yabancı, dram, komedi, çağdaş ve klasik eserlerde canlandırdığı roller ile sadece Türkiye'de değil, bütün dünyada başarılı olmuş bir tiyatro sanatçısı ve eğitmeni. Onu Berlin'de 18 yıl önce seyrettiğimde 60, Ayvalık'ta seyrettiğimde ise 78 yaşında idi. Aynı sahneyi paylaştığı Selçuk Yöntem, Demet Evgar, Yeşim Koçak, Elvan Boran, Umut Temizaş ve Osman Sonant gibi genç sanatçılarla adeta yarış eder gibi kendine has sesi ve tanrıçaya benzeyen güzel fiziği ile tüm sahneyi dolduruyordu. Tıpkı 18 sene önce olduğu gibi genç ve enerji dolu... Türk Tiyatrosu'na 60 yıldır hizmet ediyor. Birçok sıkıntılara rağmen hâlâ sahnede dimdik. Zaman gelmiş, İsmet İnönü'ye kurmaya çalıştığı Kenter Tiyatrosu'ndan bir sandalye satamamış, ancak tiyatrosunu hacizden Süleyman Demirel kurtarmış. Bazen yılda 500'den fazla oyun sergilemiş. Tüm maddi sıkıntılara karşı pes etmemiş, başarı çizgisini hep yüksekte tutmuş. Sesiyle, güzel Türkçesiyle ve beden diliyle sahneleri hep doldurmuş.

Gece Mevsimi adlı oyunun yazarı Rebecca Lenkiewicz, bu oyunla ünlenmiş. Hikâye, İrlanda'nın küçük bir kasabasında geçiyor. Alkolik bir baba, üç kızı ve hasta olan büyükanne beraber yaşamaktalar. Kasabada bir film çekilmekte. Filmde oynayan genç oyuncu da pansiyoner olarak aralarına katılır. Üç mutsuz genç kızlara karşılık büyükanne hâlâ hayattan umudunu kesmemiştir. Ölmeden önce genç oyuncuyla bir aşk yaşamak ister. Sahne düzeni çok ilginç. Ufacık sahneye Üç yatak odası, şömineli bir oturma odası, bar, kütüphane, deniz kıyısı... Dekorun dönmesi hepsini görmemizi mümkün kılıyor. Oyunda başarılı olan genç oyuncuların büyük şansları, Selçuk Yöntem ve Yıldız Kenter'le aynı sahneyi paylaşmış olmaları. Benim ve kızım Duygu'nun şansı ise, böyle bir oyunun Ayvalık'ta olduğumuz zamana denk gelmesi ve açık havada püfür püfür esen rüzgâr eşliğinde bu güzel oyunu seyretmemiz.

Oyundan sonra onunla görüştüğümde, tiyatro okumaya karar vermiş kızım Duygu gibi, ben de elini sıkarken, Berlin'de olduğu gibi, yine heyecanlandım ve duygulandım. Kendi yazdığı *Hep Aşk Vardı* oyununun önsöz'ünde şunları yazmış Yıldız Kenter:

"Oyuncu olarak, konum, ilgi odağım hep 'İnsan' oldu. Doğal. Bu yüzden 'Anı' türü yazına farklı bir ilgi duydum. Aslında her türlü yazıda yazarın kimliği, kişiliği, bütünün orasında burasında çıkıverir ortaya...

Geçmişi durmadan anımsarız, yeniden yaşarız. Geçmişi anlatırız, bu defa oynayarak yaşarız. Şu an durduğumuz noktada, şimdi, geçmiş, gelecek hep var.

Sağdan soldan gelen dürtülerle biraz da, anılarımı yazma hevesine kapılınca, oyuncu aç gözüm ağır bastı, oyna, oyna, oyna...

Sevgili Ülkü Tamer, 50. yılımı, 'Bir çılgının 50 yılı' diye, kendime pek yakıştırdığım bir cümleyle, özetleyivermişti.

Bu yaptığım da, Ülkü'nün tanımına çok yakışıyor aslında.

Yaşam–ölüm arasındaki bir çizgide, 1920'de annemin Türkiye'ye gelmesinden, 2000'e kadar, Türkiye'nin sislice bir panoraması önünde üç kadın...

Tek gövdede üç kuşak... Olga Cynthia, Ayşe Yıldız, Fatma Leyla... Üç yaşam, üç kavga, üç kuşak...

İyi ki hep Aşk vardı..."

60 yıldır sahneden inmeyen ve 50 yıla yaklaşan eğiticiliği boyunca sayısız oyuncu yetiştiren Türk Tiyatrosu'nun Diva'sı ve Tanrıça'sına, hep parıldayan Yıldız'ına daha nice oyunlar diliyorum.

Yıldız Kenter'in oynadığı–yönettiği oyunlar:

12. *Gece, Finten, Yağmurcu, Çöl Faresi, Öfke, Salıncakta İki Kişi, Nalınlar, Ayak Takımı Arasında, Pembe Kadın, İnsan Denen Garip Hayvan, Üç Kız Kardeş, Çiçu, İçerdekiler, Oturma Odası, Günden Geceye, Seneye Bugün, Yürüyen Geceyi Dinle, Vanya Dayı, Bodrumdaki Pencere, Bir Garip Orhan Veli, Harold ve Maude, Babalar ve Oğullar, Cyrano, Ben Anadolu, Arzu Tramvayı, Savunma, Uzaklar, Bir Çift Kanat, Van Gogh, Şafak Yıldızları, Sevgili Yelena, Sergeyevna, Maskeli Süvari, Kuvayı Milliye Destanı, Fehim Paşa Konağı, Konken Partisi, Çok Uzak Fazla Yakın, Ramiz ile Jülide, Nutuk, Maria Callas, Martı, Hep Aşk Vardı, Gece Mevsimi...*

Filmleri:

Vatan İçin (1951), *Ağaçlar Ayakta Ölür* (1964), *İsyancılar* (1965), *Pembe Kadın* (1966), *Yaşlı Gözler* (1967), *Anneler ve Kızları* (1971), *Elmacı Kadın* (1971), *Fatma Bacı* (1972), *Ablam* (1973), *Kartal Yuvası* (1974), *Kızım Ayşe* (1974), *Bir Ana Bir Kız* (1974), *Zulüm* (1983), *Hanım* (1988), *Güle Güle* (1999), *Büyük Adam Küçük Aşk* (2001), *Sen Ne Dilersen* (2005)

Diziler:

1990– *Uğurlugiller*

2002– *Aşk ve Gurur*

2005– *Saklambaç*

Ödülleri:

1964– Antalya Film Şenliği, *Ağaçlar Ayakta Ölür* filmi ile "En İyi Yardımcı Kadın Oyuncu"

1966– Antalya Film Şenliği, *İsyancılar* filmi ile "En İyi Yardımcı Kadın Oyuncu"

1974– Antalya Film Şenliği, *Kızım Ayşe* filmi ile "En İyi Yardımcı Kadın Oyuncu"

1984– Roma'daki İtalyan Kültür Birliğince "Adalaide Ristori" ödülü

1989– Korsika – Bastia Film Festivali'nde *Hanım* filmindeki rolüyle "En İyi Kadın Oyuncu" ödülü.

1991– "Uluslararası Lions Kulübü The Melvin Jones Ödülü" İki kez Ulvi Uraz "En İyi Kadın Oyuncu" ödülü Üç kez Avni Dilligil "En İyi Kadın Oyuncu" ödülü

1994– *Konken Partisi* oyunundaki Fonsla rolü ile "Olağanüstü Yorum" ödülü.

Finlandiya Dünya Kadın Kuruluşu tarafından yüz yılın en başarılı yüz kadınından biri olarak onurlandırıldı.

1995– Kültür Bakanlığı, Tiyatro Sanatına katkılarından ötürü "Onur Ödülü"

1995– "Mevlana Kardeşlik ve Barış" ödülü

1996– Magazin Gazetecileri Derneği tarafından *Ramiz ile Jülide*'deki Jülide rolü için "En İyi Kadın Oyuncu Ödülü"

1997– Uluslararası İstanbul Festivali tarafından "Ömür Boyu Tiyatro Sanatına Katkı Ödülü"

1998– Ankara Sanat Kurumu "Yılın Kadın Sanatçısı Ödülü"

1998– "Tiyatronline Seyirci Ödülü"

1998– Muhsin Ertuğrul yaşam boyu tiyatro sanatına katkılarından dolayı "Onur Ödülü"

1998– "Cumhurbaşkanlığı Büyük Kültür ve Sanat Ödülü"

1999– *Mart* adlı oyundaki Madam Arcadina rolüyle "Afife Jale En İyi Kadın Oyuncu Ödülü"

Tosca ile dünyaya gelen,
kulislerde emekleyen,
4 yaşında iken sırtı sıvazlanıp,
dualarla sahneye itilen,
kanında Brecht taşıyan,
Brecht tutkunu

ZELİHA BERKSOY

Zeliha Berksoy, Bertolt Brecht'in 50. ölüm yıldönümü kapsamında, Mimar Sinan Üniversitesi Güzel Sanatlar Fakültesi, Beşiktaş Belediyesi Kültür Sanat Platformu ve Goethe–Institut işbirliği ile düzenlenen, İstanbul'da 22.09.–24.09.2006 günleri arasında gerçekleştirilen Brecht Günleri'ndeki "Brecht'ten şarkılar ve seçme metinler" bölümüne hazırlanmak için bir haftalığına Berlin'de idi. Eski Doğu Berlin'in Radyo Evi'ndeki stüdyolarında Yönetmen Manfred Wekwerth, tiyatro sanatçısı Renate Richter ve piyanist Syman eşliğinde Brecht'ten şarkıların ve metinlerin provasını yapan Zeliha Berksoy'la bir de söyleşi gerçekleştirdim.

Değerli sanatçımızın annesi rahmetli Semiha Berksoy ile 3 yıl önce yine Berlin'de yaptığım söyleşideki heyacanımın aynısını kızı Zeliha Berksoy ile de söyleşi yaparken duydum. Annesi ile yaptığım söyleşinin olduğu dergiyi kendisine verdiğimde, söyleşinin olduğu sayfayı incelerken gözleri doldu; konuşamadı...

Prova yapacağı radyo evine tirenle gittik. Ben sordum o anlattı. Bu arada Yalçın Baykul fotoğraf çekti. Provadan önce yönetmen Wekwerth, tiyatro sanatçısı Renate Richter ve piyanist Syman ile sohbet ettik. İstanbul'a ilk defa gidecekleri için heyacanlı olduklarını belirttiler. Sayın Manfred Wekwerth ile en son geçtiğimiz tiyatro sezonunda Mazlum Kiper'in yönetimindeki İstanbul Büyükşehir Belediyesi Şehir Tiyatroları'nın Berliner Ensamble'de sergiledikleri *Danton'un Ölümü*'nde tanışmıştım. Wekwerth, Bertoldt Brecht'in talebesi olmuş, asistanlığını yapmış ve uzun yıllar Berlin Ensemble'ın genel sanat yönetmenliğini yapmış. 1929 doğumlu. Brecht Tiyatrosu üzerine yetkili bir isim. Yani Brecht Tiyatrosu'nun sözlüğü. Eşi Renate Richter yine Berliner Ensemble'de kırk sene oynamış değerli bir Alman tiyatro sanatçısı. Her ikisini de Zeliha Berksoy Berlin'e geldiği 1967 yılında tanımış. Onlara getirdiği hediyeleri ve yoldan gelirken aldığı çiçeği verdi. İstanbul üzerine değerli bir kitap ve annesi Semiha Berksoy için hazırlanan bir kitabı (rahmetli Semiha Berksoy üç sene önce bu kitaptan bir tane de otel Maritim'de söyleşi yaptığım sırada bana imzalayıp vermişti) kendilerine takdim etti. Zeliha Berksoy Renate Richter için bir de oyalı bir çember getirmiş. Renate Richter hemen başına takıp: *"Nasıl tipik bir Türk kadınına benzedim mi?"* diye soruverdi.

Provalarına başlamadan önce Renate Richter'in hazırlamış olduğu kahveyi içtik. Bu arada diziplinli çalışmasıyla tanınan yönetmen Wekwerth: *"Eh, artık mümkünse provaya başlayalım!"* komutunu verdi.

Zeliha Berksoy'la yarım kalan sohbetimizi ertesi gün evde eşimin yapmış olduğu pizza ve pasta eşliğinde çaylarımızı yudumlarken devam ettik.

Eşim Berrin: *Kahve mi, çay mı?* diye sorduğunda, Zeliha Hanım: *"Bir haftadır provalarda kahve içiyorum. Türk çayı burnumda tütüyor. Lütfen çay..."* diyerek çay istedi.

Evet, şimdi Zeliha Berksoy ile yaptığım söyleşiye geçelim:

Tosca ile dünyaya gelmişim...
Benim sanat soluduğum çevre, İlk Türk Opera Sanatçısı, "Atatürk Opera Ödülü" sahibi annem Semiha Berksoy'un karnında başlıyor diyebilirim. Çünkü ana rahminde olan çocuklar hissederlermiş. Annem bana hamile iken karnı bayağı büyükmüş; etrfındakiler ikiz olacağını söylemişler. Tabii o çalışmalarına doğuma kadar devam etmiş. Ses eksersizleri, şarkılar, operalar hep devam etmiş. Benim kulağım o sanat dolu sesleri daha ana rahminde iken duymaya başlamış. Doğum sırasında annemin doktoru: *"Semiha Hanım, şöyle yüksek perdeden bir şey söyleyin de, doğum kolay olsun"* deyince, annem de başlamış Tosca'yı söylemeye. Yani ben Tosca ile dünyaya gelmişim.

Sanatın en yoğununu bebeklikten itibaren yaşadım...
Sanat yaşamım, Tosca ile dünyaya ilk geldiğimden itibaren başladı. Bebekliğim de hep sanat ortamı içinde geçti; sanatın en yoğununu bebeklikten itibaren yaşadım. Annemin özel hayatı olmadığı için, hep sanatı ve sanatla yaşadığı için, ben de onunla beraber sanatın içinde büyüdüm. Onun yakın çevresi müzisyenler, edebiyatçılar, tiyatrocular arasında geçti günlerim. Örneğin Nazım Hikmet'ten ötürü de hep edebiyatçılarla beraberdik. Evimiz, sanat tarihçileri, felsefeciler ve Darülbedayi sanatçılarının buluşup sohbet ettikleri yerdi. Bu bakımdan ben çocukluğumda, çok nadir yaşanabilecek insanlarla beraber oldum. Adnan Saygun, Ulvi Cemal Erkin,

Behzat Butak, Muammer Karaca, Raşit Rıza ve İ. Galip Arcan gibi değerli sanatçıların sohbetlerinde ben her zaman vardım. Annemi her zaman ziyaret ederlerdi. Kısacası, benim bu sanatçıların arasında "büyümüş te küçülmüş, küçülmüş te büyümüş" bir halim vardı. Onların sohbetlerini hep dinlerdim. Çok dinleyen, dinlemesini bilen bir çocuktum.

Dualarla, arkam sıvazlanarak sahneye itildim...
İlk sahne tozunu 4 yaşında yuttum. Shakespeare'in *Yanlışlıklar Komedyası* adlı oyunda Devlet Tiyatrosu'nda sahneye Cüneyt Gökçer, Ragıp Haykır ve annem Semiha Berksoy'un dualarıyla, arkam sıvazlanarak "Hadi bakalım, Zeliha'da sahne tozu ile artist olsun!" diyerek sahneye itildim. Annem başrahibe, ben de bir kilise çocuğu rolünde oynamıştım. Annem beni kimseye bırakmazdı; elimden tutup gittiği yerlere beni de götürürdü. Çocukluğum Ankara Devlet Tiyatrosu'nun kulisinde, provalarda, kostüm–aksesuvar atölyeleri ve dekor bölümlerinde geçti. İstanbul'da teyzelerim vardı. Yazları onlara emanet ederdi. Babaannem ve teyzelerim Moda'da otururlardı. Eski İstanbul çevresi de Moda'da yaşadığı için ben yine o dünyanın içinde dolaşırdım. Mesala babaannemin evinin hemen yanında Celal Esat Bey'in, onun karşısında da Nazım Hikmet'in annesi Celila Hanım'ın evi vardı. Ben o evlerin arasında dolaşır dururdum.

Annemin hayatının aynısını onunla ben de yaşadım...
Devlet Tiyatrosu'ndaki çocuk rollerini hiç kaçırmazdım. Çünkü evde başka bir bakıcıya bırakılmadığım için, hep annemin yanında tiyatroda idim. Dolayısıyla beni oyalamak için de çocuk rollerini bana oynatırlardı. Annem beni her yere götürdüğü için, annemin yaşadığı hayatın aynısını ben de çocuk yaşta yaşadım. Tiyatro provalarında onları dinler, çok etkilenirdim, hayranlıkla seyrederdim. O zamanlar çocuklar tiyatroya sokulmazdı. Bana bir şey denmezdi. Ben kulislerde

dolaşır dururdum. Dekoratör Turgut Zaim'in odasında resim yaparak vakit geçirirdim. Turgut Bey, annemin akademiden arkadaşıydı. Sonra 9 yaşında *Köşebaşı* oyununda dilenci bir çocuk rolünü oynadım. 11 yaşında ise Arthur Miller'in *Cadı Kazanı*'nda Batty Parish rolünü oynadım ki, benim fazlasıyla rolümün olduğu bir oyundu. Bu oyundaki rolüm için bir de eleştiri almıştım. Hayat Dergisi'nde benim için yazılar çıkmıştı. Batty Parish benim çok bilinçli olarak oynadığım bir roldü, hiç unutmam. Oysa dört yaşında arkam sıvazlanarak, dualarla sahneye itildiğimde sahnede ne yaptığımı hatırlamıyorum.

Annem Semiha Berksoy...

Çocukluğumda annemi provalar veya oynadığı esnada seyrederken bir şey anladığım yoktu. Sonraları, konservatuardan 1965'te mezun olduktan sonra Devlet Tiyatrosu'na stajyer olarak başladım. Kadroya da girdikten belli bir süre sonra yönetim kurulu beni Berlin'e gönderdi. Annem her zaman olduğu gibi yine elimden tutup Berlin'e getirdi. Önce Schiller Theater'da staj yaptım. Arkasından Berliner Ansamble getirdi. Annemin her şeyden haberi vardı. Kendisi daha önceleri, 1936–39 yılları arasında Berlin Devlet Yüksek Müzik Akademisi'ndeki Opera Bölümü'nü birincilikle bitirmiş ve Richard Strauss'un 75. doğum yılı festivallerinde, 22 Haziran 1939 tarihinde Berlin Akademisi eski Apollon Operası'nda üstadın *Ariadne auf Naxos* Operası'nda başrol Ariadne'yi oynamış, ilk Avrupa'da oynayan Türk Opera Primadonnası ünvanını almıştır. Annem müthiş bir kariyere sahipti. Derken savaş başlıyor. O sırada Viyana Operası'ndan *Salome* oynaması için teklif alıyor. Ancak o kabul etmeyip Türkiye'ye dönüyor. Çünkü o Atatürk kuşağından, onu Almanya filan ilgilendirmiyor. Onun misyonu var, geri dönüp, Türkiye'de operayı kuracak. Nitekim Türkiye'ye geri dönüp,

1940 yılında Ankara'da Ankara Devlet Konservatuarı Konser Salonu'nda Cumhurbaşkanı İnönü'nün karşısında ilk Richard Wagner konserini veriyor. 1941 yılında da Karl Ebert yönetiminde Ankara Halkevi'nde *Tosca ve Butterfly*, ilk profesyonel Avrupa operası oynanıyor. Arkasından ise ilk opera stüdyosunu Karl Ebert ile kuruyorlar. Annem Brecht'i bilirdi. Çok ilginç, derin bir kültüre sahipti. Konservatuar eğitimimden sonra Berlin'e beraber geldik. Beni eski çevresiyle tanıştırdı, müzeleri gezdirdi. Bu arada bilgim ve kültürüm arttıkça, annemin opera sanatını ve ressamlığını daha da bilinçli olarak değerlendirmeye başladım. Son olarak 2000 yılında Viyana ve Bonn Güzel Sanatlar Müzeleri onun eserlerini bir yıl sergilediler ve 21. Yüzyıl Artisti olarak ilan ettiler. Geçen sene (2005), 51. Venedik Bienali'nde müthiş eleştiriler aldı. 1999 yılında New York Lincoln Center Festivali'nde idi. Yönetmen Robert Wilson onu sahneye çıkardı; Wagner söyledi, alkıştan salon yıkıldı. New York Times gazetesinde müthiş bir övgü yazıldı. Tüm bu turnelerinde her zaman olduğu gibi yanında idim. Hiçbir yere bensiz gidemezdi. O beni hep yanında taşıdı. Ben onu hiç yalnız bırakmadım.

Babam çok iyi Beethowen çalardı...
Ben, annemin disipliniyle hep onun gittiği yoldan gittim. Yurtdışına gideceğim zaman, babam Ercüment Siyavuşgil St. Josef mezunu, Paris'e gitmiş, Fransız kültürü olan bir insan. O benim Paris'e gitmemi istemişti. Babam İstanbul'un çok köklü bir ailesine mensuptu. Gazeteci ve yazar Sabri Esat Siyavuşgil'in amcazadesidir. Hatta Melih Cevdet Anday ile de kuzen olur. Bunlar Osmanlı Hanedanına mensup bir aile. Babam çok güzel piyano çalardı. Annesi babamı altı yaşında piyano başına oturtmuş. Çok iyi Beethowen çalardı. Arkadaşlarıyla aralarında orkestra kurup konserler vermişler. O devirde piyanistlik fazla para kazandırmadığından kendisine

"adam gibi bir eğitim al" demişler. Babam da Paris'te Siyasi politik eğitimi almış. Türkiye'ye döndükten sonra da bazı şirketlerde çalışmaya başlamış. Ancak arkadaşları DP zamanında politikaya girmesini istemişler. Fatih Rüştü Zorlu sınıf arkadaşıydı. Fakat babam pek yanaşmamış. İthalat ihracat şirketi vardı. O bir müzk insanıydı, keşke Paris'te orkestra şefliği okumuş olsaydı. Büyük bir sanatçıydı. 1941 yılında annemin *Tosca*'yı çalıştığı sırada tanışmışlar, birbirlerine âşık olmuşlar.

Annem Nazım Hikmet'e evleneceğini söyleyince...

Babam Ercüment Siyavuşgil çok yakışıklı ve güzel bir adamdı. Amerikan artisti Gary Kooper'a benziyordu. Annem ondaki müzik sevdasını görünce çarpılmış. O sıralarda Nazım Hikmet meselesi var. Fakat babama âşık olan annemin gözü Nazım'ı filan görmüyor. Hapishaneye Nazım Hikmet'i ziyarete gittiğinde, babamın resmini Nazım'a gösterip: "Ben bu beyle evleneceğim Nazım." diyor. Nazım'da ona: "Semiha, ben hapisten çıktıktan sonra seninle yaşayacağım." diyor. Fakat annem Nazım'ı dinlemiyor ve babamla evleniyor. *Tosca* tercümesi Nazım'ındır. 1941 yılında annemin Nazım'ı ziyaret için hapishaneye gelip gittiği yıllar. O *Tosca* tercümesi annemin opera kariyerine büyük bir "çizik" atıyor. Türkiye'de hemen "sol" diye damgalanıyor. 1946 yılında ben dünyaya geliyorum. Babamın ölümüne kadar da beraberlikleri sürdü. Babam her zaman piyanoda ona eşlik ederdi. Çok hoş bir hayatımız vardı.

Ankara Devlet Konservatuvarı Tiyatro Bölümü...

1960 yılında girdiğim Ankara Devlet Konservatuvarı'nın Tiyatro Bölümü'nü yüksek bölümüyle birlikte beş yılda birincilikle bitirdim. Devlet Tiyatrosu'na girdim ve hemen başrol oynamaya başladım. Hocalarımdan Cüneyt Gökçer'i anmam lazım. Çünkü beni Berlin'e gönderen odur. Beni çok severdi. Oyunculuğunun yanında çok iyi bir hocaydı. Oyunculuğu tartışılmaz. Çok verimli bir hocaydı. Diğer değerli hocalarımdan Mahir Canova, Salih Caner ve Nurettin Sevim gibi. Eğitimden sonra iki yıl Devlet Tiyatrosu'nda başrollerde oynadım. Mezun olduktan sonra ilk oynadığım oyun Refik Erduran'ın *Uçurtmanın Zinciri* idi. Bozkurt Kuruç ile başrol oynadım. Asuman Korad sahneye koymuştu. Bu oyundan mansiyon almıştım. Sonra Adalet Ağaoğlu'nun *Çadırdaki Çatlak* oyununda yine başrol oynadım. Üçüncü yıl Şahap Akalın'ın yönettiği *Kaktüs Çiçeği*'nde oynadım. O aralar yurtdışına gitmek istiyordum. Bir yönetim kurulu kararıyla burslu olarak 7 aylığına Berlin'e gönderdiler. Ailemin desteğiyle üç yıl Berlin'de kaldım.

Ve Berlin...

Yukarıda da anlattığım gibi, ihtisasımı yapmam için, babam Paris'e, annem Berlin'e gitmemi istiyordu. Annemim dediği oldu ve ihtisasımı yapmam için Berlin'e gönderildim. Daha doğrusu annemle birlikte geldik. Ve böylece Semiha Berksoy, kendisinin 1936 yıllarında geldiği Berlin'e beni de getirdi. Doğru bir şey yapmış. Annemin bana şu faydası oldu: Virajları çok çabuk döndürdüğü için, ben çocuk yaşta çok işi bitirdim. 23 yaşında Berliner Ansamble'de çok disiplinli ve programlı çalışmalara başladım. Evet, Semiha 6 aylık izin alarak kızını yani beni elinden tutarak Berlin'e getirdi. Önce bana Berlin'deki bütün müzeleri gezdirdi. Sonra Schiller Theater'a gittik. Tiyatronun intendanı Boleslaw Barlov idi. O zamanlar onunla görüşmek imkansızdı. Randevu almak çok zordu. Annem araya bazı kişileri sokmasına rağmen bir türlü olmuyordu. Sonra Müzik Akademisi'nden opera bölümünden Hoffmann adlı bir sınıf arkadaşı vasıtasıyla görüştük. Beni Barlov'un yanına asistan aldırmanın yollarını aramaya başladılar. O sırada Barlov Deutsche Oper'da *Tosca*'yı sahneye koyuyordu. Prova sırasında annemin sınıf arkadaşı bayan Hoffmann kendisine annemden ve benden bahsediyor. Derken asistanlığa kabul edildim. Ancak kendisini hiç görmemiştim. Bir oyunun prömiyer gecesinin çalışmalarını yaparken, biri geldi yanıma "Siz Türk kızı mısınız?" diye sordu. Şişman cana yakın bir insandı. Daha sonra tiyatroya telefon edip ikinci oyunda da asistanlık yapmak istediğimi söylediğimde telefondaki kişi: *"Sizi Barlov Bey yanınıza aldı; siz onun asistanısınız zaten..."* dedi.

Sonra gittim gördüm ki, Barlov benim sahnede sohbet ettiğim rejisörmüş. Ben kendisiyle çok iyi çalışmalar yaptım. Sadece rejisör olarak değil, insan olarak da çok hoş bir insan. İnsan psikolojisini çok iyi bilen bir yönetmendi. Berlin'de kaldığım süre içinde, ki o zaman Berlin ikiye bölünmüş; Batı Berlin ve Doğu Berlin. Sadece Batı Berlin değil, Doğu Berlin'deki operaları ve tiyatrolarına da gidiyordum. Berliner Ansamble'deki Brecht Tiyatrosu'nun provalarında hep ben de vardım. Brecht'in arşivini inceleyip, ezberlemiştim. Brecht'in eşi Weigel hayattaydı o zaman. Onunla tanışmıştım. Brecht üzerine çeşitli incelemelerimde bana kolaylık sağladı. Berlin Asamble benim ikinci okulum olmuştu. Doğu ve Batı Berlin'deki tiyatroların abonesiydim, oyunları defalarca seyrediyordum. Zaten Berlin'de kaldığım süre içinde hiç oynamayı düşünmeyip, sadece öğrenmekti bütün amacım. Öğrendiklerimi de Türkiye'ye götürmekti.

Annem Semiha Berksoy çok acımasız bir eleştirmendi...
Kızıyım diye hiç gözümün yaşına bakmazdı... Beni eleştirirken çok acımasızdı. Çok sert eleştirirdi beni. Fakat beğendiğinde de yere göğe sığdıramazdı beni. Kızı olduğum için musamağalı davranmayıp; daha da sert davranırdı bana.

Çok acımasız bir hocaydı bana karşı. Babam zaman zaman anneme kızar: "Yapma bu kıza bu kadar eziyet!" diye söylenirdi kendisine. Bütününde çok beğenirdi yaptıklarımı, takdir ederdi çalışmalarımı.

Berlin'den Türkiye'ye dönüş ve hüsran...

1969'da Berlin'den Türkiye'ye, Devlet Tiyatrosu'na geri döndüm. Bir de baktım ki, daha önce gözümde büyüttüğüm, "mabedim" saydığım Devlet Tiyatrosu bana çok küçük geldi. Şaşırdım "ne oluyorum?" diye sordum kendime. Devlet Tiyatrosu aynıydı da, ben ben değildim artık, yani üç yıl önceki Zeliha değildim geri döndüğümde. Hiç kimse Brecht üzerine konuşmuyor; lafını bile ettirmiyorlardı. Şaşırdım kaldım. Bense, Brecht'in şarkılarından kendi repertuarımı oluşturmuş söylüyorum, paralıyorum kendimi. Sanki Devlet Tiyatrosu'na ihanet etmişim gibi hava estirildi. Hemen Cüneyt Gökçer'e, "Hocam, kusuruma bakmayın, bana izin verin, biraz daha özgür çalışmak istiyorum." dedim ve Devlet Tiyatrosu'ndan istifa ettim. Kararımı vermiştim, Berlin'e geri gidip Schiller Theater'da oyun sergileyecektim.

Genco Erkal ile çalışmalarım...

Asiye'den sonra tamamen Genco Erkal ile Dostlar Tiyatrosu'nda çalışmaya başladım. Çünkü isteğim hep Genco ile çalışmaktı. Genco'nun da isteği buydu: Onunla çalışmam. Ve İstanbul'a taşındım. Hemen hemen Dostlar Tiyatrosu'nda Genco ile bütün oyunlarda oynadım. Mehmet Akan'la *Analık Davası*, yine Genco ile *Brecht Kabare*, Mehmet Ulusoy'un yönettiği Brecht'in *Kafkas Tepeşir Dairesi*, oyunu, *Asiye Nasıl Kurtulur?*, *Lola Blau–Mavi Lola* adlı tek kişilik bir Avusturya müzikali, *Ezenler, Ezilenler, Başkaldıranlar*, *Dimitrof Olayı*, İstanbul Şehir Tiyatrosu'nda *Taranta Babu'ya Mektuplar*, Dostlar Tiyatrosu'nda *Brecht Kabare*, Orta Oyuncular'da *Kahraman*

Bakkal Super Markete Karşı ve *Anna'nın 7 Ölümcül Silahı* oyunlarında oynadım. Haldun Taner'in vefatından sonra Ferhan Şensoy'un yönettiği *Keşanlı Ali'*de oynadım. Çeşitli yerlerde Alman Kültür Merkezi, İstanbul, Ankara, İzmir'de Almanca olarak Brecht konserleri verdim. 1987'de Genco Erkal ile beraber Brecht'in oyunlarını tekrar sahneledik.

Film çalışmalarım...
1989 yılında üst üste iki film çalışmam oldu. Biri Yavuz Özkan'la *Film Bitti*. Kadir İnanır'la beraber oynadım. Çok enterasan bir film idi. Yavuz Özkan çok farklı bir yönetmen. İkinci film çalışmam ise İrfan Tözüm'le oldu. Bilgi Urenus'un *İkili Oyunlar* adlı oyununun sinemaya aktarılışıdır. Bu filmde ise Tarık Akan'la beraber oynadım. Bu filmler daha çok politik içerikli filmlerdi. Sonra sinemayı istemedim. Çünkü benim tabiatım daha çok tiyatroya yönelik. Ben öyle setlerde saatlerce bekle, amaçsız, makyajını yap, bütün gün otur, çekim sırasını bekle... Tüm bunlar beni sıkıyor.

Türkiye'nin 3. ödenekli tiyatrosu Bakırköy Belediye Tiyatrosu...
1990 yılında Bakırköy Belediyesi'nde SHP idaresi vardı. SHP Belediyesi kültür ve sanatta da hareketli olmak istiyordu. Türkiye'nin üçüncü ödenekli tiyatrosunu kurmak istediler. Büyük çabalar, büyük mücadeleler sonucu Türkiye'nin üçüncü ödenekli Bakırköy Belediye Tiyatrosu kuruldu. Mekân Ataköy 9. Kısım'da Fransızlar'dan kalma eski baruthane binasıdır. Her gün oranın inşaatında idim. 1990 yılından 1994'e kadar müdürlüğünü yaptım. Belediye Başkanı o zaman Yıldırım Aktuna idi. Güngören'deki Aziz Nesin Sahnesi ve Ataköy'deki Yunus Emre Kültür Merkezi olmak üzere iki sahneden oluşuyordu. Çok güzel eserler sergiledik. Uluslararası rejiler oldu. 1991 yılında İstanbul Uluslararası

Tiyatro Festivali'ne *İvanoviç Var mıydı, Yok muydu?* eseriyle katıldık. 1994 yılında Gürcü yönetmen Robert Strua, Brecht'in *Antigone*'sini sahneledi. Tabii her zaman olduğu gibi yine yönetim değişti ve Belediye Başkanı da değişti. Başkan Ali Talip Özdemir (ANAP) oldu. Anlaşamadık, yönetimden oyunlara her şeye müdahale etmeye başlamıştı. Görevimden alındım. Tiyatro devam ediyor ancak benim amaçladığım konseptle değil. Benim asıl görevim 1974 yılında başladığım İstanbul Devlet Konservatuarı'daki sahne hocalığım idi. 1982 yılında da Üniversite statüsüne girmiştik. O tarihten bu yana 32 yıldır profesör olarak hocalık yapıyorum. Yeni ismiyle Mimar Sinan Üniversitesi Devlet Konservatuarı'nın Tiyatro Ana Sanat Dalı Başkanıyım.

Kendi adıma bir tiyatro kurmayı düşünmedim...
Ben kendi adıma bir tiyatro kurmayı hiç düşünmedim. Çünkü çalışmak istediğim tiyatro Dostlar Tiyatrosu idi. Genco Erkal ile güzel bir mesleki beraberliğimiz vardı, hem düşünce hem oyun stili olarak. Niye bunları bırakıp bir tiyatro kurayım? Ben de kurmak yerine onlarla çalıştım. Benim de tiyatromdur orası. Bir de kendim prodüksiyon yaptım. Biri 1973 yılında Lola Blau, diğeri ise 2002'de Marlene Dietrich'in özel bir projesini yaptım. Onun dışında konserler verdim.

Şu andaki çalışmalarım...
Şu anda oynamıyorum. Ancak projem var. Haldun Taner'in *Gözlerimi Kaparım Vazifemi Yaparım* oyununu yönetiyorum. Üniversitedeki eğitmenliğimin yanı sıra Beşiktaş Belediye'sinde bir Kültür Sanat Formu kurdum. Çok güzel tiyatrolar ve konserler yapıyoruz. Haldun Taner için uluslararası bir sempozyum yaptık. Bu yıl ise Aziz Nesin için uluslararası bir sempozyum yapacağız. Daha sonra ise (birkaç ay içinde) bir Gorki projem var.

Aldığım ödüllerden bazıları...

Ankara Sanat Sevenler Derneği'nden iki kez ödül, "Ulvi Uraz Ödülü" "Avni Dilligil Ödülü", *Keşanlı Ali Destanı*'ndaki rolüm için Nokta Dergisi'nden "Doruktakiler" ödülü, "Eleştirmenler Birliği" ödülü gibi.

Sayın Zeliha Hanım, üç sene önce anneniz Semiha Berksoy ile yine Berlin'de söyleşi yapmıştım. O zamanki heyacanımın aynısını sizde de duydum. Bana Berlin'deki yoğun çalışmalarınız arasında bu söyleşi fırsatını verdiğiniz için teşekkür ederim. Ben de size teşekkür ederim. Çünkü annemle de güzel bir söyleşi yapmışsınız. Çektiğiniz resimlerde annem gülüyor ve çok mutlu gözüküyor, mutluluğu yüzünden okunuyor.